KB044476

생각 끊기의 기술

12 Gesetze der Dummheit: Denkfehler die vernünftige Entscheidungen in der Politik und bei uns allen verhindern by Henning Beck

생각 굳히기의 기술

우리를 멍청하게 만드는
거짓 통찰의 함정들 12

"왜 우리는 없는 문제를 굳이 만들어낼까?"

지금 떠오른 그 생각을 의심해야 하는 12가지 이유

와이즈베리
WISEBERRY

나는 그다지 어리석지 않다. 만일 누군가 나더러 자기 지성을 최대한으로 활용하지 않는다고 말한다면 아마 나는 인간으로서 내 명예가 실추되는 느낌을 받을 것이다. 우리는 현명하게 사고하는 능력을 타고났다. 그 덕분에 다른 생물과 인간을 끝내 구별할 수 있다. 우리에겐 그 외에 아무것도 없다. 우리는 빠르게 달리지 못하고 수영을 잘하지도 않으며 날지도 높이 뛰지도 못한다. 심지어 인간의 치아는 불을 발명한 이후 심히 퇴화했다. 오늘날 우리는 부드럽게 삶은 면이나 쌀은 씹지만 익히지 않은 날고기는 더 이상 찢어 먹을 수가 없다. 사실상 우리는 털 없이 발가벗은 상태이며 특별히 강하지도 않다. 독침도 뿔도 발굽도 우리에겐 없다. 다시 말해 수많은 야생 동물과 비교하면 우리는 희생 제물로 태어난 것과 다름없다. 인간에게 남겨진 유일한 선물은 두뇌뿐이다. 더

불어 지구상의 다른 어떤 존재보다 뛰어나게 사고할 수 있는 재능만을 타고났다.

그런 까닭에 우리 사회에서 어리석다는 말은 대단한 금기어다. 오늘날 우리는 인간에 대해 거의 모든 것을 말할 수 있다. 크다 작다, 육중하다 가냘프다 혹은 부지런하다 게으르다고 말해도 크게 문제가 되지는 않는다. 하지만 만약 누군가에게 숨김없이 솔직하게 '어리석다'고 말하면 화를 부르게 된다. 정보를 다루는 능력을 무엇보다 중요한 문화 기술로 여기는 사회에서 사고력이 떨어지는 누군가는 이내 가치 없는 존재로 여겨지기 때문이다. 우리가 추구하는 바람직한 삶을 이루는 요소들 가운데 현명함을 넘어서는 것은 없다. 오늘날 어리석다는 말처럼 우리에게 상처를 주는 비난도 없다. 한마디로 어리석은 사람은 발을 들일 곳이 없다.

우리는 다양성을 극도로 칭송하지만 어리석음은 언제나 배제된다. 국회나 기업의 임원진 같은 집단은 가급적 다채롭게 채워져야 한다. 여러 문화를 널리 아우르고 모든 연령대가 얽혀 있으며 모든 성별이 포함돼야 한다. 그러나 지금까지 다양성을 근거로 어리석은 사람도 중역이나 의회에 들어가야 한다고 청원을 낸 사람은 하나도 없다. 가능한 한 언제 어디서든 어리석음을 피하려 한다. 그나마 어리석음을 긍정적으로 여기는 경우가 있다면 "가장 어리석은 농부가 제일 큼지막한 감자를 수확한다" 같은 속담이 유일하다. 즉 별다른 노력 없이 큰 이익을 얻었을 때 쓰는 말로, 나보다 어리석은 상대방에게 주어진 뜻밖의 행운은 질투의 대상이 된다는 의미다.

인간의 정체성은 우리가 결코 어리석지 않다는 사실에 바탕을 둔다. 그리고 우리가 어리석지 않다는 이 전제는 완전히 참이다. 우리는 연약할지 모른다. 또한 우리는 쉽게 상처를 받기도 한다. 하지만 우리는 다른 어떤 생물도 해내지 못하는 것을 할 수 있다. 다시 말해 우리는 인위적으로 만들어 낸 세상에서 유일무이한 기호를 가지고 의사소통을 한다. 우리는 가족을 뛰어넘어 협력을 하며 생면부지의 사람을 돕는다. 그러면서 우리는 지구상의 다른 생물들이 만들어 낸 모든 것을 능가하는 사회 구조를 구축한다. 우리는 머릿속으로 미래를 상상할 수 있으며, 그로 인해 아직 현존하지 않는 것에 대한 계획도 세울 수 있다. 이러한 특징은 우리가 이 지구에서 지배적인 생물종이 되도록 해줬다. 사자와 맞대결을 한다면 우리에게는 아무런 가망도 없을 것이다. 그럼에도 우리는 동물의 왕인 사자가 갇힌 우리로부터 2미터 떨어진 곳에서 셀피[selfie]를 찍는다. 인지적으로 '어리석은', 다시 말해 이례적인 영재로 치는 IQ 130 이상과 달리 IQ가 70 미만인 사람이라도 가장 영리한 돌고래보다 더 똑똑하다.

어리석음은 인지적 사고가 제대로 이뤄지지 않을 때 생겨나기도 한다. 즉 생물학적 이유로 무언가를 인지하기 힘들거나 지속적으로 집중을 하기 어렵거나 수학적 재능이 떨어지거나 아니면 언어적 발달이 뒤처지는 경우처럼 말이다. 그런데 어리석음은 더 나은 식견에 어긋나고 우리에게 불이익을 가져다주는 결정을 내릴 때에도 해당된다. 다시 말해 지식의 부족이 아니라 잘못 적용된 지식 혹은 너무 많은 지식 때문에 우리는 어리석음에 빠지기도 한다. 즉 우리는 지적이고 교양 있는 인간이 돼서도 어리석은 판단을 내릴 수 있다. 누군가 정신적으로 엄청난 압박을 받는다면 그가 옳은 방향으로 달릴 거라고 기대하기는 어렵다. 나는 굉장히 역설적이면서도 흥미로운 이 주제를 바로 이어지는 첫 번째 장에서 집중적으로 다루고자 한다. 인간이 높은 IQ를 지닌다고 해서 어리석음에서 쉽게 벗어날 수 있다는 의미는 아니다. 가끔은 오히려 그 반대가 참이 되기도 한다.

특히나 인간의 진보와 발전을 지속적으로 가능하게 만드는 데 우리의 지능만으로 충분하다는 생각은 단지 추정에 불구하다. 인간의 지능이 진화적 사건이라는 사실도 결코 견고하지 않으며 진화 단계에서 수백만 년 뒤에는 무너지고 만다. 수백만 년마다 우리 은하의 생태계는 지능의 진화라는 형태로 반짝 빛을 발하며 날로 높아지는 멸종의 위기는 이내 다시 사라진다.

이러한 가정은 수긍할 만하다. 주변을 한번 둘러보자. 곳곳에서 우리는 인간이라는 존재에 반하는 행동을 한다. 우리의 행동과 태도가 멸종 같은 커다란 문제뿐 아니라 연금 체계처럼 작은 문제에서도 달라져야 한다는 것을 우리는 알고 있다. 그럼에도 우리는 결정적인 무언가를 행하지 않는다. 그 대신 우리는 점점 더 위협적으로 다가오는 문제가 아주 심각해질 때, 순간적인 기지를 발휘해 우리가 해결할 수 있다고 확신하는 편이다. 혹은 우리가 가진 것을 필사적으로 고수하면서 모든 위협으로부터 지켜내려 애쓴다. 위기는 언제나 뜻밖의 순간에 찾아온다. 우리는 경향에 따라 사고하길 더 좋아하며 그로 인해 미래를 늘 잘못 그리기 때문이다.

우리는 자신의 관점을 너무 사랑하는 나머지, 의견 다툼이 벌어질 때 함께 힘을 합하는 대신 나와 다른 사람을 향해 벽을 쌓아 버린다. 게다가 우리는 더 많이 교육을 받을수록 지적 최전선을 형성해 끝내 사회 전체가 무너질 때까지 밀어붙이기를 더욱 잘한다. 단순히 정신적 혼란에서 그치는 것이 아니라 수사적 도살의 결과로 온 사회가 분열되는 것이다. 우리는 인간의 복잡한 사유 능력에 매우 쉽게 매혹돼 문제를 해결할 때마다 계속해서 무언가를 더 추가한다. 결국 세상은 너무 복잡해진 나머지 통제 가능한 것이 거의 남지 않게 된다.

이런 형태의 어리석음은 모두 우리의 지능이 지나치게 부족해서가 아니라 우리의 사고 능력이 의미 있게 활용되지 않았거나 더 나은 지식에 반하는 쪽으로 활용된 결과다. 상당수의 이런 '어리석음' 뒤에는 실제로 인간적 사고 오류와 인지 왜곡이 숨어 있다. 이들은 우리가 세상을 제대로 파악하지 못하도록 만든다. 예컨대 위험에 대한 인식을 완전히 왜곡시킨다. 여기까지는 아직 어리석음이 아니다. 어리석음은 이런 사고적 결함을 알고도 현명하지 못한 행동을 계속하는 것이다.

독일에서도 이와 같은 어리석음에서 달아나기는 그리 쉽지 않다. 독일은 자원이 풍족한 나라가 아니다. 땅을 아무리 파헤쳐도 비싸게 판매할 무언가를 얻을 수 없다. 독일인은 독일에 머무는 사람들의 아이디어와 능력으로 살아간다. 즉 독일은 문제를 다르게 바라보고 다루는 능력, 세상의 다른 그 누구보다 문제를 더욱 잘 해결하는 능력 덕에 유지되고 발전하는 나라다. 전 세계에서 인간의 두뇌를 최대한 활용하며 어리석음을 면하는 일에 이처럼 의존하는 나라는 아마 거의 없을 것이다. 바로 이것이 이 책의 시작점이다. 그리고 나는 이 책을 통해, 우리의 지식을 바탕으로 더 나은 미래를 만들어 가기 위해 우리의 정신적 가치를 어디에 두어야 하는지를 살펴보려 한다.

나는 뇌신경과학을 전공했으며 지금도 이 분야를 연구하고 있다. 나는 인간의 두뇌가 세상에서 가장 놀라운 기관이라고 확신한다. 지구상에서 가장 지적인 뇌라는 구조물 또한 누차 일을 그르칠 수 있다는 사실에도 불구하고 말이다. 개인적으로 나는 미래에 우리가 현명하게 사고하기 위해 필요한 모든 것을 이미 다 갖추고 있다고 생각한다. 우리에게 주어진 것을 어리석게 활용해서는 안 된다. 모든 초능력은 유의미하게 사용돼야 한다. 마블Marvel의 전설 스탠 리Stan Lee가 자신이 만든 〈스파이더맨Spider-Man〉에 대해 남긴 말처럼 "큰 힘에는 큰 책임이 따른다". 우리는 제대로 사고할 책임이 있다. 이는 우리 인간의 진화적 성공 모델이다.

차례

교육은 어리석음을 막아 주지 않는다

넘치는 지식은 어제보다 나은 삶을 줄까?

12
GESETZE
DER
DUMMHEIT

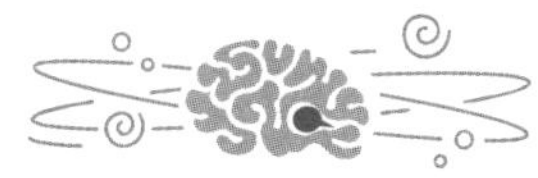

오늘날 우리 인간은 이전보다 더 나은 삶을 살고 있을까? 이러니저러니 해도 결국 거의 모든 통계가 하나같이 같은 말을 하고 있으므로 아마 당신은 당연하다고 말할지 모른다. 영아 사망률이 지금처럼 낮은 적은 없었다. 우리는 그 어느 때보다 건강하게 살고 있다. 독일의 기대 수명은 지난 150년 동안 무려 두 배로 늘었다. 독일 제국 당시 여성들의 평균 수명은 38세였으나 오늘날은 83세를 넘어선다.[1]

의사이자 통계학자인 한스 로슬링Hans Rosling은 《팩트풀니스Factfulness》라는 놀라운 저서를 통해 글로벌 트렌드를 분석하며 오늘날 인간이 과거 그 어떤 시대보다 실제로 훨씬 더 풍요롭고 건강하게 산다고 말한다.[2] 객관적으로 들여다봐도 지금보다 더 나은 시절은 확실히 없었다. 예전에 이 땅에선 천연두나 콜레라Cholera 혹은 결핵으로 사람들이 목숨을 잃었다. 오늘날 이런 질병들은 그저 의학에 관심이 있는 몇몇 이들만 알고 있다. 온라인에 들어가 보면 지금 우리가 얼마나 잘 누리고 있는지를 명백히 보여 주는 통계 자료가 넘치도록 많이 발견된다. 로슬링뿐 아니라 수많은 통계학자가 책이나 강연 또는 논문을 통해 세상이 점점 더 나빠진다는 생각이 터무니없음을 입증하고 있다.

사실 맨 처음에 던진 질문은 아직 답이 나오지 않았다. 물론 우리는 200년 전보다 더욱 건강해졌다. 그런데 우리의 개인적 삶도 더 나아졌을까? 우리는 예전보다 더 행복해졌을까? 우리는 이를 정확히 알 수 없다. 1940년대만 해도 독일인의 삶이 얼마나 행복한지 여론 조사로 물어본 사람은 아무도 없었다. 하지만 미국은 실지로 조사를 했으며 그 결과도 가지고 있다. 전쟁 직후의 미국인은 2000년대 말보다 더 행복했던 것으로 나타났다.[3]

당신은 말도 안 되는 소리라고 할지 모른다. 1940년대 미국은 인종차별이 공공연하게 행해졌고 소득은 오늘날의 절반에도 미치지 못했다. 아이폰iPhone도 없었고 인터넷도 없었다. 지금처럼 누구나 자유롭게 비행기를 타고 여행을 다닐 수도 없었고 소아마비 예방 백신도 개발되기 전이었다. 그러나 이후 수십여 년 동안 이뤄진 기술의 발전은 예기치 못한 풍요를 가져왔다. 단, 인간의 행복은 손대지 않은 채로 그 자리에 머물렀다.[4] 아니, 오히려 반대가 됐다. 2003년 초반 전 세계 72개국 청소년 50만여 명을 대상으로 한 조사에선 국가의 부와 교육 수준이 높을수록 15세 전후의 청소년은 더욱더 불행해진다는 결과가 나왔다.[5]

바로 그런 까닭에 다음의 질문은 더 중요하다. 과학 기술의 진보가 개인적 삶의 향상을 이끈다는 기약은 정말로 지켜지고 있을까? 물론 삶의 행복을 위해선 최소한의 건강과 안전 그리고 물질적 여유가 필요하다. 오늘날 우리는 물 부족을 겪지 않고 침대에 누워 휴대전화로 동영상을 보며 채식 햄버거를 주문해 건물 4층에서 배달을 받는다. 그럼에도 불구하고 독일인의 삶에 대한 만족도는 지난 수년 동안 계속해서 떨어지고 있다.[6] 현재 우리는 1980년대 초반과 비슷한 정도로 행복하다(여러모로 대단한 시절이었다. 나도 그 무렵에 태어났으니까). 미국의 경우 심지어 1970년대보다 지금이 더욱 불행하다.[7] 독일 땅에서 우울증이 오늘날처럼 많았던 시기는 없었다.[8] 유럽 안에서도 독일은 우울증에 시달리는 사람이 가장 많은 나라 3개국 중 하나로 꼽힌다.[9]

지난 30년 동안 우리는 기술의 발전과 경제적 풍요 그리고 육체적 건강 부문에서 예상 밖의 비약을 경험했다. 이러한 성공은 분명 과학과 기술로 인해 가능했다. 이는 모든 통계에서 쉽게 확인할 수 있다. 하지만 이 같은 어마어마한 성공이 우리 삶의 몇몇 중요한 측면을 도외시했다면 어떨까? 과학은 우리 삶의 많은 영역을 개선했으나 한 가지는 이끌어 내지 못했다. 바로 구원이다. 과학이 우리를 구원하리라는 기대는 어쩌면 과학을 향한 우리의 거대한 오해일지 모른다. 다시 말해 우리는 과학이 줄 수 없는 것을 기대했던 것이다.

과학은 우리에게 설명을 제공할 뿐, 영혼을 구원해 주지는 않는다. 혹은 천체물리학자 하랄트 레쉬Harald Lesch가 2001년에 했던 말처럼 "우리는 자연과학자이다. 그리고 나를 포함해 다들 무신론자이며 왠지 모두 신을 찾지도 않는다".[10] 과학은 우리를 더 건강하게 해주지만 그렇다고 반드시 더 행복하게 만들거나 또는 우리가 더 나은 삶을 살도록 해주는 것은 아니다. 안타깝게도 '더 나은 삶'이란 개선의 정도를 명확한 수치로 측정할 수가 없다.

과학 기술의 발전에 의문을 제기하려는 것은 아니다. 오히려 그 반대다. 하지만 인간의 진보에 대한 과학적 객관성은 우리의 존재를 불완전하게 그린다. 즉 인간은 항상 건강하게 살기를 바라는 존재가 아니며 가장 합리적 결정만을 내리려고 하지도 않는다. 독일의 음악 프로듀서 알레 파르벤Alle Farben이 만든 노래의 한 구절처럼 "나쁜 아이디어는 최고의 기억을 만든다".

그리고 지난 수십여 년 동안 우리에게 상당한 건강과 부를 가져다준 객관적이고 과학적이며 이성적인 사회에는 또 다른 대안이 필요할지도 모른다. 흡연이 인체에 해롭다고, 정기적으로 건강 검진을 받아야 한다고, 육류를 더 적게 먹어야 건강하다고 우리가 과학적으로 근거를 들어 설명하게 되면 갑자기 우리 개개인은 (폐)암 같은 자신의 질병에 대해 책임을 지게 된다. 예전에 우리의 삶은 무수한 위험과 운명의 장난으로 이뤄져 있었으나 오늘날 우리가 암으로 병원을 찾으면 더욱 조심하고 관련 지식을 더 찾아볼 수도 있었다는 이유로 병에 걸린 책임은 자신에게 있다. 이처럼 불합리한 구도 안에서 어떻게 행복해질 수 있겠는가?

계몽은 우리가 얼마나 더 나은 사고를 할 수 있는지, 그리고 이성적 사유의 기술로 우리가 어떻게 중세 후기를 벗어나 근대로 넘어갔는지를 잘 보여 준다. 실제로 계몽은 산업화가 과학적으로 진보하기 위한 토대를 만들었다. 즉 인간은 정신적 힘을 바탕으로 고유의 운명을 자기 손

안에 넣을 수 있게 됐다. 그 결과 증기 기관과 같은 기술 혁명을 실현했다. 그러나 계몽도 이성적 사고도 영혼의 충족은 어떤 형태로도 이루지 못했다. 반대로 과학적 사고는 현대 사회의 초석이 됐고 여전히 영혼의 구원을 갈망하는 사람들은 홀로 남겨졌다. 또한 충만한 삶을 위한 정신적 요소들은 사회에서 차차 지워졌다. 과학적 사고는 임마누엘 칸트Immanuel Kant의 연애편지처럼 건조하기 그지없다.

흥미롭게도 칸트를 비롯한 여러 사상가 덕분에 계몽주의가 정점을 찍은 다음, 유럽에선 일종의 대항 운동으로 낭만주의가 급부상했다. 오늘날까지도 낭만주의는 독일인의 정서에 막대한 영향을 미치고 있다. 자연적 경험의 감각적, 그리고 신적 변용을 추구하는 낭만주의는 계몽주의 사상가들의 무미건조한 세계관과 극명히 대조되는 위치에 섰다. 독일 숲에 관한 신화는 바로 이 시기에 생겨났다. 비단 시골에서뿐 아니라 산업화를 거치며 자연적 경험을 그리워한 도시인의 지적 상상력을 통해 다양한 신화가 만들어졌다.

자연과 소원해지고 산업화라는 기술 중심의 시대정신에 정복된 현실 속에서 사람들은 도시에서 잃어버린 무언가를 숲에서 찾고자 했다. 숲을 자연이 조화를 이루는 곳, 더 나은 세상, 신의 영감 혹은 자연의 정령을 느낄 수 있는 곳으로 여긴 것이다. 독일에 사는 독자라면 익숙한 이야기일지 모르겠다. 하지만 페터 볼레벤Peter Wohlleben의 베스트셀러 《나무의 비밀스러운 삶Das geheime Leben der Bäume》이 출간되기 약 200년 전만 해도 숲을 영적 초유기체로 바라보는 시선은 매우 신선했다.

2023년 3월 캐나다의 산림학자들이 과학 전문지 〈네이처: 생태와 진화Nature Ecology & Evolution〉를 통해 발표한 메타meta 분석은 학계로부터 혹독한 비판을 받았다.[11] 해당 논문에서 연구진은 나무들이 땅속의 균사체와 의식적으로 의사소통을 하면서 숲속 사회의 조화로운 균형을 구축한다고 주장했다. 물론 당신은 이를 잊어버리고 넘어가도 된다. 하지만 감정이 무언가 다른 말을 한다면 과학적 팩트fact는 과연 무엇일까?

괴테Johann Wolfgang von Goethe의 희곡《파우스트Faust》에 나오는 파우스트 박사가(잘 생각해 보면 그는 전형적인 과학자이다) 자신의 수사적 무기를 독일 낭만주의 시대까지 내뻗어야 했을 때, 대체 사람들은 어떤 식으로 과학적 논쟁을 벌이려 했던 걸까? "감정만이 전부요, 이름이란 울림과 연기일 뿐이요." 이는 감정적 세계관을 향한 과학의 파산 선언이 아닌가. 공정하게 말하자면 그는 한 여성에게 깊은 인상을 남기기 위해 이런 말을 했다. 이처럼 당시 상당수의 과학자들은 자신의 이성적 사고를 은폐하려고 했다.

이번 장에서 원래 다루려 했던 질문으로 다시 돌아가 보자. 즉 포스트-과학적 사고가 무엇인지 이야기해 보려 한다. 어쩌면 지금 이 순간 우리는 1980년대부터 2010년대까지 이르는 과학 기술의 발전이라는 특징을 지닌, 사회적 진보 단계에 맞선 일종의 역트렌드counter trend를 경험하고 있는지 모른다. 마치 계몽주의에 뒤이어 낭만주의가 등장했듯이 말이다. 과학은 객관적 측면에서 세상을 더 개선시켰으나 우리 인간의 주관적 측면은 방치한 것만 같다. 과학과 기술은 이 세상을 더욱 잘 설명해 주지만 영적인 치유와 구원, 충만하고 자유로운 인생 같은 인간의 중요한 기본 욕구는 충족시키지 않는다. 이런 빈틈은 어떻게 채워야 할까?

우리가 정말 포스트-과학 사회로 들어서고 있다면 도대체 어떤 사회를 뜻하는 걸까? 개인의 감정이 이성적 논쟁보다 더 중요해지는 사회를 말하는 걸까? 2019년 미국의 싱크탱크Think tank 랜드 코퍼레이션Rand Corporation은 지난 수십여 년 동안 인쇄물, 텔레비전, 온라인 같은 주요 매체를 통해 사회의 정보가 어떻게 제공됐는지 분석하기 위해 대대적 연구를 진행했다. 그 결과, 팩트에 기반을 두지 않은 정보가 2000년부터 점점 더 많이 대중에 노출됐다. 이제 사람들은 팩트 대신 개인적 차원에서든 정치적인 차원에서든 주관적 경험에 바탕을 둔 보도의 도움을 받아 논쟁을 벌이며 자기 의견을 입증한다. 현명한 행동을 좌우하는 것과 정반대의 일이 벌어지고 있다. 감정적 논쟁은 과학적 설명을 대체하고 주관성은 팩트에 근거한 정보를 제시하는 것보다 더 중요해지고 있다.

위의 연구는 결론에서 지난 20년 동안 매체들이 사건을 서술한 경향성을 두고 '진실의 쇠퇴truth decay'라고 표현한다.[12] 당신 또한 이처럼 극단에 이를 수 있다. 그리 달갑지 않은 논쟁을 끝내고 싶은가? 그럼 아예 논쟁을 시작하지 않으면 된다. 그리고 다음과 같이 말해 보자. "제발 그만하세요, 기분이 별로 좋지 않네요." 감정이 진실보다 더욱 중요해진다면 우리 사회에선 무슨 일이 일어날까? 그저 다들 부드러워질까? 아니면 과학이 우리에게 주지 않는 것을 찾아다닐까?

포스트-과학적 사고는 우리의 교육 수준이 너무 떨어져서가 아니라 우리가 너무 이성적인 인간이 돼 버린 나머지, 도리어 비이성적 인간이 될 수도 있다는 과학의 역설을 보여 준다. 누군가는 우리가 과학적 사고의 한계에 도달했다고 말할 수도 있다. 과학은 우리를 부유하게, 배부르게, 건강하게 만들어 줬다. 하지만 그로 인해 우리의 삶이 더 충만해지고 만족스러워진 것은 아니다.

구원의 빈틈 채우기

우리가 세상을 이성적으로 설명할수록 비이성적 감정을 위한 공간은 더 많이 남게 된다. 그리고 이 공간은 종교적, 영적, 감정적 그리고 결코 과학적이지 않은 것들로 채워지게 된다.

지난 수십 년 동안 교회는 영혼의 동반자 자리를 내어 줘야 했다. 교회가 제공하는 정서적 위안이 불량하기 때문은 아니었다. 영혼의 치유와 구원, 충만한 삶을 향한 갈망은 지금도 변함이 없다. 교회의 문제는 세상에 대한 과학적 설명과 해석에 맞설 기회가 없었다는 것이다. 조금만 들여다봐도 자연적 사건 및 과정에 대한 교회의 해석은 비교적 덜 포괄적이고 검증이 어렵기 때문에 자연과학의 해석보다 뛰어나지 않다. 그 결과 교회의 해석은 밀려나고 그 자리를 구체적이고 객관적인 과학기술이 차지하게 됐다.

그런 까닭에 독일에서도 종교는 기존의 인기와 호평을 크게 잃었으며 2021년에는 처음으로 그리스도교 또는 가톨릭교 신자가 인구의 절반에도 미치지 못했다.[13] 이는 물론 사람들의 신앙심이 더 줄어들었다는 뜻은 아니다. 교회에 가지 않더라도 인간은 결국 영혼의 치유와 구원을 추구할 것이다. 특정 종교의 신도가 아니더라도 무언가를 믿을 수 있다. 독일의 알렌스바흐 여론 조사 연구소Institut für Demoskopie in Allensbach는 2021년에 바로 이 질문을 가지고 조사를 실시했다. 그 결과 독일인의 61퍼센트가 영혼을 믿는다고 답했으며 52퍼센트는 "모든 자연 속에 (동물과 식물에도) 영혼이 있다"고 믿었다. 기적을 믿는다는 응답자 또한 52퍼센트에 달했다.[14] 그중에서도 기적을 믿는 사람의 비율은 지난 40년 동안 19퍼센트나 증가했다. 간단히 요약하면 신에 대한 믿음은 후퇴하고 있으나 인간은 계속 다른 대안을 찾고 있다는 것이다.

18~24세 청년의 약 3분의 2는 점성술을 믿는다.[15] 그리고 전체 인구 가운데 점성술을 믿는 사람은 50퍼센트가 넘는다. 신비주의 시장의 규모는 독일에서만 150억 유로가 넘는 것으로 추산된다(시중의 요가 강습과 천사를 주제로 한 서적의 출판 시장까지 포함한 수치다).[16] 단순히 비교하자면 이는 독일 맥주 시장의 두 배에 달한다.

참으로 놀라운 결과가 아닌가! 적어도 과학자인 나에게는 거의 충격에 가깝다! 과학 기술의 발전에 토대를 둔 우리 사회에서 과학이 아닌 영적인 활동이 그 어느 때보다 유행이라니 말이다. 대중문화의 경우도 마찬가지다. 나는 미국의 드라마 〈엑스파일The X-Files〉이 방영되던 시기에 어린 시절을 보냈다. 초심리학적으로 사건에 접근하는 두 명의 FBI 요원 중 하나가 "나는 믿고 싶어!" 라고 외칠 때, 적어도 다른 하나는 이성적으로 생각하려고 애썼다. 오늘날 넷플릭스Netflix 시리즈에서 가장 성공한 열 개의 작품 가운데 다섯은 초자연적 미스터리를 주제로 다룬다. 데이팅 애플리케이션 틴더Tinder에서 2022년 가장 자주 추가한 프로필 정보는 별자리였다.[17] 그리고 프랑크 쉐칭Frank Schätzing의 소설 《변종Der Schwarm》이나 페터 볼레벤의 저서 《나무의 비밀스러운 삶》이 베스트셀러에 오른 이유는 무엇보다 영혼이 깃든 또는 심지어 의식이 있는 자연을 어색함 없이 그럴듯하게 다루는 초월적 이야기에 있다. 21세기에 신낭만주의가 도래한 걸까? 19세기 낭만주의 화가 카스파르 다비드 프리드리히Caspar David Friedrich의 그림만 없을 뿐이지 크게 다르지 않다. 이러한 흐름은 우리의 과학 기술 사회에 내재돼 있는 모든 냉기에 맞서, 일말의 위로를 전하는 듯하다.

불확실성 피하기

과학은 구원을 가져다주지 않는다. 다시 말해 인간은 과학적 경험에서 구원을 찾지 않는다. 그런데 우리 인간이 포스트-과학적으로, 비이성적으로 행동하게 된 원인이 또 하나 있다. 이는 운명론과 음모론의 핵심 요소인 불확실성에 대한 통제력을 상실할 수 있다는 두려움이다.

2008년 제니퍼 윗슨Jennifer Whitson과 애덤 갈린스키Adam Galinsky는 우리 인간이 불확실한 상황에서 확실성을 얻기 위해 무엇을 하는지 알아보기 위해 실험을 진행했다(참고로 이는 내가 좋아하는 실험 중 하나다).[18] 두 사람은 실험 대상자들에게 아무런 내용이 없고 점과 선이 혼란스럽게 뒤죽박죽 그려진 그림을 보여 줬다. 그러면서 로르샤흐Rorschach 반점 검사처럼 참가자들에게 잉크 자국이 가득한 그림을 직접 해석해 보라고 주문했다. 심지어 우주에 흩어진 별자리를 보고 제멋대로 미래를 예측하는 점성술이나 동물의 내장으로 미래를 점치는 켈트Celt족의 드루이드Druid처럼 해석하라고 말이다. 내가 너무 멀리 나갔나 보다. 더 이상 덧붙이지 않아도 다들 실험의 취지와 원리를 알아차렸을 것이다.

실험 결과는 무척 놀라웠다. 평범한 상황에 놓인 경우, 실험 참가자들은 혼잡한 그림 속에서 아무런 무늬도 알아보지 못했다. 그러나 사전에 통제력을 상실하는 경험을 한 상황에서 참가자들은 다른 모습을 보였다. 예를 들어 시험을 앞두고 공황에 빠졌던 과거의 기억을 떠올리게 만든 경우, 사람들은 아무것도 없는 복잡한 그림 속에서 확실한 무늬를 찾아냈다. 이어지는 실험에선 한 단계 더 추가됐다. 실험 대상자들은 다시금 통제력을 잃어버리는 경험을 하자 아무것도 없는 그림 속에서 무늬를 찾아낼 뿐 아니라 심지어 몇몇 음모론에 더욱 쉽게 넘어갔다. 여기까지는 어느 정도 예상할 수 있는 결과다. 그런데 실험의 거의 마지막 단계에 이르자 사람들은 주식 시장이 아주 불확실한 순간에 성급한 결정을 내리기까지 했다. 역시나 아무것도 없음에도 갑자기 일말의 연관성을 보았기 때문이다.

아무것도 존재하지 않더라도 연관성을 찾아내는 것은 인간의 사고 과정에서 일어나는 기본 현상 중 하나다. 특히나 우리가 통제를 상실할 때 그러하다. 대학에서 1학년 첫 학기를 다니는 학생들은 두 번째 학기에 들어선 학생들보다 확실히 더 음모론에 잘 걸려든다.[19] 야구 선수들은 경기에서 자신의 수비 위치가 우연에 좌우될수록 미신을 더욱 잘 믿는다. 경기장에서 주술 의식에 가장 신경을 많이 쓰는 선수는 투수다.[20]

그리고 경제적으로 더 불안한 시대일수록 사람들은 아무것도 없는 곳에서 일말의 무늬를 더욱 잘 찾아낸다. 그런 이유로 주식 시장의 흐름이 나쁠수록 점성술은 더더욱 잘 팔린다.[21]

혼돈 속에서 숨은 뜻과 연관성을 찾으려는 주술적 사고가 완전히 무의미하다고 사람들에게 말해도 사실 소용은 없다. 당연히 이런 행동은 포스트-과학적이라 할 수 있다. 지금까지 나온 모든 당사자들은 과학과 기술에 바탕을 둔 최신의 지식을 교육 받은 현대인이기 때문이다(앞에서 언급한 실험의 참가자들은 심지어 대학생이었다. 그러니까 상당한 수준의 비판적 사고가 확실히 가능한 사람들이었다). 그럼에도 이들은 아주 의식적으로 비이성적인 행동을 하기로 결정한다. 2022년에 발표된 한 연구에서는 문제의 본질에 더 가까이 다가가기 위해 독일, 대한민국, 인도, 튀르키예처럼 다양한 문화권의 사람들이 주술적 의식에 얼마나 기대는지를 조사해 봤다. 당신도 분명 알고 있는 의식들이다. 예컨대 횡단보도에 이르자마자 초록색 신호가 켜질 때 좋은 징조로 여기거나 홀수 번째 계단을 밟지 않으면 행운이 온다고 믿는 것 말이다. 조사 결과는 어땠을까. 주술적 사고가 본인에게 아무것도 가져다주지 않는다고 말하자 사람들은 이를 받아들이고 동의하면서도 대부분 고유의 주술적 사고를 계속 이어 갔다.[22]

그 이유는 무엇일까. 한마디로 불확실성의 시대에 과학이 우리에게 제공하는 것이 그다지 만족스럽지 않기 때문이다. 문제가 더 복잡할수록 미래는 더욱 혼란스럽고 고유의 위치는 더 불안정하다. 그럴수록 점성술이나 주술 의식 같은 사이비 해석이 전하는 확실한 약속은 더욱 나아 보인다. 이는 안정감과 확실성을 만들어 낸다. 플라시보placebo 효과처럼 정말 무언가가 생겨난 것처럼 느껴지기도 한다.

포스트-과학적 사고의 비밀 재료: 교육

우리가 비이성적으로 사고하도록 만드는 두 가지 재료는 당신도 이미 알고 있다. 그것은 바로 구원을 향한 갈망과 불확실성의 경험이다. 둘은 수긍이 가고 이해도 된다. 하지만 세 번째 재료인 교육은 그렇지 않다. 아마 상당수의 사람들은 교육을 비과학적 사고에 맞서는 최고의 해결책이라고 생각할지 모른다. 결국 계몽이 우리를 깨워서 지식과 교양을 습득하게 만들고 우리 인간이 비판적 사고를 할 수 있도록 이끌지 않았던가. 그러나 이는 잘못된 생각이다.

예컨대 교육은 인간에게 새로운 정보를 설득시키기가 얼마나 어려운지를 보여 준다. 그런 까닭에 기후 변화를 주제로 한 토론에서 온실 효과를 일으킨 장본인이 인간이라는 사실을 단순히 설명하는 데까지 꽤 오랜 시간이 걸렸다. 그제야 비로소 우리는 기후 변화에 맞서 자연 보호와 재생 에너지 확산이 불가피하다는 방향으로 틀게 됐다. 그런데 일찍이 2012년 〈네이처: 기후 변화Nature: Climate Change〉에 실린 한 연구 논문은 기후 변화를 인간이 만든 문제로 받아들이는 데 교육이나 지능은 중요하지 않다고 밝혔다. 즉 지능이나 교육 수준과 상관없이 각 개인이 속한 사회적 환경의 관점과 대체로 일치한다는 것이다.[23]

어리석거나 무지한 사람들이 기후 변화를 인간이 자초한 위험으로 바라보지 않는다는 가정은 과학적으로 반박할 수 있다. 오히려 반대로 교육 수준이 매우 높은 사람들 사이에서 기후 변화와 관련된 전선이 무엇보다 극단적으로 형성돼 있는 실정이다. 신학자 미하엘 로젠베르거Michael Rosenberger는 자신의 논문 〈'기후-종교'의 이성Die Ratio der 'Klima-Religion'〉에서 다음의 문장으로 끝을 맺는다. "기후 담론은 과학적-기술적 담론을 넘어선 윤리적-영적 담론이다. 놀랍게 보일지 모르겠으나 정말 그러하다."[24]

어쩌면 당신은 교육을 받은 사람들이 새로운 무언가에 대해 특별히 더 개방적이고 관대하다고 생각할지 모르겠다. 만약 그렇다면 부디 그 생각은 지워 버리자. 미국의 잡지 〈디 애틀랜틱The Atlantic〉과 시장 조사 전문 기업 프레딕트와이즈PredictWise가 2019년에 공동으로 실시한 여론 조사에 따르면 교육을 많이 받은 도시 거주 백인들 사이에서 정치적 불관용 지수가 가장 높았다.[25] 더 심각한 것은 지적 수준이 높은 사람일수록 스스로 사고 오류에 빠지지 않을 거라는 믿음이 더욱 강하며 그로 인해 더 빈번히 사고 오류에 빠진다는 사실이다. 가령 이들은 지적 수준이 낮은 사람들보다 강하게 고집을 부리며 더 나은 지식에 반하는 쪽으로 향한다.[26] 또한 교육을 잘 받은 사람들은 배우지 못한 사람들보다 설득하기가 훨씬 더 어렵다. 정치적으로도 유난히 더 치우쳐 있다.[27] 그리고 언변에 특별히 능력이 있는 사람들은 설득하기가 지극히 더 어렵다. 다르게 말하면 이들은 설득당할 준비가 덜 돼 있다.[28] 마지막 내용은 그리 놀랍지 않다. 독일에서 방송되는 평범한 정치 토크쇼만 봐도 알 수 있다.

경악할 만한 결과는 따로 있다. 즉 교육이 독단주의로 이끈다는 것이다. 교육 수준이 높을수록 강경하고 확고부동한 정치적 입장에 치우치는 편이며[29] 또한 자신의 견해를 비판적으로 자문하는 대신 옳음을 증명하려고 한다.[30] 이에 대한 해석이 하나 있다. 즉 교육을 많이 받아 지식을 많이 얻은 사람일수록 자신의 위치와 지식을 지키기 위해 당연히 더욱더 노력한다. 자기 위치를 더 힘들게 얻은 사람일수록 이를 다시 내려놓기는 더 어렵다. 지식을 얻어도 무비판적 사고는 계속해서 그 자리에 머문다. 우리 시대가 직면한 아마도 가장 큰 역설은 이런 식으로 생겨난다. 지식과 교육을 가지고 우리는 인류 역사의 암흑기를 다음 세대에게 넘겨주게 될지 모른다. 우리는 지금 막 생겨난 사이비 과학적 구원의 약속과 무지가 한데 얽힌 어두운 시대로 발을 들이고 있다. 누군가는 역사가 우리에게 장난을 친다고 말할 수도 있다. 그 정도로 어이없는 일들이 벌어지고 있다.

더욱 심각한 지점은 교육을 받은 사람들이 스스로 지적 오만에 빠져 누가 봐도 명백한 오판을 내리는 경향을 보인다는 것이다. 이번 장에서 언급된 모든 연구 결과와 크게 다르지 않다. 인간은 아무것도 없는 곳에서 지식을 만들어 낸다. 미국 소비자 중 5분의 1은 전혀 존재하지 않는 상품을 소비한 적이 있다고 주장하기도 했다.[31] 가상의 정치적 법률에 대해 묻자 약 3분의 1이 "1975년에 제정된 공공관계법을 들어본 적이 있다"고 답했다. 물론 이 법은 조사를 위해 꾸며낸 것이었다.[32] 2015년에 발표된 한 연구에선 이런 현상의 근저에 깔린 심리학적 메커니즘을 발견했다. 즉 자기 지식에 확신이 더 강한 사람일수록 완전히 꾸며낸 과학적 개념에 더욱 빠르게 자신의 의견을 표했다. 자칭 생물학 전문가라는 사람들은 '메타 톡신meta-toxin'이나 '레트로플렉시티retroplexity' 같은 가상으로 만들어 낸 개념에 대해 자기만의 평을 덧붙였다.[33] 나의 착각일지 모르겠으나 코로나19COVID-19 팬데믹pandemic 동안 정확히 이런 식의 해석 패턴을 자칭 네오neo바이러스학자들의 입을 통해 들어본 듯하다.

오늘날 음모론이 과거 그 어느 때보다 복잡해진 것은 그리 놀랍지 않다. 2022년에 나온 한 연구에서 보여 주듯이 심지어 진짜 과학 이론보다 훨씬 더 복잡하다.[34] 역설적이게도 음모론은 복잡할수록 신빙성이 더욱 올라간다. 진짜 과학 이론은 그 반대다. 즉 단순할수록 사람들은 과학 이론을 더욱 잘 받아들인다.

우리는 넘치도록 많은 지식을 계속해서 습득하고 있다. 그리고 우리는 과학과 기술이 크게 진보한 사회의 구성원으로서 세상의 기근과 멸종과 기후 변화를 저지할 수 있는 능력을 가지고 있을지 모른다. 우리는 과학적 진보가 우리를 더 나은 인간으로 만들어 줄 거라고 기대했다. 이는 우리 인간이 지닌 가장 큰 오해이기도 하다. 안타깝게도 이제 우리는 깨달아야 한다. 단순히 합리적 지식을 획득하는 것보다 정보를 자기 비판적으로 다루는 것이 우리 자신의 유익에 그리고 사회의 응집에 더욱 중요하다. 우리는 교육이라는 모퉁이를 돌아 인간이 비판적으로, 성찰적으로 그리고 과학적으로 사고할 수 있다는 희망을 향해 걸어왔다. 하지만 핵심은 우리가 여전히 중세 시대처럼 행동한다는 것이다. 원칙적으로 우리는 그때보다 더 똑똑해졌으나 지금부터 다시 더 어리석어질지 모른다. 인지적 비극이 아닐 수 없다.

신종교의 도래

현재 혹은 미래에 대한 불확실성이 만연한 곳, 구원을 향한 갈망이 여전히 충족되지 않은 곳, 교육을 받은 사람들이 이리저리 활보하는 곳에서는 언제나 새로운 종교적 이야기가 등장할 가능성이 다분하다. 다시금 분명히 하자면 나는 새로운 종교가 아니라 종교적 내러티브narrative와 유사한 것들이 몇몇 영역에서 출현해 우리를 아연하게 만든다는 사실을 이번 장을 통해 짚고 넘어가려 한다.

예를 들어 나는 미국에서 열리는 회의나 강연 또는 싱크탱크 모임과 같은 행사에 자주 참석한다. 화려한 수식이 붙은 교수나 IT 기업 창업자 또는 프로그래머처럼 첨단 기술 분야에 몸담으며 인공 지능과 관련된 일을 하는 사람들이 모인 곳에서 인간과 흡사한 인공 지능의 출현은 아직 머나먼 일이라고 누군가 말하면 단순히 반론을 받을 뿐 아니라 마치 종교 재판처럼 폭소가 쏟아진다. 그곳에 참석한 이들은 마치 인공 지능의 발전이라는 불가피한 현실을 부정하는 것을 퇴행적 생각이라 여기는 듯하다.

트랜스휴머니즘transhumanism은 유한한 인간의 운명을 기술적 진보로 극복하길 원하는 세계 최고 부자 IT 엘리트들에 의해 그동안 의심스러운 행보를 보여 왔다. 그들은 죽음이라는 생물학적 결함을 인공 지능이나 현대 생명 공학으로 고칠 수 있다고 여긴다. 캘리포니아의 싱귤래리티 대학Singularity University에서는 인간을 정신적으로 능가하며 인간의 운명을 판가름할 사고하는 기계를 만들어 벌써 세상에 내놓을 날을 준비하고 있다(참고로 싱귤래리티 대학은 정식 대학교가 아니라 사기업으로, 로봇 공학이나 인공 지능 혹은 생명 공학 분야 전문가를 기르는 교육 기관이다). 말하자면 최후의 심판 2.0 버전이다. 그러면 컴퓨터 공학 기술로 무장한, 급속도로 성장하는 인공 지능을 가지고 경쟁할 수 있으니 인간의 두뇌에 칩Chip을 심으려고 계획 중인 일론 머스크 같은 사람에게만 도움이 될 것이다. 이에 최적화된 기업은 이미 존재한다. 뉴럴링크Neuralink가 대표적이다. 초창기 종교와 같은 영생의 약속을 이행할 수 있는 방법은 더 있다. 구글의 지주 회사 알파벳이 설립한 칼리코Calico는 인간의 불멸을 의학적으로 실현하려는 목표를 가지고 있다.

세상과 동떨어진 첨단 기술 엘리트들의 행보는 어딘가 기이한 느낌을 준다. 게다가 이런 아이디어를 추종하는 자들이 현재 또는 미래 거대 기업의 중앙 통제실에 앉아 있다는 것을 아무도 숨기지 않는다. 구글의 공동 창업자인 세르게이 브린Sergey Brin과 래리 페이지Larry Page는 인공 지능을 통한 영생의 실현이라는 아이디어를 공개적으로 지지하며, 챗GPTChatGPT를 세상에 내놓은 샘 올트먼Sam Altman 또한 일론 머스크와 뜻을 같이한다.

적어도 내가 아는 선에선 극도로 지능이 높으며 교육을 많이 받은 사람들이 불확실성이 정점을 찍은 순간에 모험을 하고 있으니 역사의 아이러니가 아닐 수 없다. 인공 지능과 디지털화가 무엇을 초래할지는 사실 아무도 모른다. 실리콘 밸리의 첨단 기술 장인들이 생산하는 모든 것은 남쪽으로 500킬로미터 떨어진 할리우드에서 디스토피아 영화로 시각화된다. 불확실성과 복잡성은 영화를 통해 극대화된다. 우리 모두는 구원을 찾으며 무엇보다 지금 우리는 기술 과잉의 사회에 살고 있다. 그리고 첨단 기술 분야의 대표 주자들은 종말과 천국, 영생을 향한 동경, 인간적 결함의 극복 등의 초기 종교적 동기를 가지고 일하고 있으니 어쩐지 서구 기술 역사의 씁쓸한 뒷맛이 느껴진다.

지나치게 디지털화된 첨단 기술 세계와 비슷한 패턴을 우리는 환경 보호 운동에서 확인할 수 있다. 기후 변화에 맞서 싸우는 과정에서 깨달은 기본적 원칙을 우리는 기억한다. 즉 이미 한 번 언급된 것은 제 기능을 발휘하지 못한다는 것이다. 그래서 우리는 내러티브를 바꿔야 했다. 이를테면 "과학을 따르자!"에서 "나는 과학을 믿어!"로 달라졌다. 오해하지는 말자. 우리는 분명 기후 변화에 맞서 싸워야 한다. 그리고 기후 변화를 막기 위한 분투는 종교의 영역이 아니다. 그럼에도 기후 변화에 맞선 투쟁에서 이용되는 신종교적 이야기 패턴을 무시하고 넘어가선 안 된다. 그러면 선의에서 비롯된 싸움이 더욱 악화되기만 할지 모른다.

이야기에 활용되는 전형적 요소 중 하나로 죄가 있다. 우리는 스스로 선택한 생활 방식으로 인해 미래 세대[35] 또는 세상에 죄를 지었다.[36] 더 심각하게는 이 죄를 유산으로 남기게 될지도 모른다. 이미 우리는 독일에서 새로 태어나는 아이들의 탄소 발자국을 계산하고 있다. 다른 말로 하면 이 땅에 사는 것만으로 기후에 해를 끼치는 존재라는 뜻이다.[37] 성경에 익숙한 독자라면 유산으로 물려받은 죄가 무슨 의미인지 이해할 것이다.

오늘날 회자되는 무위無爲적 아포칼립스apocalypse는 구약 성서에 나오는 노아의 홍수 이야기에 결코 뒤지지 않는다(간단히 말하면 아무것도 행하지 않음으로 종말에 이른다는 것이다). 또한 시간의 흐름은 모든 세계적 종교에서 자주 활용된 이야기 요소이기도 하다. 게다가 심리학적으로도 빈번히 사용되는 원칙인데, 시장에서 공급 부족이 작동하는 방식과 비슷하다. 즉 시간이 흐른다는 사실을 알면 인간은 인터넷 예약 사이트에서 "이 가격이 마지막"이라는 문구가 보이면 피하기 어려운 것처럼 충동적으로 결정을 내릴 뿐 아니라 의미를 찾는다.

시간의 압박에 놓이면 인간은 합리적이고 팩트에 근거한 사고를 하지 못한다. 종교적 차원에서는 정도가 더 심하다(과학적 사고는 무엇보다 스트레스가 없는 상태에서 가능하다).[38] 그런데 현대인은 그리스도적 세계관이 아닌 인간 중심으로 세상을 바라보기 때문에 우리는 세상이 아니라 인간의 구원을 원한다. 자연이 앞으로 존속하든 말든, 지구의 기온이 5도가 오르든 10도가 오르든 우리와는 전혀 상관이 없다. 1억 년 뒤에 인간은 분명 지구상에 하나도 남지 않더라도 생명은 살아남을 것이다. 하지만 창조의 왕인 인간이 끝내 구원되리라는 생각도 종교적 이야기 패턴과 다르지 않다. 그래서 2018년에 발표된 〈종교와 기후 변화Religion und Klimawandel〉라는 제목의 메타 분석 또한 다음과 같은 결론에 이른다. "지금의 기후 위기는 새로운 종교적 집단의 생성에 중요한 역할을 할지 모른다."[39]

기후 변화에 맞선 분투가 개인에게 종교적 경험으로 느껴진다면 근본적으로는 크게 문제가 되지 않는다. 하지만 종교적 내러티브의 도움으로 사회적 변화를 초래하려 한다면 혹은 기후 변화를 통해 사회적 변화와 맞먹는 거대한 무언가를 요구한다면 문제가 된다. 그러면 아포칼립스적 기후 변화 이야기에서 가장 부족한, 천국에 대한 약속에 초점이 맞춰진다. 모든 종교는 세상의 종말, 죄, 흘러가는 시간 같은 동기를 가지고 돌아간다. 그런데 동시에 모든 종교는 영혼을 정화하는 길로 안내하는 것이 가장 중요하다는 사실 또한 알고 있다. 그게 바로 천국에 대한 약속이다.

그렇다면 이제 막 두세 살이 된 젊은 세대에게 우리가 약속할 수 있는 천국은 무엇일까? 나의 증조할머니는 생전에 항상 이런 말을 건네곤 했다. "우리보다 더 좋은 것을 너희들이 누리도록 해줄게." 할머니는 이런 생각을 가지고 두 번의 세계 전쟁과 스페인 독감, 역사상 가장 큰 경제 위기인 세계 대공황 그리고 독일의 하이퍼인플레이션hyperinflation에서 살아남았다. 그는 40대 초반에 미망인이 됐고 붉은 군대가 대공포로 독일을 침공한 이후 폭격당한 땅에서 두 자녀와 함께 생을 이어 갔다. 이따금 나는 생각한다. 증조할머니는 이미 아포칼립스를 경험했다고, 하지만 그는 늘 견뎌 냈다고 말이다. 할머니는 세상이 더 나아지리라는 희망에 가득 차 있었기 때문이다. 독일은 우리가 그리 나쁘지 않은 상황에 처했기 때문이 아니라, 더 나아질 거라는 희망이 있었기에 다시 세워졌다. 그렇게 우리는 거대한 아포칼립스를 이겨 냈다.

솔직하게 말하면 나는 지금 세 살짜리 조카에게 이런 말을 건넬 수밖에 없다. "너에게 아주 나쁜 일이 벌어지지 않기만을 바랄게." 그러면서 과연 나는 어린 조카가 천국에 대한 약속 하나 없이, 2100년에 그의 80번째 생일을 무사히 맞이하리라 확신할 수 있을까? 인공 지능이 세계를 지배하거나 유럽의 절반이 가뭄으로 메마르거나 아니면 해수면의 상승으로 모조리 바다에 휩쓸리더라도 그럴 수 있을까? 우리는 인간의 정신을 크게 오인하는 건 아닐까?

과학의 르네상스

이러한 포스트-과학적 사고에 대응하려면 무엇을 어떻게 해야 할까? 합리적인 과학적 사고를 회복하는 것이 가능하기는 할까? 우리 사회가 직면한 커다란 문제들을 해결하려면 그래야만 한다. 적어도 지금 우리가 겪고 있는 거대한 위기들은 신종교적 그리고 포스트-과학적 태도로 대응해서는 안 된다. 2023년 초 레쉬가 말했듯이 "난기류에 흔들리는 비행기 안에서 무신론자가 있는지 물어보자. 아마 찾기 어려울 것이다."[40] 위기에 처하면 자연히 인간은 이성적으로 사고하기를 멈추게 된다. 이는 우리에게 별로 도움이 되지 않는다. 그럼 기도를 시작하는 것밖에 다른 방도가 없을 때 우리는 무엇을 할 수 있을까? 그런데 오히려 그 반대가 우리를 성공적인 길로 안내한다. 기도 외에는 아무런 대안이 없을 때 누군가는 에어버스 A320을 허드슨강 위로 착륙시키기도 한다. 그동안 우리는 촛불을 켜고 빌 수도 있다. 비행기 안에서 아무 일도 벌어지지 않는 한, 크게 해를 끼치지는 않을 것이다.

오늘날 우리는 사회적으로 그리고 정치적으로 풀기 어려운 문제들과 마주하고 있다. 사실 이전에도 우리는 종종 미래를 위한 중대한 결정을 내려야만 했다. 예컨대 1990년대에는 유전자 공학이 대중적 논쟁의 중심에 서 있었다. 당시에는 복제 양 돌리Dolly가 신문 일면에 대서특필됐고 할리우드에서는 유전 공학의 통제 불가능한 결과를 그린 디스토피아 영화에 집중했다. 지금까지도 쥬라기 공원 콤플렉스Jurassic Park Complex는 대중의 인식에 깊이 남아 있어서 유전 공학의 산물을 여전히 악하고 위험한 존재로 여기는 경향이 있다. 우리의 이런 반응이 정당한지 아닌지는 여기서 그리 중요하지 않다. 쟁점은 따로 있다. 즉 이념과 무관하게 사회적 변화를 다루며 결과와 의견을 공개적으로 자유롭게 나눌 수 있어야 한다는 것이다.

미국에서는 이런 목적으로 1996년 국가 생명윤리 자문 위원회National Bioethics Advisory Commission가 설립됐다. 위원회의 임무는 생명윤리에 관한 문제를 연구해 해당 정부에 조언을 제공하는 것이다.[41] 이 위원회는 굳게 닫힌 문 뒤에서 전문가들만 모여 비밀스럽게 회의를 하는 대신, 주장과 반론의 활발한 교류라는 원칙을 추구했다. 한 집단이 특정 유전 공학 기술에 대한 입장을 주장하고 설명하고 논증하면, 또 다른 집단이 같은 기술에 대한 과학적 기준을 제시하는 식이다. 이 과정은 모두 공개된다. 이처럼 주장과 반론이 자유롭게 오가는 토론을 통해 우리는 지식의 본질에 더욱 가까워지며, 이후 그 토대 위에서 결정을 내리게 된다. 흥미롭게도 마지막으로 가면 대중들은 해당 논쟁의 결과를 쉽게 받아들인다. 모두가 참가자의 위치에서 충분한 공간을 제공 받았기 때문이다.

오바마 행정부의 전 에너지부 장관은 이런 과정을 레드 팀 훈련Red team exercise이라 칭했다. 빨강과 파랑으로 이뤄진 두 개의 팀이 항상 공개적 과정을 통해 아이디어를 교환하면서 자기 비판적 논쟁을 촉진시키기 때문이다. 포스트-과학적 이념 논쟁에서 자기 비판적 논쟁은 이미 사라지고 없다.[42] 여기서 나는 독일의 도시 개발 프로젝트 슈투트가르트 21Stuttgart 21을 두고 벌어진 논란이 떠올랐다. 최근 양측이 모두 공개적 조정 절차에 참여하면서 길었던 논란은 끝내 잠잠해졌다.

물론 슈투트가르트 21은 재정적으로나 시간적으로 우리가 통제할 수 있는 수준을 넘어섰다(그 이유 중 하나는 10장에 나온다). 그럼에도 민주주의 사회에서는 이런 식으로 결정을 내리고 또 유보하는 과정이 중요하다. 게다가 슈투트가르트 중앙역의 정문에는 헤겔Georg Wilhelm Friedrich Hegel의 한 인용문이 반짝이는 글씨로 적혀 있지 않은가. "오류에 대한 두려움은 이미 오류 그 자체다." 우리는 (가능하면 과학적인 의미에서) 열린 담론을 통해 문제를 다루고 논할 용기를 훨씬 더 많이 가질 필요가 있다. 왜냐하면 우리는 미래에 무슨 일이 일어날지 잘 모르기 때문이다. 하지만 우리가 지금 맞닥뜨린 포스트-과학적 이데올로기로는 인간의 아이디어와 과학 기술의 진보가 살아 숨 쉬는 땅을 더 이상 얻을 수 없다.

12
GESETZE
DER
DUMMHEIT

우리는 왜 세상을 매번 잘못 해석할까

세상을 이해한다는 착각

12
GESETZE
DER
DUMMHEIT

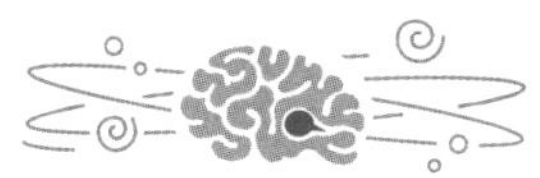

1장을 통해 우리가 너무나도 쉽게 비과학적으로 사고한다는 사실을 알게 됐으니 이제 과학적 해석으로 넘어가 보자. 세상에 대한 해석처럼 중대한 이야기를 하기 전에 조금 가벼운 것으로 시작해 볼까 한다. 우리가 즐겨 타는 자전거는 어떻게 작동할까? 자전거는 어떻게 구성돼 있을까? 한번 생각해 보자. 자전거 체인은 무엇을 따라 어디로 움직일까, 프레임의 연결관은 어디에 있을까, 페달은 어디에 놓여 있을까? 만약 흥미가 있다면 그리고 이 책을 단순한 인쇄물이 아닌 실용적인 연습장으로 활용할 마음이 있다면, 연필을 들고 빈 공간에 자전거 그림을 그려 보자. 자, 그럼 행운을 빈다!

그다지 어려운 일이 아니라고 생각한다면, 지금껏 수많은 자전거를 보고 살아왔다고 자부한다면 부디 주의하길 바란다. 구체적으로 들어가면 분명 어려워질 것이다. 심리학자 리베카 로슨Rebecca Lawson은 2006년에 진행한 실험에서 바로 이 과제를 참가자들에게 건넸다. 그리고 실험 참가자의 거의 절반이 틀린 그림을 그려서 냈다.[1] 심지어 틀린 그림도 약간 잘못된 것이 아니라 기괴할 정도로 왜곡된 두발자전거였다. 이를테면 페달이 앞바퀴에 달려 있거나 안장 바로 밑에 붙어 있거나 아니면 두 개의 체인이 앞바퀴와 뒷바퀴에 각각 달려 있는 식이었다.

그로부터 10년 뒤에 디자이너 지안루카 지미니Gianluca Gimini는 500명의 참가자를 대상으로 똑같은 실험을 반복했다. 그리고 아주 놀라운 결과를 얻었다. 단 370명만 그림을 완성했으며 나머지는 도중에 포기하면서 자전거 하나 그리지 못하는 자신의 무능함에 화를 내기도 했다. 끝내 중단하기로 결심한 이들의 그림은 실제 자전거와 4분의 1정도만 일치했다. 이후 지미니는 몇몇 그림을 골라 3D 모델로 구현했고 현실과 크게 동떨어진 인상을 주는 놀랍고도 우스꽝스러운 작품이 만들어졌다.[2] 한 가지 짚고 넘어가자면 실험 참가자들은 특별히 창의적인 사람들이 아니었고 그저 자신의 기량 안에서 실상을 그렸을 뿐이다. 다른 말로 하면 그들은 자전거를 해석한 것이다.

물론 자전거도 그리 단순한 물건은 아니라고 말할 수 있다. 스템stem과 캐스터caster의 차이를 정확히 아는 사람이 얼마나 되겠는가? 그런데 사람들은 이보다 더 간단한 대상을 설명할 때에도 종종 난관에 빠진다. 일찍이 2002년에 예일대학교의 레오니드 로젠블리트Leonid Rozenblit와 프랭크 케일Frank Keil은 우리가 지극히 단순한 물건조차 제대로 설명하지 못한다는 사실을 밝혀냈다. 우리가 그 물건이 어떻게 작동하는지 잘 안다고 전적으로 확신하더라도 말이다.[3] 화장실 변기를 예로 들어 보자. 우리는 변기를 아침저녁으로 사용한다. 그런데 이 기구에 대해서 얼마나 알고 있을까? 물 내림 버튼을 누르면 대량의 물이 쏟아져 용변이 씻겨 내려간다는 사실 외에 우리는 아는 것이 거의 없다. 버튼을 누르면 왜 물이 흘러나오는 걸까? 변기 안에는 왜 항상 물이 고여 있는 걸까? 왜 냄새가 나지 않는 걸까? 변기의 물은 왜 갑자기 멈춰 물탱크 속을 흐르는 걸까?

질문에 질문을 거듭하며 구체적으로 들어가면 문득 한 가지 생각이 떠오른다. 조금 전만 해도 우리는 나를 둘러싼 모든 것을 설명할 수 있다는 믿음을 가지고 세상을 살아갔다. 적어도 주변의 물건이 어떻게 굴러가는지는 알고 있다고 자부했다. 정신적으로 완전히 통제 불가능한 상황은 결코 벌어지지 않을 것이라고 말이다. 그러나 실제로 우리는 주변에 있는 거의 모든 것에 대해 전혀 모른다. 건조기가 어떻게 작동하는지, 왜 냉장고가 계속 차가운지, 하물며 고양이 동영상이 어떻게 공간을 이동해 우리의 휴대전화로 들어오는지도 사실 잘 모른다.

우리가 그다지 오만하지 않은 자세로 세상을 스스로 이해한다고 착각하더라도 크게 문제가 되지는 않는다. 솔직히 말하면 우리는 세상을 전혀 이해하지 못한다. 그뿐만 아니라 우리를 둘러싼 세상을 설명하기 위해 인간이 취하는 방식은 문제를 개선하기보다 오히려 더 악화시킨다. 실상에 대해 두어 마디만 주워듣고는 이미 다 이해했다고 믿는다. 여전히 우리는 변기 물이 정확히 어떻게 씻겨 내려가는지도 모른다.

우리 시대의 거대한 역설이 바로 여기에 있다. 인류 역사에서 지금처럼 많은 정보를 마음대로 다룰 수 있는 시대는 없었다. 또한 그로 인해 인간이 정보를 덜 알게 될 위험이 지금만큼 큰 시대도 없었다. 인간은 여러 세기에 걸쳐 정보에 접근하는 문제를 두고 분투했다. 실제로 전염병과 전쟁 그리고 경제 위기에 이르는 모든 세계 위기는 적시에 적합한 정보가 부족해서 발생한 것이라고 말할 수 있다. 박테리아가 결핵을 유발하고 돈을 지나치게 많이 찍어 내면 하이퍼인플레이션으로 이어지며 이산화탄소 배출이 온실 효과를 일으킨다는 것을 인간이 진작 알았다면 우리는 무엇을 얼마나 면할 수 있었을까.

정보가 부족한 시대는 이미 지나갔다. 오늘날 우리는 너무 적게 알아서가 아니라 너무 많이 아는 까닭에 그 어느 때보다 커다란 위험에 처해 있다. 지금 우리는 이전보다 훨씬 더 많은 정보를 가지고 있지만 지식에 기초한 행동을 실질적으로 행하지는 않는다. 지극히 적은 정보를 다룰 수 있도록 설계된 인간의 사고 메커니즘을 여전히 사용하고 있기 때문이다. 오늘날 우리는 원래 인간이 감당할 수 있는 것보다 더욱 많은 정보를 사람들에게 제공한다. 그러면서 진실 착각 효과illusory truth effect에 바탕을 둔 기술로 사람들을 조종한다. 즉 무언가를 반복해서 자주 접할수록 그것이 전혀 사실이 아니더라도 사실이라고 믿게 되는 인간의 인지 편향을 이용하는 것이다.

마케팅 분야에서는 지나치게 많은 정보를 쏟아부으며 사람들에게 영향을 미친다. 정치적 캠페인은 완전히 잘못된 무언가를 그저 빈번하게 반복하며 신빙성을 얻는다. 사람들은 과도하게 공급된 정보에 이상한 반응을 보인다. 즉 팩트가 아닌 거짓된 무언가를 믿거나, 정보의 과잉을 인정하면서도 그 안에 담긴 그릇된 세계관을 옳다고 여긴다. 그뿐만 아니라 정보를 점점 더 정치적 목적으로 사용한다. 그 덕분에 이제 중립적이고 팩트에 기초한 지식을 얻기는 더 이상 불가능할지 모른다. 그 결과는 치명적이다. 언젠가 우리는 세상을 제대로 이해할 능력이 아예 없어질 수도 있다. 세상에 대한 우리의 잘못된 이해와 해석은 결정적 순간에 결함을 드러내며 우리를 완전히 낯선 길로 이끌 것이다.

나는 이번 장을 통해 인간이 세상을 해석할 때 종종 저지르는 세 가지 기본 오류를 들여다보고자 한다. 동시에 이들 세 오류를 저지하는 방법도 알아볼 것이다. 세상에 간단히 이해되는 것은 그리 많지 않다. 심지어 화장실 변기조차도.

자신의 장점에 대한 환상

앞서 언급한 변기 또는 자전거 사례는 단순히 재미있게 들릴 수도 있다. 하지만 이들은 인간이 안고 있는 근본적 문제를 보여 준다. 그리고 이 문제는 종종 정치적 영역으로 옮겨 가기도 한다. 심리학에서 설명 깊이의 착각illusion of explanatory depth이라 불리는 이 문제는 자신이 실제로 아는 것보다 훨씬 더 많이 안다고 스스로 믿는 현상을 뜻한다. 그런데 자기가 무언가를 잘 안다고 믿을수록 그걸 제대로 다루지 못할 위험은 더 올라간다. 다르게 표현하면 자신이 똑똑하다고 믿을수록 어리석음은 더욱 커진다는 말이다.

자전거 구조와 변기의 수세 장치에 해당되는 이야기를 필립 페른백 Philip Fernbach은 2013년에 진행한 실험을 통해 정치적 질문으로 확장했다.[4] 시작은 비슷했다. 다만 이번 실험에서 페른백은 정치적 입장과 연계해 참가자들에게 통일세, 교사 성과급 차등제, 이산화탄소 배출권 거래제 등에 찬성하는지 아니면 반대하는지 고유의 의견을 말해 달라고 요청했다. 이어서 참가자들에게 현재의 정치적 입장을 고수하는 이유를 물어본 다음, 그 입장을 대변하는 단체에 약간의 후원금을 기부할 생각이 있는지 물었다. 결과는 예상을 크게 벗어나지 않았다. 즉 자신의 입장에 대한 확신이 더 견고한 사람일수록 더욱 많은 돈을 기부할 의향이 있었다. 특히 극단적 성향을 가진 사람들 가운데 무려 4분의 3이 그런 행동을 보였다.

실험 참가자들에게 왜 그런 입장을 지지하는지 이유를 묻는 데서 그치지 않고 구체적으로 설명해 달라고 청하자 상황은 조금 달라졌다. 참가자들은 한 걸음 더 들어가 이산화탄소 배출권 거래제가 어떤 식으로 작동하는지, 교사 성과급 차등제가 정확히 어떤 제도인지 말해야 했다. 그러자 사람들의 기부 의향은 크게 떨어졌다. 극단적 정치 성향을 가진 이들의 4분의 1만이 관련 단체에 기부할 의사가 있다고 밝혔다.

이유를 드는 것과 구체적으로 설명하는 것은 조금 다르다. 오늘날 우리는 정치적 입장에 대한 근거는 잘 대면서 설명은 제대로 하지 못한다. 사회적 논쟁이 벌어질 때 근거를 확실히 제시하면 좋은 주장으로 여겨진다. 사람들은 설명이 충분히 가능한 쪽이 아니라 자기 입장에 대한 확신이 강한 쪽이나 근거를 잘 대는 쪽을 택한다. 위의 연구는 구체적 설명이 아닌 근거를 들어 말하면 최전선에 있는 사람들의 입장을 더욱 견고하게 만들거나 중간에 있는 사람들이 정치적으로 더 극단적 입장을 취하도록 이끌 수 있다는 사실을 보여 준다. 정치적 논쟁에서 정말 중요한 것은 더 나은 주장이 아니라 더 나은 설명이다. 그러므로 우리는 자기 입장에 대한 근거를 제시하는 대신, 사물을 설명하면서 사람들의 확신을 흔들어야 한다.

덧붙이자면 자기 비판적 사고는 과학을 통해 길러진다. 인간은 더 많이 알수록 자기 지식의 한계를 더욱 잘 안다. 2022년 과학 전문지 〈네이처〉에 게재된 한 연구 논문에 따르면, 과학자들의 경우 지식이 많아질수록 더욱 겸손해진다고 한다. 반대로 사이비 과학적 지식을 계속해서 축적하는 비과학자들은 자신감이 더욱더 증가하는 경향을 보인다.[5] 안타깝게도 일반 대중들 사이에선 자기 장점에 확신이 있는 사람이 말할 기회를 더 수월하게 얻는다. 자신을 의심하는 소크라테스를 토크쇼에 모시려는 사람은 없을 것이다.

그런데 이런 의심을 약점으로 해석할 때 문제가 생긴다. 코로나 팬데믹 시기에 우리는 왜 바이러스학자들에게 학교 문을 열어야 하는지 여부를 계속해서 물었을까? 마스크를 정말 써야 하는지 바이러스 학자에게 묻는 일은 마치 미용실에 들어가서 새로 머리를 자를 필요가 있는지 묻는 것과 같다. 바이러스학자의 관점에서 마스크 착용은 당연히 중요하고 의미 있는 일이지만 유치원 문을 닫아야 하는지 여부는 바이러스학자가 결정할 수 있는 일이 아니다. 합리적 과학자가 토론을 마치며 모든 것에 견해를 밝힐 수는 없다고 지적하면 약점이 아닌 장점으로 부각

된다. 의심은 결코 약점이 아니다.

세상을 이해하려는 사람은 설명을 해야 한다. 그 이해를 가지고 세상을 바꾸고 싶은 사람은 자기 판단에 근거를 들어야 한다. 그러면서 민주적 방법으로 널리 알리며 사람들의 마음을 얻으려고 애써야 한다. 기후과학자들이 온난화로 인해 이번 세기말까지 지구 평균 기온이 3도나 상승할 수 있다는 치명적 연구 결과를 내놓으며 이에 맞서 우리가 무엇을 할 수 있는지 설명하고 어떤 조치를 취했을 때 정확히 무슨 일이 벌어지는지 혹은 우리가 아무것도 하지 않았을 때 무슨 일이 일어나는지 충분히 납득할 수 있는 시나리오를 그리면 대중이 문제를 이해하는 데 크게 도움이 된다. 하지만 그러고 나서 구체적으로 무엇이 시행돼야 하는지는 더 이상 과학의 영역이 아니다.

한 사회가 기후 보호에 반대하는 결정을 내린다면 그것은 그 사회의 정당한 권리다. 반대 경우도 마찬가지다. 두 가지 결정 모두 받아들일 수 있다. 사회가 내린 결정과 다른 의견을 가진 사람은 다수를 설득하거나 정치 시스템을 바꾸려고 노력해야 한다. 후자가 유의미한지 여부는 과학의 영역에서도 말을 덧붙일 수 있다. 그러나 실제로 시행할지 말지는 과학의 영역에서 내릴 결정이 아니다. 물론 과학 지식이 민주적 결정 과정을 향상시킬 거라는 희망은 여전히 존재한다. 하지만 과학적 설명이 항상 더 수월한 의사소통으로 이어지는 것은 아니다.

이 지점에서 조금 흥미로운 이야기를 해볼까 한다. 코로나 팬데믹 동안 자칭 크베어뎅커querdenker(역발상자)라는 독일 내 반대론자들은 스위스의 전례를 따라 정부의 팬데믹 방역 정책이 타당한지 여부를 국민 투표로 판단하자고 요구했다. 그리고 만약 그렇게 하지 않으면 바이러스 전문가들이 지배하는 팬데믹 공화국이 되어 국민들을 무시하고 제멋대로 결정을 내릴 거라고 주장했다. 팬데믹 동안 스위스에서는 코로나 정책에 대한 국민 투표를 두 번이나 실시했다. 2021년 6월 13일과 11월 28일에 이뤄진 두 번의 투표에서 스위스 국민의 과반 이상이 정부의 코로나 방역 정책에 찬성했다. 이후 코로나 정책 반대 운동은 차차 동력을 잃었다. 좋은 민주적 운동은 자기가 언제 사라질지도 잘 안다. 스위스의 경우, 과학적 설명과 직접 민주주의적 의사 결정이 성공적으로 공생한 결과였다.

설명의 오류 1: 우리는 충분히 설명하지 않는다

우리는 왜 세상을 제대로 설명하지 못할까? 우리는 왜 종종 얄팍한 표면 지식의 덫에 빠지는 걸까? 그 주된 원인은 우리가 살면서 직접 마주친 적이 없는 현상이나 사건을 머릿속에 그리며 판단하기 때문이다. 예컨대 우리는 지구에서 온실 효과가 어떻게 작용하는지 스스로 이해한다고 다들 믿고 있다. 우리는 어딘가에서 열 손실을 줄여 주는 비닐하우스 안이 바깥보다 더 따뜻하다는 경험을 했다. 또한 우리는 어딘가에서 이산화탄소가 덮개 역할을 해 지구의 열복사를 감소시킨다는 말을 들은 적이 있다.

하지만 실제 온실 효과를 깊이 들여다본 사람은 극히 드물다. 세 개 이상의 원자로 이뤄진 공기 분자만이 온실 효과에 기여한다는, 즉 질소 같은 이원자 분자는 온실 효과에 영향을 미치지 않는다는 사실을 아는 사람이 얼마나 되겠는가? 혹은 이산화탄소가 정확히 어떻게 지구의 공기를 덥히는지 설명할 수 있는 사람이 얼마나 있을까? 우리는 온실 효과에 대한 대략적 개념과 상상을 한데 조립해 피상적 조합을 근거로 활용한다. 아니면 우리가 달리 무엇을 할 수 있겠는가? 모든 결정에 과학 전문가로 탈바꿈해야 한다면 우리는 도저히 감당할 수 없는 과중한 부담을 짊어져야 할 것이다.

이런 메커니즘은 굉장히 효과적이며 동시에 우리가 쉽게 오판에 빠지도록 만든다. 2020년 말에 나온 이선 마이어스Ethan Meyers의 연구에서 보여 주듯이 말이다.[6] 먼저 마이어스는 실험 참가자들에게 정치 및 경제 관련 질문을 건네며 각각의 입장을 표해 달라고 요구했다. 당연히 대부분은 주제가 무엇이든 상관없이 즉시 나름의 견해를 밝혔다. 그러나 이후 중국과의 무역을 얼마나 강화해야 우리에게 유리한지 같은 구체적 설명이 필요한 질문을 던지자 자신감은 금방 사라졌고 참가자들은 미리 제공된 전문가의 의견을 굳게 신뢰했다.

이런 식의 인지적 분업은 필요하다. 말했듯이 모든 부담을 우리가 짊어질 수는 없는 법이다. 하지만 이 같은 분업은 우리를 표면 지식의 덫에 빠트리며 우리가 세상을 너무나도 자신 있게 설명하도록 만든다. 물론 해결책은 있다. 우리 스스로 지식이 부족함을 분명히 밝히는 것이다. 기후 변화를 부정하는 사람들은 지식의 부족과 사고 체계의 결함을 정확히 알고 이를 아주 영리하게 이용해 주장을 펼친다. 이를테면 이산화탄소가 지구 대기에서 차지하는 비율은 0.04퍼센트에 불과하며 산업화 이전에는 0.03퍼센트였는데 이처럼 미미한 증가가 어떻게 지구 온난화에 책임이 있다고 말할 수 있는가? 언뜻 납득이 가는 설명처럼 보인다. 그런데 뒤집어서 말하면 절대적 관점에서 미미한 이산화탄소의 증가가 지구 온난화에 분명 영향을 미쳤다는 뜻이기도 하다. 세상에 대한 자신의 잘못된 지식을 설명해야 할 때면 우리는 다소 부족한 자신감에 지렛대 역할을 하는 조작에 잘 넘어간다. 무언가 불확실해지면 우리는 바로 새로운 설명 패턴에 넘어가기 쉽다. 그 결과 우리는 기후 변화를 부정하는 사람들의 말에 속을 수도 있고 아니면 과학자들의 말에 설득당할 수도 있다. 하지만 두 가지 경우 모두 자신의 지식에 대한 의심의 씨앗에서 시작된다.

현상이든 사물이든 우리는 그것이 정확히 어떻게 작동하는지 충분히 설명하지 않는다. 대신 우리는 자신의 주장을 펼치며 의견이 다른 상대방에게 우리의 눈높이에서 훌륭한 근거를 제시한다. 토크쇼가 이뤄지는 방식을 자세히 들여다보면 입장이 이미 명확히 정해진 경우가 상당히 많다. 또 화려한 언변으로 경쟁하는 사람은 자신의 주장을 가장 잘 옹호한다. 이런 방식의 토론 문화는 우리를 막다른 골목으로 이끈다. 다시 말해 우리는 문제의 핵심으로 들어가라는 요구가 없는 한, 겉으로만 돌며 합리적 판단을 잘 내리지 못한다. 그래서 대중국 무역 의존의 문제점, 탄소 가격제의 효과, 공급망의 문제, 전기 자동차의 의미 또는 무용론에 대해 논할 때면 경제 분야의 여러 대표들이 지금보다 더 많이 토론의 장에 앉아야 한다.

설명의 오류 2: 의미 찾기

설명 깊이의 착각 외에도 현대인들이 세상을 설명할 때 종종 빠지는 두 가지 오류가 더 있다. 역설적이게도 모두 두뇌가 두 가지 문제에 현명하게 대응하더라도 부정확한 사고를 하도록 이끈다. 그러니 한시라도 빨리 명료하게 사고하고 싶다면 더 어려운 문제부터 풀어 보자. 분명 당신도 이런 오류에 빠져 본 경험이 있을 것이다.

질문: 오존층은 왜 있는 걸까?

답변: 태양에서 방사되는 해로운 자외선으로부터 우리 인간을 보호하기 위해서.

정말 터무니없는 소리가 아닌가. 지구는 인간이 건강히 잘 살도록 오존층을 형성하기로 결심한 적이 없다. 오히려 그 반대다. 즉 지구에 오존층이 있기에 인간이 태양의 자외선 방사로부터 보호받는 것이다. 오존층이 없었다면 아마 우리는 자외선에 맞서는 다른 방법을 개발해야 했을 것이다. 아니면 아예 우리가 존재하지 않았을지도 모른다. 그럼에도 많은 이들이 목적론적 오류teleological fallacy라 불리는 원칙에 따라 논쟁을 벌인다. 다시 말해 아무런 의미가 없다 하더라도 현상이나 사물에 하나의 의미를 만들어 내는 것이다.

이런 식의 설명은 유난히 그럴듯한 인상을 준다. 자연 속에서 좋은 의미를 발견하는 것처럼 알아듣기 쉬운 설명도 없다. 이 같은 설명 오류를 보여 주는 전형적인 예를 당신도 분명 어디선가 들어 봤을 것이다.

나무는 인간이 호흡할 수 있도록 산소를 발생시킨다.
태양은 지구가 너무 차가워지지 않도록 열을 방출한다.
지구는 생물이 생존할 수 있도록 물을 가지고 있다.

우리는 왜 이런 식으로 사고하는 걸까? 그 이유는 우리의 두뇌가 어떻게 작동하는지 들여다보면 알 수 있다. 사물이나 현상을 이해하려고 할 때 우리는 그것의 원인과 결과를 알아내야 한다. 그러면서 우리는 (가정이기는 하지만) 스스로 원인자의 역할을 맡으며 이어서 결과를 불러일으키는 상상을 한다.[7] 지구가 왜 더워지는지 우리가 이해하려면 달아오르는 복사 에너지를 지구로 보내는 태양이 자기 자신이라고 상상해야 한다.

일반적으로 우리 인간은 자신이 행하는 것에 목적과 의도를 가지고 있다. 그 결과 우리는 간략하게 줄이고 어딘가 잘못된 결론을 내리고 만다. 즉 원인이 있는 모든 것은 목적도 있다고 생각한다. 운명의 타격을 받고 나면 우리는 의미를 찾으려고 전력을 다한다. 그 고통이 '아무 이유가 없으면' 안 되기 때문이다. 우리는 수많은 우연 뒤에 숨어 있는 의도와 목적을 추정하며 그 방향으로 계속 내달린다. 심지어 우리는 삶의 의미도 찾는다. 결국 이유 없이 일어나는 일은 하나도 없다고 생각한다. 물론 이유 없이 일어나는 일은 없다. 하지만 목적 없이 일어나는 일은 확실히 있다.

예를 들어 우리는 식물이 생성한 산소를 들이마신다. 우리가 산소를 들이마시든 말든 식물에게는 거의 상관이 없다. 실제로는 그 반대다. 산소는 상당히 독한 기체이기에 산소 발생은 대체로 지극히 부적절한 것으로 여겨진다. 산소는 유전 물질을 공격하며 단백질과 세포막에 해를 가한다. 그뿐만 아니라 산소는 너무 독한 나머지 진화의 역사에서 맨 처음 일어난 그리고 어쩌면 가장 규모가 큰 대멸종의 원인이 됐다.

약 20억 년 전 지구에서는 산소의 과잉 생산으로 지구상 대부분의 생명체가 멸종한 산소 대폭발Great oxygenation event 사건이 일어났다. 지구 대기에 산소가 없던 시절에 광합성이 가능한 최초의 생물이 등장한 이후 지구상에서 10억 년 넘게 산 다른 생물들은 산소의 독성으로 모두 사라져 버렸다. 그 결과 오로지 독을 발생시키는, 다시 말해 산소를 생산하는 미생물만 살아남았다. 또한 특별한 적응력을 가지고 산소의 독성에 맞서 자신을 지킬 수 있는 몇몇 박테리아도 계속 생존했다.

오늘날 우리 신체의 생화학적 특성도 이처럼 독성이 있는 산소를 억제할 수 있도록 적응했다. 심지어 한 가설에 따르면 우리가 늙어가는 이유는 시간이 흐를수록 산소가 우리 체세포의 구성 요소를 죽이기 때문이라고 한다. 나무가 우리에게 건강한 산소를 아주 많이 공급해 준다는 말을 듣게 된다면 이제 당신은 오히려 그 반대라고 생각하게 될지 모른다. 즉 지금 우리는 독성이 있는 기체에 맞서 스스로를 지킬 수 있을 정도로 잘 적응했기 때문에, 더불어 그 독성 기체의 에너지를 매우 잘 이용할 수 있기에 살아 있는 것이다(에너지는 산소가 가진 단 하나의 긍정적인 측면일지 모른다).

흥미롭게도 이러한 설명 오류는 대체로 우리 인간에게 유익하기 때문에 계속 유지된다. 예컨대 "나무는 인간이 호흡할 수 있도록 산소를 발생시킨다"는 말은 설문 대상의 60퍼센트 이상이 동의한다. 그러나 "나무는 표범이 호흡할 수 있도록 산소를 발생시킨다"는 말은 고작 30퍼센트의 사람들만 수긍한다.[8] 이처럼 우리는 자연을 우리의 목적에 맞게 인간화한다. 그래서 "코로나는 인간의 무분별한 침투에 대한 자연의 복수"라는 배우 한네스 야에니케Hannes Jaenicke의 말처럼[9] 우리를 둘러싼 환경을 전형적인 설명 패턴으로 해석한다. 혹은 2020년 말에 유엔UN 사무총장 안토니오 구테흐스António Guterres가 "인간은 지금 자연을 상대로 전쟁을 벌이고 있다. 이는 스스로 목숨을 끊는 것과 같다. 자연은 항상 반격을 가하는데, 그것도 전력을 다해 분노를 터트리며 반격한다"고 연설한 것처럼 말이다.[10] 또는 의사이자 작가인 에카르트 폰 히르슈하우젠Eckart von Hirschhausen이 언급해서 더 유명해진 "지구에 열이 난다"는 고전적인 문장도 있다.[11]

다들 터무니없는 말이 아닌가. 자연은 반격을 하지 않는다. 복수를 하지도 않는다. 그리고 지구는 열이 나지도 않는다. 심지어 지구의 전 역사로 보면 지금 우리는 빙하기에 머물고 있다. 공룡이 살던 시기의 지구는 지금보다 10도 가까이 더 따뜻했다. 따라서 당시 거대한 변온 파충류가 자연을 지배했다는 사실도 그리 놀랍지 않다. 지구에 열이 난다는 말은 인간 중심적 설명 오류를 보여 주는 전형적인 예다. 오늘날의 지구에 대해 어떻게 생각하는지 공룡에게 묻는다면 아마 즉각 체온을 떨어트리며 간단하게 답할 것이다. "우리는 자연이랑 전혀 상관이 없어."

이처럼 잘못된 결론에 이르는 설명 오류는 우리가 세상을 유용성의 기준에 따라 판단을 내린다는 데 문제가 있다. 이를테면 우리 인간은 스스로를 몹시 중요하게 여기는 나머지(더 자세한 내용은 8장에서 다룬다) 지극히 단순한 물리학적 혹은 생물학적 현상을 인간과 연결시키고 그 현상으로 비롯된 작용이 우리와 얼마나 관계가 있는지에 따라 평가를 내린다. 고등학교 학생들을 대상으로 실험을 하면 이런 설명 오류에 특히 잘 빠진다는 결과가 나온다. 즉 고등학생들은 무언가 인간에게 유용하다고 생각되면 곧바로 그 뒤에 숨겨진 목적을 추정한다. 그래서 우리는 인간에게 귀지가 있는 이유를 두고 몇몇 내분비선이 특정 물질을 생산해서가 아니라 바깥의 더러운 것으로부터 우리 귀를 보호하기 위해서라고 믿는다.[12]

유용하고 기능적인 것은 그럴듯하게 들리기 마련이다. 그로 인해 우리는 더 이상 실제 과정을 이해하지 못하게 된다. 그럴듯하다고 반드시 그러한 것은 아니다. 우리는 잘못된 해석을 통해 세상을 심히 단순화해 알아보기 힘들 정도로 세상을 왜곡시킨다. 그러면 우리의 세계관은 일그러지고 만다.

더욱 심각한 것은 인간이 보복을 당하지 않기 위해 자연과 조화를 이루는 삶을 살아야 한다거나 혹은 반대로 무자비한 자연에 직면한 가혹한 삶에 처해 있다는 식으로 간단명료하게 들리는 이야기를 우리가 상당히 자주 만들어 낸다는 사실이다. 그런데 두 가지 이야기에서 모두 우리는 전선을 형성한다. 즉 자연을 보호할 필요가 없다는 관점을 가진 사람은 자연을 더럽혀도 된다고 생각한다. 그리고 자연이 복수한다는 이야기를 따르면 우리가 자연에 맞서 싸워야 한다는 결론에 이르기 쉽다. 목적론적으로 주장을 펼치는 사람은 반대 의견이 자신과 똑같이 비합리적으로 다가오더라도 놀랄 필요가 없다. 단순함이라는 씨앗을 뿌린 사람은 어리석음을 거두게 된다.

요즘 텔레비전에서 볼 수 있는 교양 방송을 시청할 때마다 아마 당신도 이런 경험을 했을 것이다. 나는 어린 시절, 방송인이자 과학자인 요아힘 부블라트Joachim Bublath의 방송을 보며 자랐다. 그는 나에게 과학의 모든 객관적이고 냉철한 면을 보여 주면서 블랙홀이 어떻게 작동하는지 설명해 줬다. 오늘날에는 거의 불가능한 일이다. 과학 지식을 전하는 교양 방송은 그사이 서비스 프로그램이 됐다. 몇 해 전에 나는 고기를 주제로 한 방송을 보았다. 방송에서는 곧바로 채식주의 식단이 얼마나 건강한지, 육류 소비를 어떻게 줄여야 하는지, 동물 복지가 왜 중요한지 그리고 육식 위주의 식단이 우리 몸에 어떤 영향을 미치는지 등을 이야기의 중심으로 삼았다. 모두 다 중요한 이야기라는 건 의심의 여지가 없다. 그런데 정작 고기가 무엇인지는 전혀 설명되지 않았다. 우리가 곤충을 먹더라도 고기를 먹는 것인지, 세포 배양으로 얻은 고기나 3D 프린터로 만든 고기도 육식에 해당되는지는 아무도 언급하지 않았다.

간단히 말해 과학적 지식이 아니라 유용성이 중심을 이뤘다. 물론 얼마든지 그럴 수 있다. 하지만 그러면 사람들이 각자 자신의 유익에 따라 세상을 설명해 달라고 하더라도 놀라서는 안 된다. 또한 하나의 과학적 발전이 나에게 유익하지 않을 때 내가 그 발전을 흥미롭게 여기지 않거나 아예 거부하더라도 이상하게 보아서는 안 된다. 세상을 유용성 위주로 해석하면 이런 패착에 빠진다.

설명의 오류 3: 단순함의 매력

다음과 같은 사건을 당신이 설명해야 한다고 한번 상상해 보자. 중국에서 발발한 신종 바이러스가 호흡기를 통해 감염된다고 한다. 이 바이러스는 어떻게 발생한 걸까?

첫 번째 가능성, 이미 수년 전에 박쥐의 몸에서 발생한 호흡기 감염 바이러스가 천산갑에게 전파되면서 그사이 변종 바이러스가 생겨났다. 중국의 시장에서 천산갑은 별미로 팔리는데 그로 인해 우연히 새로 생긴 변종 바이러스가 갑자기 인간에게 전이됐다. 다른 수많은 변종 바이러스와 달리 이 변종은 특히 전염성이 강해서 감염된 소수의 사람들에 의해 전 세계로 확산될 수 있었다.

두 번째 가능성, 어느 바이러스 실험실의 연구원이 주의를 기울이지 않아서 치명적인 호흡기 바이러스 하나가 바깥으로 유출됐다.

합리적이라 자부하는 사람이라도 두 번째 가능성이 다루기 쉬워 보인다는 말에 아마 동의할 것이다. 첫 번째의 경우 여러 가지 우연적 원인에서 출발해야 하지만, 두 번째는 한 가지만 다루면 된다. 즉 바보 같은 실험실 직원 하나만 문제 삼으면 된다. 이와 관련된 실험을 통해 입증됐듯이 실제로 사람들은 기본 가설이 가장 적은 설명을 주로 취하는 경향이 있다. 그리고 보통은 단 하나의 원인을 찾으려고 한다. 여러 원인을 가진 다른 복잡한 버전보다 원인이 하나인 버전의 가능성이 열 배 가까이 낮음에도 불구하고 말이다.[13]

간단히 말해서 간결할수록 좋다는 것이다. 철학에서는 이를 절약의 원칙principles of parsimony이라고 부른다. 즉 모든 설명들 가운데 가설의 수가 가장 적은 설명을 선호한다는 것이다. 이 원칙에 따르면 사람들은 과학에서도 명확하면서 동시에 간결한 것을 아름답다고 생각한다. 예컨대 기본 가설이 돌연변이, 자연선택, 재조합으로 세 개에 불과한 진화론은 과학자들을 대상으로 한 설문 조사에서 가장 아름다운 과학 이론으로 꼽히며 단연 1위에 올랐다.[14] 하지만 세 가지 기본 가설도 다수의 사람들에게는 지나칠 정도로 많게 느껴지는 듯하다. 여론 조사 기관 갤럽Gallup이 2019년에 실시한 조사 결과에 의하면, 미국인의 40퍼센트가 오늘날 인간의 형상이 신에 의해 창조됐다고 생각한다.[15] 그리고 미국에 사는 약 22퍼센트의 사람만이 인간의 진화에 신이 아무런 영향을 미치지 않았다고 믿는다. 지금까지 나온 모든 노벨상 수상자의 40퍼센트를 배출한 나라에서 나온 생각이다. 이런 조화가 어떻게 가능한지 부디 나에게 묻지 않기를 바란다. 하지만 이를 이해하도록 도와주는 해석은 하나 있다.

원칙적으로 설명은 간단하게 짜여 있을수록 더 유리한 고지를 점령한다. 문제는 이 세상이 그리 간단하지도 아름답지도 않다는 것이다. 반대로 다수의 현대 과학 이론은 상당히 추하고 극도로 복잡하다. 가령 양자론은 전통적 물리학보다 훨씬 더 많은 것을 설명해 주지만, 너무도 막연하기에 이 이론을 기꺼이 반기는 사람은 거의 없을 것이다. 복잡한 대기물리학은 농부들 사이에서 구전으로 내려오는 "성인 축일인 6월 27일에 비가 내리면 7주 동안 비가 온다" 같은 날씨 규칙보다 추종자가 더 적다. 신경과학에서는 사실과 다르지만 그럴듯하면서 다른 무엇보다 듣기 좋은 신화들처럼 좀체 죽지 않는 신화들을 틈틈이 모은다. 예를 들어 여성이 남성보다 멀티태스킹 능력이 더 뛰어나다는 말도, 좌뇌가 분석적이라는 말도, 우리가 두뇌의 10퍼센트만 사용한다는 말도 모두 사실과 다르다.

따라서 누군가 세상을 간단하게 설명한다면 주의해야 한다. 물론 그 설명이 맞을 수도 있다. 하지만 대부분은 그렇지 않다. 이와 같은 사고의 단순화에 빠지지 않기 위한 최고의 해결책은 사물이나 현상을 붙들고 조금이라도 몰두하는 것이다. 2017년에 나온 한 연구 결과에 따르면 복잡한 사물을 있는 그대로 복잡하게 묘사하면 이를 들은 사람들은 대체로 더욱 복잡한 설명을 찾는다고 한다.[16] 단순히 중국에서 온 바이러스라는 정보만 사람들에게 던지면서 이들이 집중적으로 그 정보에 몰두할 거라고 기대해서는 안 된다.

세상에 대한 간명한 해석이라는 달콤한 독, 이에 맞서 우리는 어떻게 싸워야 할까

우리가 실제로 아는 것보다 더 많이 알고 있다고 스스로 믿는 주된 이유 중 하나로 위계질서의 혼란을 들 수 있다. 우리의 삶을 이루는 대부분의 것들은 위계질서하에 조직돼 있다. 예컨대 자동차가 어떻게 작동하는지 사람들에게 물으면 아마 대다수는 자동차에 엔진이 있다고, 핸들로 조종을 할 수 있다고, 액셀러레이터로 가속을 하고 브레이크로 멈출 수 있다고 답할 것이다. 아니면 한 단계 더 들어가 다음과 같이 설명할지도 모른다. 휘발유가 연소돼 엔진을 돌린다거나 클러치 페달이 있어서 기어를 변속할 수 있다고 말이다. 그런데 사람들은 시스템의 첫 번째 층위에 있는 위계질서를 자신이 설명할 수 있다고 믿자마자 전 시스템을 이해했다고 착각해 버린다. 실상을 어느 정도 위에서 바라보면 깊이 내려갈수록 점점 더 복잡해진다는 것을 상상하기 어려워진다. 터보차저가 무엇을 위해 필요한지, 람다 센서가 무슨 일을 하는지 아니면 클러치 페달의 기능이 정확히 무엇인지 설명할 수 있는 사람이 얼마나 되겠는가?

우리가 사는 세상도 언젠가 지극히 전문화돼 결국 우리는 발을 빼야 할지 모른다. 그러면 우리는 해당 전문가들에게 각 영역을 넘겨줘야 하며 과학은 점점 더 세분화될 것이다. 역사상 최고의 과학자가 누구인지 물어보면 레오나르도 다빈치Leonardo da Vinci나 알렉산더 폰 훔볼트Alexander von Humboldt처럼 머릿속에 떠오르는 만능 천재 혹은 만능 학자가 다들 하나씩은 있을 것이다. 만능이라는 말은 이제 잊어버리자. 더 이상 만능 학자는 존재하지 않는다.

지금 우리는 세상을 전체적으로 조망하는 일이 더 이상 불가능한 수준의 사회적 진보에 이르렀다. 화장실 변기의 수세 장치가 어떻게 작동하는지 정확히 설명할 수 있는 양자역학 노벨 수상자가 얼마나 되겠는가? 이동 통신망 4G와 5G 사이의 차이점을 아는 지붕 수리공은 얼마나 있을까? 심리학, 교육학, 문학, 사회학 또는 역사학 같은 인문사회학 분야에서 나온 모든 출판물의 80퍼센트 이상은 인용이 되지 않는다.[17] 다시 말하면 아무 짝에도 쓸모가 없다는 뜻이다.

우리는 과학을 비롯한 학문을 산산이 조각내어 미래의 언젠가 우리가 더 이상 세상을 한눈에 조망할 수 없도록 만들고 있다. 그러자 앞서 1장에서 다뤘듯이 도리어 반과학주의가 호기롭게 개가를 부르기 시작했다. 일찍이 1986년에 사회학자 울리히 벡Ulrich Beck은 저서《위험사회Risikogesellschaft》를 통해 과학이 점점 더 세분화되고 전문화돼 우리가 그 과정에 대한 통제력을 상실할 위험에 처할 거라고 말했다. 그의 책이 출간된 시기가 아주 절묘하다. 바로 체르노빌 원전 사고가 발생했을 무렵 거의 동시에 세상에 나왔다. 책에서 다룬 주제가 현실에서 펼쳐지다니 일종의 예술 작품이 아닐 수 없다.

오늘날 우리는 한 걸음 더 나아가야 한다. 과학은 획기적인 깨달음과 지식을 성취하면서 세상에 대해 너무나도 많은 것들을 설명할 수 있게 됐다. 그로 인해 우리는 이 모든 것들 사이에 서로 어떤 관계가 있는지 거의 알 수 없는 상태에 이르렀다. 그러면 두 가지 가능성이 남는다. 특정 분야 전문가가 끝내 아무것도 모르는 순간이 올 때까지 점점 더 세분화해서 설명하거나 반대로 여러 분야를 두루 아는 만능인이 마침내 아무것도 모르는 순간이 올 때까지 계속 세분화해서 설명하거나. 말 그대로 진퇴양난이다.

하지만 이번 장을 통해서 이미 우리는 이 같은 사고 오류에 부딪쳤을 때 인간이 무엇을 할 수 있는지 알게 됐다. 세계관이 불완전한 분야에서 진행된 모든 연구에서 보여 주듯이 사람들에게 본인의 입장을 자세히 설명해 달라고 요청하면 곧바로 이들은 입장을 철회한다. 아니면 우리는 더 나은 설명 모델을 찾기도 한다. 언젠가 복잡한 문제에 대한 입장을 취해야 할 기회가 생긴다면 해당 문제를 당신과 다르게 바라보는 친구가 무슨 말을 할지 상상해 보자.[18] 그러면서 내면의 대화를 시도해 보자. 이를테면 다양한 생각을 가진 사람들이 한데 모여 결과를 내놓은 것처럼 당신이 갑자기 지나치게 현명한 사고를 하게 됐다고 시뮬레이션을 돌려 보자. 그럼 조금 더 괜찮은 설명을 찾을 수도 있다.

이번 장에서 언급한 사고 오류를 우리가 피할 수 있는 길은 하나뿐이다. 즉 근거를 드는 대신 설명을 거듭하면서 우리는 단순화의 패착에서 벗어날 수 있다. 근거를 제시하는 목적은 유용성이다. 그리고 모든 인간은 자신에게 유용한 것을 찾는다. 이런 식으로 세상을 바라보면 하나의 전선이 형성된다. 그러면 상대는 나와 같은 편이거나 아니면 반대편에 서거나 둘 중에 하나가 된다. 하지만 내가 근거를 들어 주장하기를 멈추고 설명을 하기 시작하면 또는 상대에게 설명을 요청하면 나는 대립 구도에서 벗어나게 된다. 물론 설명을 시작한다고 해서 즉시 합리적으로 사고하며 깨달음을 얻는다는 뜻은 아니다. 그러나 좋은 설명과 해석이 없으면 우리는 결코 좋은 결정을 내릴 수 없다.

이번 장에서 자세히 들여다본 사고 오류는 우리가 믿는 것만큼 우리 인간이 그리 현명하지 않다는 사실을 잘 보여 준다. 특히 우리가 어떤 식으로 사이비 세계관을 만들어 내는지, 반과학적이고 퇴보적인, 이른바 목적론적 오류에 우리가 어떻게 종종 빠지는지를 선명히 보여 준다. 이러한 사고 오류는 우리 사회가 뛰어난 적응력을 가지고 성공적으로 이뤄 낸 것을 파괴한다.

12
GESETZE
DER
DUMMHEIT

우리가 항상 미래를 잘못 그리는 이유

현재 기준으로 과거와 미래를 판단하기

12
GESETZE
DER
DUMMHEIT

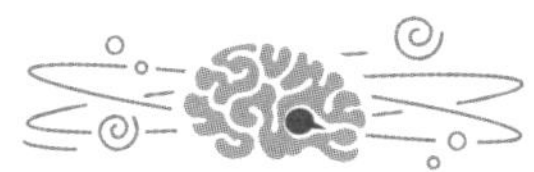

지금까지 텍스트로 가득한 두 개의 장을 살펴봤으니 이제 조금 가볍고 실용적인 이야기를 할 때가 됐다. 당신의 논리적 사고력이 얼마나 뛰어난지 즉석에서 테스트해 보자. 아래에 나열된 숫자들을 보며 그 다음에 어떤 숫자가 와야 하는지 답해 보자.

2-4-8-16-32-64-?

128이 와야 한다고 답했다면 논리적이다. 숫자가 계속해서 배가되기 때문이다. 그럼 약간 더 어려운 단계로 넘어가 보자. 아래에 이어지는 숫자들을 보며 맨 마지막에 어떤 숫자가 와야 하는지 생각해 보자.

1-2-4-7-11-16-?

당신은 분명 빠르게 22라고 답했을 것이다. 각 수에 더해지는 값이 이전보다 1씩 더 커져야 하기 때문이다. 마지막으로 아래의 물음표에는 어떤 숫자가 오면 좋을까.

2-4-6-8-10-12-?

당신은 망설임 없이 14를 떠올릴지 모른다. 14는 완벽하게 들어맞는다. 여러 사람이 모여 있는 곳에서 즉흥적으로 물어보면 대부분 14라고 답할 것이다. 극히 소수의 사람들만 조금 다르게 말할지 모른다. 그들은 14가 아닌 28을 외치거나 아니면 56이나 3980 같은 숫자를 말할 수도 있다. 계속해서 2를 더하는 대신, 이전 숫자보다 다음 숫자가 그저 커지기만 하면 된다는 규칙을 적용해도 문제는 없다. 당신이 14, 16, 18을 답으로 내놓으면 항상 들어맞겠지만 이런 답은 뒤에 숨겨진 규칙을 따를 뿐이다.

60년 전부터 피터 웨이슨Peter Wason은 이와 비슷한 테스트를 진행했다. 그리고 똑같은 결과를 얻었다. 즉 대부분의 사람은 자신의 관점이 옳음을 증명하려고 하며 하나의 경향을 무비판적으로 붙들고 미래로 나아간다는 것이다.[1] 한번 생각해 보자. 모두가 14를 말한다. 그런데 경쟁에서 구별되려면 당신은 특별히 아름다워 보이는 14 말고 다른 숫자를 말해야 한다. 모든 사람이 하는 것을 당신도 하면 다른 모두가 이미 도달한 곳에 당신도 도착하게 된다. 단순히 대세를 따라 숫자 14를 말한다면 당신은 큰돈을 벌 수 없다.

이 테스트에서는 우리가 어릴 때부터 과거에서 패턴을 파악해 미래로 나아가도록 훈련을 받는다는 사실이 명백히 드러난다. 실제로 우리는 이런 사고를 얼마나 잘해내는지에 따라 인간의 사고력을 평가한다. 그래서 우리는 방금 전에 등장한 숫자 열 같은 IQ 테스트에서 실패하면 안 된다. 하지만 이런 테스트는 과거를 들여다보고 거기서 미래를 이끌어 내는 능력처럼 오늘날 우리에게 더 이상 필요하지 않은 능력을 알아내기 위해 질문을 던진다. 이는 마치 시속 200킬로미터로 고속도로 위를 달리면서 백미러로만 바깥을 바라보는 것과 같다. 다시 말해 결코 의미 있는 테스트가 아니다.

바로 이런 이유로 매번 놀라운 위기가 아무것도 없는 곳에서 문득 찾아온다. 뒤를 한번 돌아보면 한 가지를 확실히 깨닫게 된다(이번에는 부디 비판적으로 그리고 자기 확신에서 벗어나 되돌아보자). 그 어떤 위기도 우리는 다가오는 것을 미처 보지 못했다. 2007년 금융 위기도, 그리스 위기와 유로화 위기도, 난민 위기나 코로나 위기도, 우크라이나 위기도, 에너지 위기나 인플레이션 위기도 보지 못했다. 모든 위기는 갑작스럽게 예기치 않게 찾아온다. 우리가 과거를 바라보고 거기서 미래의 경향을 알아내도록 훈련된다면 인간은 그 반대의 것도 가능한 두뇌를 가지고 있다는 뜻이다. 만일 그렇다면 정확히 무엇을 할 수 있을까? 우리의 두뇌는 미래를 선행적으로 상상하고 이를 토대로 장차 우리가 어떻게 될지 깊이 생각하는 일이 가능하다. 하지만 정작 우리는 두뇌를 가지고 이런 일을 좀처럼 하지 않는다.

당신은 미래를 어떤 식으로 상상하는가? 대다수가 하듯이 행동한다면 아마 당신은 맨 먼저 지금 이 세상이 어떤지 깊이 생각할 것이다. 그리고 거기서 나온 패턴을 미래로 옮길지 모른다. 현재 모든 것이 계속 디지털화되고 있다면 미래 또한 그럴 것이다. 온 세상이 자율 주행 자동차를 만들고 있다면 분명 조만간 자율 주행 로보택시Robotaxi에 둘러싸일 것이다. 인공 지능이 인간의 업무를 점점 더 많이 대체하고 있다면 앞으로 다가올 대량 실업에 대비해야 한다. 이런 식의 상상은 그다지 현명하지도 기발하지도 않다.

첫 번째 문제: 우리는 오늘날의 지식을 가지고 과거를 분석한다

인간은 미래를 잘 상상하지 못하는 것으로 유명하다. 우리는 현재의 경향을 무조건 따르면서 미래를 그린다. 그러면서 미래를 잘못 해석하기도 한다. 예컨대 경영 관리 세미나 같은 곳에서는 세간을 떠들썩하게 만들 정도의 잘못된 예측을 놓치는 경우가 거의 없다. 덕분에 우리는 종종 인간의 어리석음을 웃음거리로 삼는다.

비틀스가 첫 번째 음반을 계약하기 전, 영국의 음반 회사 데카 레코드Decca Records는 "기타 밴드는 한물갔다"고 전하며 거절했다.[2] 미국의 IT 사업가 켄 올슨Ken Olsen은 1977년에 "개인이 자기 집에 컴퓨터를 가지고 있을 이유가 전혀 없다"고 말했다.[3] 스티브 잡스 또한 그 유명한 아이폰이 세상에 공개되던 2007년에 음악 스트리밍의 미래에 대해 다음과 같이 말했다. "사람들은 음악을 소유하길 원한다. 고객들은 음원 스트리밍 서비스에 가입하지 않을 것이다. 이들은 구독 서비스를 원하지 않는다."[4]

우리가 이와 같은 분석을 하며 저지르는 오류를 사후 확신 편향hindsight bias이라고 부른다. 무슨 일이든 나중에 뒤돌아보면 각각의 전개가 갑자기 논리적이고 그럴듯하게 보이곤 한다. 애플이 스마트폰 시장을 점령하고 구글이 검색 엔진을 그리고 아마존이 전자 상거래를 지배하는 것도 결국은 당연한 일이었다고 여긴다. 여기에는 두 가지 이유가 있다.

첫 번째로 우리는 오로지 잘 성사되거나 끝까지 해내거나 성공을 거둔 것들만 기억하기 때문이다. 모든 실패는 머릿속에서 분주히 자취를 감추며 다시 등장해 처리되는 일은 거의 없다. 두 번째로 우리는 지나간 역사가 어떤 결말로 이어지는지 이미 알고 있기 때문이다. 결국 우리는 현재의 지식과 정보를 가지고 과거를 되돌아볼 수밖에 없다. 그리고 현재의 상황을 설명할 수 있도록 과거의 조각을 모아 조화로운 그림을 만들어 낸다. 심지어 가급적 모순이 없는 세상에 살고 싶은 고유의 목적을 위해 자기 기억을 적극적으로 날조하기도 한다는 연구 결과도 있다.

2018년에 진행된 한 재기 넘치는 실험에 따르면, 우리에게 날조된 기억은 현금보다 더 가치 있는 것으로 밝혀졌다.[5] 맨 처음 연구진은 1000여 명의 대학생 참가자들에게 간단한 퀴즈를 냈다. 이어서 한 달 뒤에 참가자들을 다시금 불러 모아 같은 질문을 재차 건넸다. 이번에는 참가자들에게 답변만 요구하지 않고 처음 퀴즈를 냈을 때 자신이 구체적으로 어떤 답을 했는지 말해 달라고 했다. 참가자의 기억이 맞으면 1달러를 받고 틀리면 1달러를 내놓아야 했다. 추가로 참가자는 "기억이 나지 않는다"고 답해도 됐다. 그러면 아무것도 얻지 못하지만 잃지도 않았다.

실험 결과, 사람들은 기억이 불확실한 경우 답을 하지 않는 대신 조직적으로 자기 능력을 과대평가하며 고유의 기억을 왜곡하는 경향을 보였다. 즉 실험 참가자의 50퍼센트 이상이 실제로 자기가 한 대답보다 더 알맞은 답을 내놓았을 거라고 주장했다. 놀랍게도 사람들은 한 달 전에 자신이 틀린 답을 내놓았다고 제대로 기억하면 1달러를 받게 되더라도 굴하지 않고 기억을 날조했다. 이처럼 우리는 과거의 자신이 훌륭했다고 스스로를 설득하려 한다. 돈이 들더라도 좋은 감정을 가져다주기 때문이다.

기억은 과거를 정확히 재생하는 것이 아니라 지금 이 순간 우리가 가장 편안한 느낌이 들도록 만드는 데 의미가 있다. 그래서 나르시시즘 성향을 가진 사람들이 특히 더 사후 확신 편향에 빠진다(자기애가 강한 나르시시스트들은 자신의 세계관을 지키는 데 특별히 관심이 많다).[6] 또 나이 든 사람이 젊은 사람보다 더욱 빈번히 이런 편향에 빠진다(사람은 나이를 먹을수록 자기 세계관을 보호하기 위해 더 많은 기억의 재료를 사용할 수 있다).[7] 근본적으로 우리의 두뇌는 역사를 왜곡하는 경향이 있어서 우리가 미래를 예측하는 걸 끊임없이 어렵게 만든다. 2022년에 발표된 한 연구 논문에서 보여 주듯이 온라인 백과사전 위키피디아에 수록된 역사적 사건을 정리한 문서들은 사후 확신 편향에 의해 체계적으로 왜곡돼 있다.[8] 결국 오늘날의 사람들은 지금 우리가 사는 세상에 들어맞도록 역사를 기록하고 또 왜곡한다.

문제는 우리가 잘못된 방식으로 과거를 되돌아보면서 미래를 제대로 예측하지 못하기에 나중에 가서 항상 더 잘 알게 되더라도 지금 이 순간은 어리석다는 것이다. 위에서 언급한 사례들을 떠올릴 때마다 나는 우리 인간이 과거를 잘못 사고하도록 훈련받는다는 생각에서 벗어날 수가 없다. 그럼에도 우리는 과거에서 비롯된 논리적 귀결을 가지고 미래를 상상해서는 안 된다.

사후 확신 편향에 빠지지 않도록 자신을 보호하려면 그리고 과거로부터 배우려면 당시에는 작동하지 않았던 것을 주의해서 바라보는 편이 어쩌면 더 나을지 모른다. 예컨대 인터넷이 인기를 얻던 시절, 도이치 텔레콤Deutsche Telekom은 종합 정보 통신망 ISDN을 시장에 내놓으며 화상 통화가 가능한 비디오폰을 홍보했다. 하지만 비디오폰은 성공을 거두지 못했다. 사람들은 전화기를 사용하면서 기본적으로 다른 사람을 직접 보지 않는다는 점을 기대한다. 물론 화상 통화를 하는 사람은 있었지만 무언가를 빠르게 해명하고 싶을 때 카메라 앞에서 이야기한다는 비디오폰의 기본 개념은 전화기의 개념이자 장점과는 서로 어긋났다. 실제로 전화기의 장점이 우리를 종종 구제해 준다.

지속적으로 찍히는 비디오카메라는 오늘날 아무도 사지 않는 상품이 됐다. 가령 구글 글라스Google Glass라 불리는 안경형 단말기는 십여 년 전 텔레비전에 달렸던 웹캠Webcam처럼 실패로 돌아갔다. 안경으로든 텔레비전으로든 끊임없이 영상을 촬영하는 행위가 사생활 침해로 여겨지기 때문이다. 영상을 보는 것도 크게 다르지 않다. 3D 영화관은 타개책을 마련해야 하는 상황에 이미 여러 번 처했다. 3D는 차치하고 오늘날 영화관이 과연 미래가 있는지조차 불투명하다.

지금 당신이 이 책을 어떤 방식으로 읽고 있는지 나는 알지 못한다. 어쩌면 당신은 종이에 인쇄된 실물 도서를 넘기고 있을지 모르겠다. 15년 전 전자책 단말기인 이북 리더E-book reader가 독서를 방해하는 죽음의 기술이라는 괄시와 함께 엄청난 주목을 받았음에도 말이다. 오늘날 전자책의 시장 점유율은 6퍼센트 미만이다.[9] 누군가는 미쳤다고 하겠지만 나는 미래에도 인쇄된 책이 존재할 거라 믿는다. 이유는 간단하다. 인간은 전자책보다 인쇄된 책을 더욱 잘 기억하기 때문이다.[10] 또한 우리는 종이로 된 책장을 넘기며 책을 삼차원적으로 구성한다. 책을 다 읽고 나면 우리는 책 속에 무엇이 있었는지 기억할 뿐 아니라 그 내용이 책 어디에 있었는지도 떠올릴 수 있다. 책의 내용을 가장 잘 간직하고 싶다면 부디 종이로 엮인 버전을 붙들고 읽기를 바란다.

지금 이 순간에도 우리는 미래에 대한 온갖 약속으로 가득한 세상에 살고 있다. 그리고 우리는 그 모든 약속이 과연 실현될지 아닐지 전혀 알지 못한다. 대표적인 예로 자율 주행 자동차가 있다. 미래에는 자율 주행 자동차가 사방에 널려 있을 거라고 도처에서 이야기한다. 하지만 그렇지 않을 수도 있다. 우리가 미래에 인간의 행동이 얼마나 달라질지를 스스로 지나치게 과소평가하기 때문이다.

누차 언급하지만 우리는 경향을 파악해 미래에 투영하도록 훈련됐다. 하지만 그러면서 우리는 각 경향이 인간에 의해 과소평가된다는 것을 잊어버린다. 자율 주행차는 이를 잘 보여 준다. 2020년에 나온 한 연구 보고서에서는 장차 우리가 자율 주행 자동차에 둘러싸이면 실제로 인간이 자율 주행차를 공격할지 모른다고 예측했다.[11] 애초에 자율 주행 자동차는 안전을 우선시하도록 프로그래밍돼 있어서 의심스러운 상황에 놓이면 항상 물러난다. 도심 한복판에서 완전 자율 주행차가 다닌다면 어떨까? 도로에서 자전거에게 늘 밀리는 자동차 운전자라면 아마 평소대로 안전 운행을 할 것이다. 그러나 동일한 상황이라도 사람마다 운전 성향이 다르기 때문에 자율 주행 자동차가 인간의 비일관적인 행동까지 예측하기는 상당히 어렵다. 자율 주행 화물차에 물건을 싣고 쉬는 시간 없이 한가로운 고속도로를 달리다 정시에 물건을 창고로 인계할 수 있다는 꿈같은 아이디어로 우리는 돈을 벌 수 있다. 하지만 반대로 자율 주행 자동차는 인간의 영원한 꿈으로만 머물 수도 있다.

요약하자면 우리는 언제나 과거만 들여다보기 때문에 미래를 상상하는 일에 특히 약하다. 우리는 당시 인간에게 타당한 이유가 있었음을 이해하지 못한 채 과거의 인간이 했던 대로 우리의 미래를 상상해 낸다. 하지만 뒤이어 오는 인간은 항상 더 똑똑하며 미래에도 그럴 것이다. 우리는 기술적 혹은 윤리적 도약을 예측할 시도조차 하지 않기 때문에 미래를 제대로 그리지 못한다. 우리는 미래를 눈앞의 강처럼 바라본다. 어제부터 끊임없이 흘러내린 강물이지만 오늘 아침 눈앞에 펼쳐진 사건만 강이라고 생각한다. 현실과는 너무나 동떨어진 시선이 아닐 수 없다.

두 번째 문제: 우리는 인간의 변화를 과소평가한다

2000년도에 누군가 당신에게 이런 말을 했다고 상상해 보자. 20년 뒤 유행성 바이러스가 나타나 전 세계 공공장소를 마비시킬 것이다. 당신은 비행기를 탈 수도 없고 일터에 가서 동료들을 만날 수도 없다. 아이들은 학교에 가지 못하며 영화관이나 대형 마트도 문을 닫게 된다. 당신은 집 안에 고립돼 전화나 컴퓨터로 업무를 처리해야 한다.

부디 잊지 말자. 2000년도에는 인터넷이 전국적으로 보급되지 않았다. 스마트폰도 없었고 온라인 쇼핑도 거의 없었다. 스트리밍 서비스는 물론이고 화상 통화도 없었으며 가정에 컴퓨터가 있는 경우는 전체 독일인의 절반도 되지 않았다. 새천년이 시작될 무렵 당신이 팬데믹으로 집 안에 갇힌 데다 식료품을 주문할 수도 없고 오락거리라고 해봐야 정해진 시간에 켜야만 하는 천편일률적인 텔레비전이 전부라고 생각해 보자. 아이들은 종이에 인쇄된 학습지로 학교 숙제를 해결하고 당신은 이메일도 컴퓨터도 인터넷도 스마트폰도 없이 자신의 업무를 처리해야 한다. 오늘날의 우리는 도대체 어떻게 살아야 할지 상상조차 하기 어렵다. 더 나아가 이런 신종 바이러스에 예방 효과가 있는 백신을 18개월 만에 개발하기란 기술적으로도 완전히 불가능했을 것이다. 간단히 말해 20년 전이었다면 팬데믹에 대한 전망은 절망적이었을 것이다.

우리 모두가 알고 있듯이 세상은 달라졌다. 오늘날 우리는 집에서 일하는 재택근무를 당연하게 여긴다. 화상 통화는 일상이 됐다. 제임스 본드 영화를 보고 싶으면 언제든 스트리밍 서비스를 이용하면 되고 맛있는 음식을 먹고 싶으면 언제든 주문해서 배달을 받을 수 있다. 학교 숙제 정도만 여전히 연필과 종이로 한다. 물론 학습을 아날로그로 하는 건 아무리 지나쳐도 과하지 않다.

이 사고 실험은 우리가 미래의 문제를 늘 현재의 해결책과 연결시켜 머릿속에 그린다는 걸 보여 준다. 그러면서 우리는 기술뿐 아니라 인간의 윤리 또한 아주 빠르게 혹은 근본적으로 변화할 수 있음을 크게 과소평가한다. 바로 우리가 항상 미래에 대한 두려움을 느끼는 이유다. 우리는 내일의 문제를 오늘의 기술로 풀어야 한다고 생각한다. 그리고 20년 혹은 40년 뒤에 인간이 어떤 기술을 자유로이 다루게 될지 전혀 알지 못한다.

이런 식으로 사고하는 현상을 역사의 종말 환상end of history illusion이라고 부른다. 상당수의 사람들은 지금 이 순간이 자기 역사의 마지막이라고, 앞으로 더 이상 크게 발전하지 않을 거라고, 말하자면 자신의 최고 버전이 지금이라고 생각한다. 그 결과 미래에 자신의 사고와 행동이 달라질 거라는 상상을 거의 하지 못한다. 조금 부드럽게 표현하자면 사람들은 앞으로 자신이 지금까지 해온 것보다 더 크게 달라지지는 않을 거라고 믿는다.

2013년 하버드대학교의 조르디 쿠아드박Jordi Quoidbach 연구팀은 이와 같은 사고 현상에 숨겨진 비밀을 처음으로 세세히 밝혀냈다.[12] 총 3800명이 넘는 사람들을 대상으로 조사를 벌인 연구팀은 맨 먼저 18~58세 사이의 참가자들에게 자신의 가치관과 관심사 그리고 성격 등이 향후 10년 동안 얼마나 달라질 거라 생각하는지 물었다. 동시에 위

참가자들보다 각각 열 살 정도 많은 사람들에게 자신의 가치관, 관심사, 성격 등이 지난 10년 동안 살면서 얼마나 달라졌는지 물어봤다. 다시 말해 35세 참가자가 기억하는 과거 자신의 10년과 25세 참가자가 상상하는 미래 자신의 10년이 얼마나 다른지를 비교한 것이다.

결과는 어땠을까. 모든 연령층에서 사람들은 다가올 10년 동안 자신의 인생에서 벌어질 변화를 일관적으로 과소평가했다. 50대 중반부터는 미래에 대한 기대와 인생의 실질적 변화가 비슷한 수준을 유지했다. 기대와 실제 변화 사이의 불일치가 가장 두드러지는 연령대는 20대 중반이었다. 앞으로 10년 동안 얼마나 달라질지 우리는 더 이상 과소평가하지 않아도 된다. 지금껏 충분히 하지 않았던가.

이와 유사한 실험을 2015년에 다시 반복했는데, 이번에는 미국의 공공 기관에서 일하는 직원들을 대상으로 직업 동기와 관련된 질문을 건넸다. 향후 10년 동안 자신의 직업적 동기가 지난 10년보다 더 많이 달라질 거라 생각하는지 묻자 대부분은 아니라고 답했다. 참가자들은 자기 동기의 변화에 대해 기본적으로 무척 보수적이었다. 무슨 일이 벌어지든 세상의 가장 큰 변화는 나보다 뒤에 벌어진다는 모토motto를 따르면서 말이다.[13]

역사책을 넘기다 보면 항상 마지막 장에 현재가 나오고 책은 끝을 맺는다. 일반적으로 사람들이 변화와 발전이 다 끝났다고 생각하는 것은 어쩌면 당연하다. 45년 전 여성들은 일을 하려면 자신의 남편에게 허락을 받아야 했다. 30년 전만 해도 독일에서 동성애는 형사 처벌 대상이었다. 두 가지 모두 오늘날에는 상상도 하기 어려운 일이다. 우리는 과거의 사람들이 사회 구성원으로서 어떤 생각을 하며 살았는지 이제 더 이상 상상할 수 없기 때문이다. 당신이 정말 미래를 현명하게 그리고 싶다면 차라리 반대로 물어보는 편이 낫다. 오늘날에는 지극히 평범하지만 100년 뒤에 가서 야만적으로 여겨질 윤리는 무엇일까? 그리고 세상을 바라보는 우리의 관점이 미래에 가서 달라진다면 무슨 일이 벌어지게 될까?

미국의 정치학자 조지프 오버턴Joseph Overton은 이런 변화를 하나의 이론으로 발전시켰다. 그는 한 사회의 대중이 정치적으로 또는 윤리적으로 수용할 수 있는 사고의 범위가 있다고 말한다. 이런 범주를 그의 이름을 딴 오버턴 창문Overton window이라 부른다. 현재 우리 사회에서 수용되는 윤리라고 할 수 있는 정치적 올바름은 오버턴 창문에 해당된다.[14] 처음에는 완전히 극단적으로 보이거나 상상조차 어려운 아이디어들도 하나하나 받아들여지게 되면 나중에는 인기를 얻는 것도 모자라 언젠가 정치적 합의에 이르게 된다.

예컨대 불과 몇 년 전만 해도 곤충을 먹는 것은 상상하기도 힘들뿐더러 불쾌하고 혐오스러운 일이었다. 그러나 온라인에서 활동하는 몇몇 괴짜 과학자들이 이 주제에 관해 여러 차례 언급하자 매체들이 이어받아서 계속 다루더니 대중도 수용하기에 이르렀다. 그러면서 메뚜기나 구더기 같은 곤충을 먹기 시작했다. 언젠가 이 아이디어는 계속 지지자를 얻으며 결국 우리의 세계관과 소비 습관의 일부가 될지 모른다(식용 곤충은 돼지와 소를 대신해 친환경 단백질로 떠오를 것이다). 여성과 동성애자의 인권은 이와 동일한 방식으로 확고한 기반을 얻었다. 오늘날 우리가 채식주의자나 육아 휴직을 쓰는 아버지를 삐딱한 시선으로 바라보지 말아야 하는 이유가 바로 여기에 있다.

특히 이 지점에서 우리는 조작의 위험을 주의해야 한다. 오버턴 창문은 진보적 자유주의 집단에서 자주 사용되는 원리일 뿐 아니라 급진적 보수주의자들의 정치 운동에서도 활용되곤 한다. 이들은 극단적 아이디어나 강렬한 개념을 토론에서 툭 던지고는 대중의 인식이 조금씩 바뀔 거라는 희망을 품는다. 베를린에 있는 홀로코스트Holocaust 추모비를 수치스런 기념비라고 말한 극우 정치인 비욘 회케Björn Höcke가 실제로 그랬다.[15] 그러면 대중은 극단적 입장에 차츰 익숙해진다. 즉 오버턴 창문이 급진적 아이디어가 있는 방향으로 계속 이동하면서 언젠가 거의 모두가 이 아이디어를 받아들이게 된다. 인간의 사고가 얼마나 쉽게 장악되는지를 알 수 있는 사례다.

세 번째 문제: 우리는 세상이 정적이라고 생각한다

잠시 간단한 질문을 하나 던질까 한다. 자연적 균형이란 무엇일까? 당신은 이미 알고 있을지 모른다. 즉 인간과 자연 사이의 조화, 우리를 둘러싼 세계와 부합하는 상태를 말한다. 지금 우리 모두는 이러한 상태에 이르기 위해 노력하고 있다. 지속 가능성이라는 개념은 결국 균형이라는 표상과 밀접하게 연결돼 있다. 따라서 우리 인간은 자연 고유의 재생 능력을 뛰어넘는 부담을 자연에 가해서는 안 된다. 그렇지 않으면 모두 무너지고 만다.

대부분의 사람들은 균형이라는 말 속에서 평형을 이룬 저울을 떠올린다. 다시 말해 힘이 균형을 이뤄 갑자기 한쪽으로 기우는 일이 발생하지 않는 안정적 상태를 머릿속에 그린다. 생물학적 자연 상태에서는 이와 같은 균형이 존재하지 않는다. 생물학적 과정은 복잡하며 복잡성은 평형을 이룬 저울처럼 정적 균형과 서로 양립할 수 없다.

예를 들어 토끼의 개체 수는 네 달마다 배로 늘어난다고 한다. 어쩌면 당신은 언젠가 수많은 토끼들의 자원이 한계에 다다를 것이고 그러면 토끼들은 더 이상 번식하지 않으며 개체 수는 안정적인 상태에 도달해 자연적 균형을 이룰 것이라고 생각할지 모른다. 하지만 그런 일은 벌어지지 않는다! 토끼는 안정적인 균형도, 개체수가 규칙적으로 오르다가 다시 내리는 주기적 변동이 있는 균형도 이루지 않는다. 그 대신 완전히 예측 불가능하고 혼란스러우며 무질서한 행동 양식을 보인다. 대왕고래처럼 자연에서는 번식이 더딘 동물들이나 성장률이 아주 낮은 경우에만 개체군의 크기가 안정적으로 유지된다. 그러나 일반적 포식자-피식자 관계, 먹이를 두고 경쟁하는 동물들, 변동하는 천연 자원이 당연한 자연 속에서는 정적 안정에 다다르기도 전에 대혼란이 닥치곤 한다. 다르게 표현하면 정적 균형이 잡힌 상태로 자연과 조화를 이루며 살아갈 수 있다는 생각은 인간의 오판이다. 정적 균형은 물리학 수업에서나 나온다. 하지만 그게 끝이다.

우리는 세상이 굉장히 역동적이며 일차원적으로 전개되지 않는다는 점을 상상하지 못한다. 적어도 코로나 팬데믹 동안에 우리는 기하급수적 증가가 무엇인지 상상해 보려고 노력은 했다(재생산 지수 R값을 1 이하로 떨어트리면 감염의 확산을 지연시켜 그래프를 평평하게 만든다는 이야기를 기억할 것이다). 이것만으로도 충분히 어려운데 사실 핵심은 따로 있다. 즉 자연에서는 기하급수적 증가가 지속적으로 일어나지 않는다는 것이다. 기하급수적 증가는 수학적 구조다. 실제로 자연에서 일어나는 변화 과정은 바이러스나 박테리아처럼 성장률이 매우 높은 경우 어느 순간 카오스 같은 대혼란 상태로 넘어간다. 처음에 기하급수적으로 증가하던 것도 나중에는 예측 불허 상태가 된다.

지난 3년 동안의 코로나 발생 현황을 다시 들여다보면 처음에는 신종 바이러스가 기하급수적으로 확산된다는 것을 사람들에게 정확히 설명할 수 있었다. 하지만 2차 대유행에 접어들자 기하급수적 패턴은 더 이상 나타나지 않았다. 발병률은 설명 가능한 패턴 하나 없이 널뛰기하듯 오르고 내렸다. 이미 코로나에 감염된 사람들의 숫자, 백신을 맞은 사람들의 숫자, 새로운 변이 바이러스의 수, 사람들의 마스크 착용 여부, 사람들이 더러운 손으로 얼굴을 만지는 빈도 등처럼 갑자기 너무나도 많은 요인이 결정적 역할을 했기 때문이다. 바로 그래서 우리는 대략 2021년 초의 시점부터 모델링 전문가들에게 더 이상 팬데믹이 앞으로 어떻게 전개될지를 묻지 않았다. 미래에 대한 수학적 모델을 가진 사람은 어디에도 없었다.

요약하자면 세상은 예측할 수 없다. 그리고 이는 수학적으로 증명할 수 있다. 설령 오늘날 우리가 지구상의 모든 공기 분자에 대한 정보를 가지고 있다 하더라도 앞으로 일주일 동안의 날씨를 정확히 예보하지는 못한다. 소수점 아래로 끝없이 이어지는 각 공기 분자 속도의 작디작은 편차까지 고려한다면 가능할지 모른다. 이처럼 지극히 작은 변화도 복잡한 시스템 안에선 중대한 차이로 전개될 수 있다. 만약 날씨의 정확한 예보가 가능하려면 무한한 연산 능력이 있는 컴퓨터가 필요하며 더불어 무한히 많은 에너지가 소모될 것이다. 간단히 말해 정확한 일기 예보는 실현이 불가능하다. 그럼에도 다음 주 날씨 예보는 어떤 식으로든 나온다. 일주일을 되돌아보면 그동안 날씨가 왜 그랬는지 물리학적 근거를 들어 설명할 수도 있다. 하지만 거꾸로는 가능하지 않다.

다시 말해 미래를 제대로 보지 못하는 무능은 어리석음과 전혀 상관이 없다. 어리석음은 미래가 언젠가 정적이고 안정적인 상태에 이를 거라는 가정에서 비롯된다. 그런데 미래가 정적이지도 안정적이지도 않다면 우리는 일반적인 방식과 다르게 미래를 그려야 한다.

미래는 야생이다

잠시 정리를 하자면 우리는 과거에 대해, 현재에 대해 그리고 미래에 대해 잘못 생각하고 있다. 우리는 어제로부터 잘못된 결론을 내리고 오늘을 잘못 평가하며 미래에 대해 잘못된 상상을 한다. 미래를 그린다고 하면 용기가 잘 나지 않을 것 같지만 제대로 된 사고 기술을 사용하면 오히려 그 반대다.

체스 놀이와 조금 비슷한 면이 있다. 체스는 아주 어릴 때부터 배울 수 있다. 체스를 하는 방법에는 두 가지가 있다. 첫 번째 방법은 먼저 체스판의 현재 상황이 어떤지, 자기 말이 움직일 수 있는 선택지로 무엇이 있는지를 살펴보는 것이다. 이어서 신중하게 검토한 다음, 모든 가능성 가운데 최선의 수手를 고른다. 이를 분석적, 반응적 사고라고 한다. 이런 방식을 통해 우리는 구체적 상황에 반응하면서 되도록 최선의 결정을 내리려고 시도한다. 하지만 우리에게 주어진 가능성은 계속 제한적이며 결국 현실적으로 가능한 수들만 놓을 수 있다.

반응적 사고를 보여 주는 예는 얼마든지 있다. 1990년대 말 노키아는 버튼이 단 하나만 있고 터치스크린이 엄청나게 크고 화려한 전화기를 개발했다.[16] 쉽게 말해 애플리케이션이 하나만 설치된 모바일 컴퓨터였다. 혹시 당신도 들어 본 적이 있는지 모르겠다. 안타깝게도 노키아는 그다지 선도적이지 못해서 이 스마트폰을 시장에 내놓지 않았다. 당시에 고를 수 있는 모든 선택지 가운데 이 버전은 회사의 매출을 깎아 먹을 위험이 상당히 컸다. 당시 사람들은 현재의 경향을 받아들여 버튼이 있는 휴대전화로 미래를 그리려 했다. 애플이 그로부터 약 7년 뒤에 아이폰을 출시했을 때, 사람들은 반응할 시간조차 없었다. 15년 전만 해도 노키아는 휴대전화 시장 3분의 2를 점유했다. 오늘날 여덟 살짜리 아이에게 노키아가 무엇인지 한번 물어보자. 행운을 빈다.

체스를 두는 두 번째 방법은 상대의 킹이 더 이상 움직이지 못하게 만들려면 체스판에서 어떤 상황에 도달해야 하는지 깊이 생각하는 것이다. 이런 결말에 이르려면 숙고하고 또 회고하는 노력을 들여야 한다. 즉 목적을 이루려면 내가 어떤 수를 차례로 두어야 하는지 생각하는 식이다. 이는 선행적 사고라고 할 수 있다. 체스를 두는 누구나 자신의 바람에 따라 판세를 만들려고 시도한다. 비록 자신에게 주어질 가능성이 무한하지는 않으나 목적을 달성하기 위한 선택지는 많다. 어쩌다 우회로를 선택해야 하더라도 결과는 일치한다.

예전에 미국 버클리에서 공부할 때, 나는 스탠퍼드에서 일하는 동료를 방문한 적이 있다. 그가 강의하는 건물의 입구 로비에는 거의 이층 높이의 거대한 현수막이 걸려 있었다. 그 위에 커다란 글씨로 적혀 있던 문구를 나는 아직도 기억한다. "옳거나 그른 것은 없다. 오직 만드는 것만 있다." 미래가 정말 그렇게 야생적이고 종잡을 수 없다면, 우리가 정말 지금 생각하는 것보다 더 많이 달라질 수 있다면, 과거가 논리적 사건들의 연속이 결코 아니라면, 그저 우리가 추후에 한데 엮은 것에 불과하다면, 그리고 이 모두가 의심할 여지없이 사실이라면 우리가 미래에 내리게 될 결정에는 옳거나 그른 것이 없다. 완전히 새로운 아이디어가 향하게 될 곳은 우리가 머물러 본 적이 없는 곳이다. 그럼 옳거나 그른 것 없이 오직 시도하기와 만들기만 존재하게 된다. 그러면 우리는 새로운 아이디어가 과연 작동하는지 여부만 경험하게 된다.

이 땅에서 우리는 항상 시도해 보고 만들어 봤다. 그 덕에 오늘날 우리는 거인의 어깨 위에 서 있다. 즉 앞선 이들의 노력으로 탄탄하게 다져진 토대 위에 살고 있다. 독일의 종합 주가 지수 DAX를 들여다보면 산업 박물관이 따로 없다. DAX 상장 기업의 평균 연령은 96세에 달한다. 우리가 실수만 한다면 그렇게 오래 살 수는 없다. 유일무이한 아이디어로 세상의 다른 누구도 감히 엄두를 내지 못한 일을 시도한 천재적 발명가와 기술자, 과감한 기업가와 투자자가 있었기에 가능했다.

1886년 카를 벤츠Carl Benz는 자신이 개발한 가스 엔진으로 작동되는 차량에 대한 특허를 신청했다. 하지만 세상을 변화시키기에는 아직 충분하지 않았다. 결국 2년 뒤에 그의 부인 베르타가 두 아들을 데리고, 만하임에서 부모님이 있는 포르츠하임까지 직접 운전을 해서 다녀왔다. 베르타는 매사에 조심스러운 자신의 남편에게 용기를 북돋아 주고자 했다. 그가 개발한 자동차가 그의 생각보다 더 뛰어나다는 것을 과감한 모험으로 증명하면서 말이다.[17] 위대한 발명도 용기가 있어야 온갖 저항과 난관을 돌파할 수 있다.

우리가 만약 뒤를 돌아보며 과거를 비웃는다면 우리는 세상을 변화시킬 수 없다. 우리의 오늘은 내일의 과거라는 사실을 부디 명심하자. 30년 뒤 사람들은 지금의 우리와 똑같이 뒤를 돌아보며 비웃을지 모른다. 실현되지 않은 우리의 모든 상상, 반세기 만에 완전히 진부해진 가치, 우리가 내린 혹은 내리지 않은 결정을 되돌아보면서 말이다. 인간은 늘 나중에 가서 더욱 잘 알게 되기 마련이다. 여기서 핵심은 오늘날의 우리는 나중보다 잘 모른다는 것이다. 우리가 할 수 있는 유일한 일은 지금 이 순간을 지나치게 중요시하지 않는 것이다. 미래에 더 나은 무언가를 위해 우리가 가진 것을 내려놓을 필요가 있다.

이처럼 우리는 포기할 줄 아는 용기를 가져야 한다. '변화가 일어날 때 가장 먼저 사멸할 부류는 전문가'라는 말은 역사가 우리에게 가르쳐 준 유일무이하고도 변함없는 교훈일지 모른다. 그 다음은 판다일 것이다. 대나무만 먹는 판다처럼 유연성도 적응성도 없는 사람은 말할 것도 없다. 그는 단일 경작을 하는 옥수수 밭만큼의 적응력을 가지고 있을 뿐이다. 즉 모든 것이 늘 그대로 있으면 더할 나위 없이 좋지만, 작디작은 변화라도 생기면 완전히 망가지고 만다. 쥐와 바퀴벌레 그리고 인간처럼 새로운 상황에 가장 빠르게 적응한 이들만 항상 살아남았다. 부디 모욕으로 받아들이지 않기를 바란다. 진화적 관점에서 보면 이들 셋의 생활양식은 모두 극도로 성공적인 모델이다. 매우 유연하고 쉽게 파멸되지 않으며 모든 환경 조건을 잘 극복해 낸다.

우리가 매번 해왔던 일만 했다면 세상을 바꿀 수 없었을 것이다. 우리는 적시에 새로운 문제를 붙들고 씨름하며 세상을 바꿔 왔다. 이는 작지만 결정적 발걸음이 돼 우리가 도약할 수 있도록 만들었다. 아울러 우리는 선행적으로 사고해야 한다. 그렇지 않으면 우리는 노키아처럼 될지 모른다. 우리는 분명 더욱 잘 알고 있었다. 다만 아는 것을 행하지 않았을 뿐이다.

민주주의의 종말

사회를
잘게 부수는
80억 개의
생각들

12
GESETZE
DER
DUMMHEIT

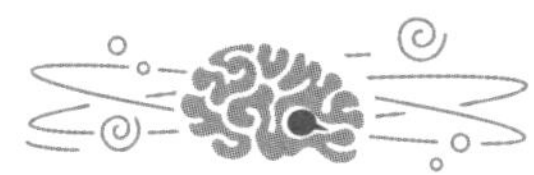

나는 1996년부터 이메일 주소를 사용하기 시작했다. 당시에는 정보를 수집하려면 인터넷으로 들어갈지 아니면 BTX라 부르던 비디오텍스 Videotex를 통할지 스스로 결정해야 했다. 그때 내 방에 있던 모뎀으로 네트워크에 접속하려면 30초 정도가 걸렸다. 그동안 데이터 패킷data packet이 하나하나 옮겨지는 소리가 다 들릴 정도였다. 말하자면 희망과 출발의 시대였다. 당시에는 인터넷이 전 세계를 정보의 민주화로 물들일 거라는 원대한 약속이 있었다. 누군가는 미래를 단순하게 낙관하던 시대라고 말할지도 모르겠다. 지식과 정보를 위계적으로 통제하던 시대는 지나갔다. 인쇄술의 발명으로 중세의 교회가 더 이상 정보 주권을 독차지할 수 없게 됐듯이, 인터넷도 사람들이 자신의 정보 세계를 스스로 통제할 수 있도록 만들어 마침내 민중의 힘이 전제주의를 이겨 낼 것이다.

서구 세계와 달리 오스만Osman 제국은 인쇄술을 금지시켰다. 그로 인해 지식에 대한 주도권을 상실하고 말았다. 인쇄술 없이는 계몽도 없었다. 계몽이 없었다면 지식의 개방도 없었을 것이다. 개방된 지식이 없었다면 새로운 기술도 생겨나기 어려웠을 것이다. 모든 문화의 진보는 위계질서 없이 자유롭게 흐르는 정보에 좌우된다는 사실을 우리는 하나의 교훈으로 삼아야 한다. 미국의 전 대통령 빌 클린턴Bill Clinton 또한 2000년 7월에 이와 비슷한 이야기를 했다. "우리 정부는 새로운 기술을 활용해 민주주의를 계속 확산시키고 더 많은 사람이 꿈을 이룰 수 있는 기회를 제공할 임무가 있다."[1] 미국의 국방부가 최초로 고안한 인터넷은 위로부터의 통제가 불가능한 민주주의 확산을 위한 최고의 촉매였다. 독일의 일간지 〈디 벨트Die Welt〉 역시 2000년에 "인터넷이 민주주의의 개선 행렬을 도울 것"이라 말하며 심지어 중국도 2020년에는 민주국가가 될 거라고 (잘못) 예견했다.[2] 지식의 황금기 그리고 모두가 공정하게 사는 시대가 손에 잡힐 듯 가까워 보였다.

우리의 이런 기대와 확신은 착각이었는지 모른다. 일찍이 2000년 초반부터 닷컴 버블Dotcom bubble은 붕괴됐고, 2010년대에 접어들면서 서구 민주주의는 후퇴하기 시작했다. 오늘날의 민주적 세계는 1980년대 후반과 비슷한 상태에 머물러 있다.[3] 물론 전제주의가 15년 전보다 더 강력하게 전 세계에 확산된 책임이 모두 인터넷에 있는 것은 아니다. 하지만 초창기 인터넷이 내건 민주화라는 거창한 약속은 충분히 실현되지 않았다. 오히려 반대로 오늘날 우리는 무수한 온라인 매체가 반민주화를 이끌고, 전제주의 정권이 대중을 통제하는 데 인터넷이 활용되는 현실을 목도하며 크게 우려하고 있다. 20년 전만 해도 이런 현실은 상상조차 하지 못했다.

수많은 위대한 아이디어는 종종 실패한다. 혹은 인터넷처럼 그리 반갑지 않은 여러 부작용을 동반한다. 맨 처음 생겨날 때만 해도 쉽게 예측할 수 없었던 부작용들 말이다. 새로운 아이디어의 성공 여부는 대체로 심리적 문제와 결부되기 때문이다. 인터넷의 경우 지금까지도 여전히 인간이 얼마나 자기중심적이고 자기확신적으로 행동하는지를 우리 스스로 과소평가한 경향이 있다. 기술적인 면에서 볼 때 오늘날 전제주의는 분산된 전산망으로 대중을 통제하는 것이 가능하다. 정보와 지식에 접근할 기회가 더 늘어나면 우리 인간이 더욱 적극적으로 우물 밖을 볼 거라는 걱정스런 예언과 달리, 자기 세계관에 꼭 들어맞는 정보만 찾아내고 축적할 기회만 그 어느 때보다 커지고 있다. 클린턴의 연설 이후 20년이 지난 지금, 역사상 가장 오래된 민주 국가는 벼랑 끝에 서 있다. 특히 미국의 국회 의사당이 점거되는 폭풍우가 몰아친 이후 급격하게 변화를 겪고 있다. 새로운 과학 기술의 등장이 빚어낸 아이러니라 할 수 있다. "최신의 기술이 우리의 오랜 가치를 해치지 않도록… 정보가 모든 미국인에게 도달해야 한다"고 말할 당시 클린턴은 오늘날 민주주의가 처한 현실은 절대 상상도 못 했을 것이다.[4]

인터넷이 민주주의를 확산시킬 최상의 촉매가 되리라는 기대는 역사적으로만 봐도 실현될 가능성이 그다지 높지 않다. 특히 돈을 버는 일과 관련이 되면 인간 고유의 사고 오류로 인해 더욱 어려워진다(이번 장의 뒷부분에서 나는 여기에 숨겨진 인간의 어리석음에 대해 다루려 한다). 스탠퍼드

대학교 설득기술연구소Persuasive Technology Lab의 페이스북 클래스는 이를 잘 보여 주는 사례다. 브라이언 제프리 포그Brian Jeffrey Fogg가 동료 학자들과 함께 세운 이 연구소는 디지털 기술이 인간의 심리에 미치는 영향을 주로 분석해 왔다. 2007년에는 75명의 대학생들로 이뤄진 한 프로젝트 연구팀이 페이스북 관련 애플리케이션을 하나 개발했다. 당시만 해도 페이스북은 온갖 소셜 미디어가 넘쳐 나는 혼란스런 우주에서 가장 멋지게 떠오르는 별이었다. 게다가 2007년은 아이폰이 출시된 해이기도 하다. 포그의 표현대로 "금을 주워 모을 수 있는" 시절이었다. 또한 "막 거둬들일 수 있는 땅"이 눈앞에 펼쳐져 있었다.[5]

학생들은 어설프지만 열심히 했다. 프로젝트 팀은 여러 개의 조로 나뉘어 앱을 개발했고 천재적인 솜씨는 아니었으나 어마어마한 성공을 거뒀다. 그중 하나는 페이스북 친구가 인기 있다고 생각되면 상대에게 포인트를 보낼 수 있는 앱이었다. 쉽게 말해 페이스북상에서 매력적일수록 더 많은 포인트를 모을 수 있는 구조였다. 이 아이디어는 단기간에 입소문을 타고 퍼져 10주도 되지 않아 1600만의 사용자와 100만 달러가 넘는 광고비를 모았다.[6] 학생들은 갑자기 담당 교수보다 더욱 많은 돈을 벌게 됐다. 이들의 아이디어는 벤처 투자자들을 사로잡았다. 실제로 이 앱은 나중에 한 데이팅 사이트에 팔리며 엄청난 수익을 남겼다. 또 몇몇 학생들은 아예 학업을 그만두고 따로 스타트업을 차렸다. 스냅챗, 인스타그램, 링크트인은 모두 스탠퍼드 졸업생들이 개발한 앱이다.

인간의 심리적 약점을 겨냥한 디지털 앱으로 유익을 취할 수 있다는 생각은 황금기라 불리는 2000년대 중반에 대대적인 토대를 마련했다.

이후 입장을 바꾼 사람들이 하나둘 생겨났다. 마찬가지로 스탠퍼드 설득기술연구소 출신인 트리스탄 해리스Tristan Harris는 오늘날 인간의 심리를 최대한 이용해 돈을 버는 디지털 기술을 누구보다 강력하게 비판하는 학자 중 하나다. 스탠퍼드 학생들이 페이스북 관련 앱을 만들 무렵, 동시대에 페이스북의 좋아요 버튼을 개발한 저스틴 로젠스타인Justin Rosenstein 또한 지금은 해리스처럼 비판적 시각을 견지한다. 스마트폰 앱이 왜 이리 중독성이 강한지 언젠가 의문을 가진 적이 있다면 답은 아주 간단하다. 중독이 되도록 만들어졌기 때문이다.

우리는 자기 자신을 사랑한다

막대한 성공을 거둔 다수의 디지털 플랫폼과 애플리케이션은 우리 인간이 자주 범하는 기본적 사고 오류 중 하나를 토대로 삼는다. 그 오류는 바로 확증 편향confirmation bias이다. 지난 장에서 이야기한 숫자 열을 잠시 떠올려 보자.

2-4-6-8-10-12

이처럼 나열된 숫자들을 보면 우리는 대부분 14-16-18 등으로 이어가려 한다. 우리는 항상 자신의 관점이 옳음을 확인하면서 근거를 따져 물으려 하지 않기 때문이다. 확증 편향이라는 사고 오류는 연구가 가장 활발하게 이뤄진 사고 오류다. 실제로 우리의 일상에서 상당한 비중을 차지할 만큼 널리 알려져 있다.

보통 우리는 자신과 성향이 크게 어긋나지 않는 친구를 찾는다. 또한 우리는 자신의 견해와 신념을 확인시켜 주는 뉴스나 신문을 찾아 읽는다. 어쩌면 당신 손에 들린 이 책도 당신이 평소에 가진 어떤 생각을 확인받고 싶은 기대감에 선택됐는지 모른다. 반대나 이견 혹은 반론을 적극적으로 찾으려 하지 않는 태도는 지극히 인간적이다. 그러면서 우리는 자신의 관점을 공격하는 정보는 적극 감추려고 한다.

실제로 이런 현상은 두뇌에서도 측정된다. 우리가 일단 결정을 내리면 두뇌는 곧바로 우리의 감각 지각을 바꾸어 고유의 관점과 반대되는 정보를 적극적으로 억누른다.[7] 가장 단순한 층위의 인지 과정에서도 우리는 고도로 선택적이며, 자신의 관점을 확인시켜 주는 것에만 관심을 보인다. 이러한 경향은 당연히 복잡한 사고 과정에서도 계속 이어진다. 예컨대 과학 이론이나 음모론에서도 말이다.

과학적 지식과 깨달음에 관심이 있는 사람들은 반박을 하거나 반박을 당하는 데 특별히 더 신경을 쓴다고 생각하기 쉽다. 이런 태도는 결국 과학적 사고를 위한 기본 원칙이다. 오직 독단론자들만 자신의 입장을 완강히 고집한다. 그러면 그의 입장은 더 이상 과학적이라 할 수 없다. 그러나 이 책의 첫 장에서 이미 다뤘듯이 정작 과학에 관심이 있는 사람들과 교육을 받은 사람들이 오히려 과학적으로 행동하지 않는다. 온라인 세계에서는 우물 밖을 바라볼 수 있는 가능성이 훨씬 더 많을 테니 조금 다르지 않을까?

2017년에 진행된 한 대규모 연구에서는 5400만 페이스북 사용자를 두 집단으로 나누어 온라인 행동 양식을 평가했다.[8] 즉 과학을 좋아하는 집단과 음모론을 신봉하는 집단으로 나누어 조사해 봤더니 흥미롭게도 과학 애호가도 음모론자도 자주 가는 커뮤니티에 올라온 게시물을 두고 의사소통을 할 때에는 거의 동일한 행동을 보였다. 이들은 항상 자신의 의견과 가장 가까운 소식들만 공유했다.

여기까지는 지극히 인간적이다. 그런데 이들에게 정정 보도를 내놓은 다음 두 집단이 과연 상이한 행동을 취하는지 조사해 보자 재미난 일이 벌어졌다. 음모론을 추종하는 사람들은 과학적 환경에서 주로 활동하는 사람들보다 고유의 의견에 반대되는 정정 보도에 더욱 거부 반응을 보일 것이라 예상하기 쉽다. 연구진은 두 집단에서 통용되는 견해와 반대되는 정정 보도를 5만 개 이상 뿌리며 반응을 지켜봤다. 그 결과 음모론자에 속하는 집단은 전혀 반응하지 않았다. 반면 과학 애호가 집단은 조금 다른 모습을 보였다. 반응을 보이기는 했으나 대부분 부정적 특성을 띠고 있었다. 실제로 정정 보도에 대한 과학 애호가들의 기본 정서는 음모론자들보다 더 부정적이었다.

2019년에 실시된 한 후속 연구에서는 이처럼 양극화된 집단이 생기는 이유가 대체 무엇인지 조사해 봤다.[9] 그러면서 확증 편향의 두 가지 요소가 성립되는지 확인하기 위해 120만이 넘는 페이스북 사용자들의 접촉 행태를 분석했다. 보통 우리는 한 집단에 속해 있다는 느낌을 주는 낯선 견해를 만나면 일단 거부한다. 그러다가 그 집단에 들어가면 자기 의견이 옳다는 확증을 받기 위해 적극적으로 애쓴다. 심지어 이 확증은 처음의 소속감보다 더 중요해진다. 다른 말로 하면 시간이 흐를수록 사람들은 친구나 가족 구성원도 외면할 정도로 확증의 함정에 깊이 빠져들어간다. 절친한 친구보다 더욱 중요한 사람은 바로 나 자신이기 때문이다.

조장된 양극화

우리 모두가 FC 바이에른 뮌헨의 팬이 될 수는 없다. 그러면 첫째로 상당히 지루할 것이고, 둘째로 크게 수익을 내지 못할 것이다. 오히려 반대로 사람들이 서로 다른 의견을 가지며 다양한 구단에 속한 팬들이 있어야 돈을 벌 수 있다. 전부터 항상 그랬으며 이는 원칙적으로 별다른 문제가 되지 않는다. 당연히 사람들은 예전에도 사고 오류에 빠지곤 했다. 또한 더 나은 지식에 반해 자신에게 불리한 행동을 취하기도 했다. 말하자면 인간은 예나 지금이나 어리석다. 하지만 과거와 달리 오늘날 인간의 어리석음은 성공적인 비즈니스 모델의 핵심을 이룬다. 사회 집단이 세분화되고 파편화되면 바로 각 집단 안에 사업적으로 돈을 벌 수 있는 기회가 있기 때문이다. 이처럼 세분화된 집단이 더 많이 생길수록, 그리고 더 양극화될수록, 바꿔 말해 양립하기 어려울수록 서로 마주보는 각 집단의 구성원들이 취하는 행동은 수익 창출을 더 수월하게 만든다.

집단들이 더 선명하게 서로 경계를 그을수록 사업가들은 단순히 광고만 내놓아도 돈을 쉽게 벌 수 있다. 그뿐만 아니라 이들 집단의 소비

습관을 더욱 차별화시킬 수 있다. 이 생각을 한번 극단으로 몰고 가 보자. 이 세상에 사는 개별 인간의 개인주의가 최고조에 이른다면 각 개인은 유일무이한 고유의 식습관이나 음악 취향 또는 옷 입는 스타일을 가지게 될 것이다. 그러면 각각의 사람들이 개별적으로 자기 스타일에 맞는 물건을 주문할 가능성이 매우 높아지며 이들을 만족시키려면 지극히 한정적인 상품을 일일이 만들어 팔면 된다.

이런 상황은 아직 벌어지지 않았다. 첫 번째 이유는 이처럼 수많은 개별 상품을 제작하는 것이 기술적으로 거의 불가능하기 때문이다. 대규모 산업체의 생산 과정은 결국 확장성의 원칙을 따른다. 즉 하나의 제품을, 혹은 하나의 제품과 관련된 아이디어를 특별히 저렴하게 다량으로 만들 수 있어야 생산에 들어간다. 만약 세상의 모든 물건이 개별의 취향을 반영한 유일한 제품이라면 대량으로 생산할 때 발생하는 비용이 절약되기는 한다. 물론 앞서 이미 언급했듯이 이 같은 방식은 지속될 수 없다. 오늘날 각 인간의 취향에 맞는 개별 상품을 실제로 제작할 수 있는 기술이 있다 하더라도 확장성이 없으면 지속되기 어렵다.

두 번째로, 개별화가 두드러지면 당연히 이에 맞서는 반대 경향이 생겨나기 마련이다. 이내 사람들은 한 집단의 구성원으로서 개인적 정체성을 확립하려고 할지 모른다. 그럼에도 개별화와 개인화를 향한 노력은 끊임없이 이어질 것이다. 이는 우리 자본주의 사상에 숨겨진 성공 비결이기 때문이다. 서구 문화 속에서 우리는 개인이 무엇보다 가치 있다고 배우면서 자랐다. 마찬가지로 우리는 인간의 존엄성을 대단히 중요한 것으로 규정한다.

적어도 현재 우리 사회의 윤리적 기본 토대인 임마누엘 칸트의 정언 명령Kategorischer Imperativ을 따른다면 개인의 자유는 우리가 가진 최고의 자산이다. 개인화에도 긍정적 측면이 있다면 소수를 보호한다는 것이다. 우리는 소수의 희생으로 다수의 사용 가치를 극대화해서는 안 된다. 우리는 수천 명의 목숨을 구하기 위해 테러리스트에게 납치된 비행기를 격추하면서 아무 상관없는 승객들까지 죽여서는 안 된다. 그리고 우리는 한 사람을 죽여 그의 내장을 꺼내서도 안 된다. 설령 그로 인해 다른 일곱 명의 목숨을 구할 수 있다 하더라도 말이다. 이렇듯 모든 사회적 분투의 중심에는 존엄한 인간이 있다.

전 세계적으로 성공을 거둔 회사들의 비즈니스 모델이 바로 이런 철학적 사상에 초점을 맞춰 신경심리학적으로 최적화된 상품을 만들어 낸다니 놀랍지 않은가? 개인의 궁극적 실현은 이 분야에서 최고로 치는 격언이다. 트위터가 처음 시장에 나왔을 때 이 애플리케이션으로 무언가를 쓰라고, 그러니까 트윗을 날리라고 권하는 문구는 다음과 같았다. "지금 무슨 일이 일어나고 있나요?" 요즘 링크트인에 들어가면 이런 문구가 당신을 맞이할 것이다. "무슨 이야기를 하고 싶은가요?" 페이스북은 이런 말로 포스팅을 권한다. "지금 무슨 생각을 하고 있나요?" 틱톡은 "당신의 날을 만드세요"라는 슬로건으로, 스냅챗은 "순간을 공유하세요"라는 문구로 포스팅을 독려한다. 이런 원칙 위에 소셜 네트워크를 세운 사람은 의견의 개별화를 받아들일 뿐 아니라 적극적으로 밀어 붙인다. 오늘날은 개별화가 곧 실질적 상품인 시대다.

특히나 우리는 인격화의 시대에 살고 있다. 우리의 두뇌가 수백만 년 전부터 다른 인간을 알아보도록 훈련됐다는 사실에 비춰 보면 그다지 놀랍지 않은 일이다. 인스타그램에서 팔로워가 가장 많은 사람은 크리스티아누 호날두Cristiano Ronaldo로, 약 5억 8천만의 사람들이 이 포르투갈 출신 축구 선수를 따라다닌다. 비교해 보자면 잉글랜드 프리미어리그에 속한 모든 구단의 팔로워를 다 합한 것보다 두 배 이상 많은 숫자다. 의미 있는 브랜드 상품이 팔리던 시대는 이제 지나갔다. 매스 미디어의 시대도 마찬가지다. 오늘날 미디어 산업에서 가장 큰 비중을 차지하는 분야는 텔레비전도 음악도 영화도 아닌, 컴퓨터 게임 산업이며 7년 넘게 그 자리를 지키고 있다. 최근 몇 년 동안 게임 산업에서 창출한 수익은 3800억 달러가 넘는다.[10] 비교하자면 코로나 팬데믹 직전에 영화 산업이 벌어들인 돈은 420억 달러였다.[11] 그러니까 현재 게임 산업 규모의 약 9분의 1인 셈이다.

우리가 영화를 보러 극장에 가거나 집에서 텔레비전을 보거나 혹은 책을 읽으면 공동의 문화 공간 또는 정보 공간을 함께 나누게 된다. 당신은 지금 이 책을 개인적으로 읽고 있지만 책은 당신만을 위해 개인적으로 만들어진 것이 아니다. 하지만 컴퓨터 게임은 다르다. 설령 우리가 다른 사람과 함께 게임을 하더라도 우리는 항상 자기만의 지극히 개인적 게임의 역사를 만들어 낸다. 또한 게임을 생중계하는 스트리밍 플랫폼 트위치Twitch에서 그러하듯 수백만의 사람들이 다른 이들의 게임을 지켜본다고 해서 경험의 개별화가 실질적 상품이라는 사실은 달라지지 않는다. 다른 사람을 바라보는 것보다 더 재미난 일은 결국 직접 게임을 하는 것이니까.

디지털 쳇바퀴에 갇히다

지금까지 나눈 이야기는 우리 디지털 사회에 대한 가벼운 평에 그치지 않는다. 어쩌면 현시대의 가장 중요한 경향을 보여 주는 신호일지 모른다. 즉 개인화와 개별화를 추구하는 경향은 재차 주목할 필요가 있다. 컴퓨터 게임은 분명 반사회적이지 않다. 오히려 그 반대가 맞을 수도 있다. 하지만 우리가 근본적으로 동일한 영화를 보거나 동일한 음악을 듣거나 아니면 동일한 뉴스를 소비하는 것과 우리가 모두 개별적 세계 안에 살면서 자기 자신을 극대화해 즐기는 것 사이에는 차이가 있다. 원칙적으로 소셜 미디어는 존재하지 않는다. 이들은 처음부터 개별 미디어였다. 모든 사람에게 주어진 확성기로 각자 자신의 의견을 떠들썩하게 널리 알릴 수 있는 곳이 바로 소셜 미디어다.

페이스북 초창기에 우리는 다른 사람의 글을 핀으로 고정해 상단에 노출시킬 수 있었다. 하지만 지금은 더 이상 아무도 이 기능을 사용하지 않는다. 모든 사용자가 끊임없이 그리고 동시에 큰소리로 떠드는 소셜 네트워크라는 우주 속에서 우리는 지속적 경쟁을 벌이며 무엇보다 자신의 이야기를 들어줄 누군가를 찾는다. 개인의 중요성은 그의 발언에 담긴 내용에 따라 책정되지 않으며 그를 따르는 사람들의 숫자에 좌우된다. 팔로워가 더 많은 사람이 더 중요한 사람이 된다. 예전에는 〈트라움쉬프Das Traumschiff(꿈의 배)〉 같은 유명 드라마에 출연하려면 직접 배우가 돼야 했다. 그사이 시대가 바뀌어 이제 소셜 미디어에서 상당한 영향력만 가져도 충분하다. 이는 내가 매우 안타깝게 생각하는 추세이기도 하다. 배우 사샤 헨Sascha Hehn이 〈트라움쉬프〉의 선장을 그만둔 이후 나도 꿈의 배에서 내렸다. 그리고 더는 이 방송을 보지 않는다.

개인의 중요성이라는 목적을 이루기 위한 자기 의견의 확증은 실제로 가장 성공적인 비즈니스 모델이기도 하다. 이런 기본적 사고 원리로 인해 우리는 끊임없이 어떤 의견이 나와 맞을지, 어떤 것을 멀리할지를 비교한다. 지속적으로 우리는 자기 극대화의 길을 찾아 헤매며 오늘날 우리 주변에는 너무나도 많은 비교의 기회가 널려 있다. 2020년에 발표된 한 연구를 보면, 자기실현을 향한 이 같은 노력은 나이에 좌우되며 젊은 세대에서 특히 증가한다는 것을 알 수 있다.[12] 1950년에서 1965년 사이에 태어난 베이비 붐 세대가 독립적 성향을 보이면서도 사적 네트워크 안에서 자신의 역할을 확실히 규정하는 반면, 1981년에서 2000년 사이에 태어난 젊은 세대는 자신을 극대화하는 데 무엇보다 관심이 많다. 특히 이제 소셜 네트워크는 비교의 기회를 양성하는 장이 됐다. 다른 말로 하면 젊을수록 집단 안에서 자신이 차지하는 역할을 규정하기보다 자기 고유의 일을 자신이 얼마나 잘하는지 정의 내리는 데 신경을 더 쓴다는 것이다.

디지털 매체를 통해 우리는 20년 전만 해도 완전히 감춰져 있던 대안적 삶에 대한 설계와 정보에 접근할 수 있는 통로를 단번에 얻게 됐다. 가령 21세기 초반만 하더라도 채식주의로 살기로 결심한 사람이 읽을 만한 책은 손에 꼽을 정도였다. 완전한 채식주의자에 관한 정보가 담긴 인터넷 사이트가 생기기 시작한 것도 불과 10여 년 전이다. 하지만 오늘날 우리는 비건으로 사는 사람들의 소셜 플랫폼을 따라다니며 중요한 정보를 얻는다. 그 과정에서 경쟁이 일어난다. 누가 최고의 채식주의자인가? 더 나은 채식주의자로 살려면 나는 무엇을 어떻게 해야 할까? 소셜 플랫폼에서 이뤄지는 좋아요, 공유하기, 댓글 같은 상호 작용은 순위를 만들어 내고 순위는 경쟁을 강화한다. 이런 경쟁의식은 개인성이 최고 수준에 이를 때 비로소 끝이 난다. 즉 우리가 하나의 개인으로서 유일무이한 존재라고 스스로 인정하는 단계에 이르러 더 이상 비교할 대상을 찾을 필요가 없을 때, 우리는 이 디지털 쳇바퀴에서 벗어날 수 있다.

전면적인 개별화라는 아이디어가 실현되기까지, 지금 우리는 아직 한참 멀리 있다. 한편으로 사람들은 여전히 특정 사회 집단 안에 소속돼 있다는 느낌을 통해 채식주의자로서, 자동차 개조자로서, 혹은 〈트라움쉬프〉의 팬으로서 정체성을 획득하려 한다. 마음이 맞는 사람들을 알고 지내면 우리는 그 집단에 소속됨으로써 지위와 위신을 얻게 된다. 이는 우리의 개인적 동기를 떠받치는 필수 요소다. 다른 한편으로, 모든 사람이 완전히 개별적으로 정보나 미디어 상품을 공급받는 것은 기술적으로 아직 가능하지 않다. 하지만 여기서 멈추지는 않을 것이다. 한번 시도해 보고 싶은 경제적 유혹이 도처에 있기 때문이다. 결국 사람들은 디지털 산업을 통해 인간이 점점 더 개별화될 거라고 말하며 엄청나게 많은 돈을 벌고 있다. 이런 비즈니스 모델을 흔히 마이크로타깃팅Microtargeting이라고 부른다.

고유의 의견이라는 달콤한 독

우리는 각자 자신만의 인터넷이 있다. 페이스북, 넷플릭스, 구글, 아마존은 없다. 당신의 페이스북, 당신의 넷플릭스, 당신의 구글, 당신의 아마존만 있다. 인터넷으로 들어가면 우리는 각자 다르게 개인적으로 재단된 것을 본다. 공동의 정보 공간 같은 무언가가 있으리라는 생각은 갈수록 점점 더 착각에 가까워지고 있다. 예전에 우리는 모두 9시 뉴스나 오늘의 주요 단신을 같은 시간에 봤고 비슷한 신문을 읽거나 아니면 적어도 같은 언론 보도를 꺼내며 이야기를 나눴다. 우리는 비슷한 음악을 듣거나 같은 백화점에서 본 옷을 다들 입고 다녔다.

모두 지나간 시절의 이야기다. 오늘날 뉴스는 사용자의 행동 양식에 따라 개별적으로 내용이 구성된다. 이는 우리 민주주의 시스템에 영향을 미친다. 2023년 초에 나온 한 보고서는 디지털 매체가 민주주의에 미치는 영향을 다룬 개별 연구 논문 500편을 모두 종합해 평가했다.[13] 그 결과 실제로 디지털 매체는 정치적 토론이 증가하도록 이끌었다. 하지만 바로 이런 정치 참여의 증가는 의견의 양극화가 심화되도록, 정치 제도에 대한 신뢰가 떨어지도록 이끌기도 했다. 피로스의 승리Pyrrhic victory처럼 미디어 세계는 너무나 많은 대가를 치르며 승리를 얻어 냈다. 더욱더 많은 정보를 사람들에게 가져다주려고 의도적으로 노력하자 점점 더 많은 사람이 정치적 토론에 참여하게 됐다. 그러나 덕분에 사람들은 정보의 세계 안에서 유례없이 심하게 분산됐고 서로 화해할 수 없을 정도로 멀어졌다. 사람들이 개별적으로 또 집단을 이뤄 소통할수록 서로를 더 분리시킬 것이다.

디지털 매체가 파편화와 양극화의 원인이 아니라고 주장하는 사람도 있을지 모른다. 그들은 그저 우리 사회에 이미 존재하는 불만스런 현상을 매체 탓으로 돌려 그럴듯하게 묘사하는 것에 불과하다고 말한다. 하지만 연구를 통해 밝혀졌듯이 소셜 미디어는 사람들이 자기 의견을 과격하게 발전시키고 반민주적으로 다루는 데 원인이 된다. 흥미롭게도 우리는 특히 디지털 네트워크를 통해 다른 의견에 맞닥뜨리면 더욱 강하게 거부하는 경향을 보인다.

이번 장의 초반에 소개한 과학 애호가와 음모론자 집단에 관한 연구를 다시 떠올려 보자. 각자의 의견에 반대되는 보도를 내놓자 자기 의견에 대한 이들의 태도는 더욱 완강해졌다. 이는 한 집단의 결속을 강화하는 데 자주 이용되는 방법이기도 하다. 페이스북에 모여 있는 보루시아 도르트문트 팬들을 더 긴밀히 결집시키고 싶다면 무엇을 해야 할까? 당연히 라이벌 팀인 샬케 04에 관한 소식을 내놓으면 된다. 머지않아 온라인 속에서 똘똘 뭉친 광란의 도가니를 분명 보게 될 것이다.

디지털 매체가 과격화의 원인이 된다는 사실은 일찍이 2017년 독일에서 발표된 한 재미있는 연구 논문에서도 드러났다.[14] 난민 수용 문제로 온 나라가 시끄럽던 당시 몇몇 지역에서 기술적 결함으로 서버에 연결이 불가능해져 페이스북이 한동안 멈추자 해당 지역 우파들의 난민을 향한 폭력이 점차 줄어들었다. 이처럼 갑작스런 사고를 분석한 논문의 저자는 다음과 같은 문장으로 마무리한다. "페이스북에서 난민에 반대하는 의견이 절반으로 줄어들면 이와 관련된 폭력 행위는 8분의 1로 감소한다"고 말이다.

그 이유 중 하나는 사람들이 디지털 공간을 아날로그와 다르게 생각하기 때문이다. 이번 장의 초입에서 언급한 확증 편향 또한 오프라인보다 온라인에서 전개되기가 훨씬 수월하다. 그래서 사람들은 종이로 인쇄된 신문을 읽을 때보다 온라인 뉴스를 소비하는 동안 자기 관점과 견해를 확인받으려는 경향을 더 많이 보인다.[15] 실제로 전자는 정치적 과격화를 줄여 준다. 내가 몇 유로를 지불하고 신문을 한 부 구입하면 온라인에서 유사성 알고리즘에 따라 내게 내주는 것과는 다른 기사를 접한다. 뉴스 소비가 주로 소셜 미디어에서만 일어나면 무슨 일이 벌어지는지 궁금하다면 미국을 보면 된다. 놀랍게도 그곳에선 시민의 거의 절반이 소셜 네트워크를 뉴스 채널로 사용한다.[16] 현재 미국 땅이 이처럼 전례 없이 양극화된 것은 어쩌면 당연한 일인지 모른다.

사회 공동체는 어떻게 끝나는가

나는 지금 챗GPT의 공개로 디지털 경제가 완전히 뒤집힐 위험을 느끼며 이 책을 집필하고 있다. 간단히 말해 이 소프트웨어는 방대한 양의 데이터로, 예컨대 인터넷에서 공개적으로 접근이 가능한 모든 텍스트를 가지고 훈련돼 그로부터 하나의 통계학적 모델을 파생시키는 시스템이다. 이런 형태의 인공 지능은 사람이 질문을 이어 가면 독립적으로 새로운 텍스트를 계속 생성할 수 있다. 그뿐만 아니라 이 시스템은 앞에서 나온 단어 혹은 어군 뒤에 따라올 확률이 통계적으로 가장 높은 단어 혹은 어군 또한 매번 계산해 낸다. “어제 작은 새 한 마리가 떨어졌는데, 자기…” 같은 단어의 조합으로 문장을 쓰면 “물통”이 아니라 “둥지”라는 단어가 바로 이어진다. 사람들이 숫자 열을 보고 뒷부분을 완성하는 방식과 아주 유사하다(지난 장의 초반에 소개된 숫자들을 떠올리면 된다). 다만 인간보다 훨씬 더 뛰어나고 훨씬 더 광범위하다.

이런 시스템이 있으면 유례없이 새롭고 독창적인 무언가를 생성할 수 있다. 원칙적으로는 모든 것이 가능하다. 데이터로 무엇을 구현하느냐에 따라 텍스트, 이미지, 영상 또는 영화 한 편을 새로 만들 수도 있다. 물론 인공 지능이 이런 결과물을 생성할 때에는 의도가 전혀 없다. 인공 지능이 만들어 낸 그림 한 장은 통계적 최적화의 결과다. 어떤 메시지를 전달하기 위해서가 아니라 주어진 질문에 대한 수학적 확률이 가장 높은 결과이기 때문에 생성됐을 뿐이다. 하지만 이처럼 내용이 없는 그림도 인간에게 감명을 주기에는 충분하다. 1장에서 소개한 실험을 다시 떠올려 보자. 특정한 상황에서 사람들은 우연히 만들어진 무의미한 무늬들 속에서도 내용을 찾아내 해석을 덧붙였다. 생각해 보면 동물 인형과 대화를 하는 사람도 있고 자기 자동차에 이름을, 다시 말해 일종의 인격을 부여하는 사람도 있다. 인공 지능은 위험해지지 않을 것이다. 우리보다 인공 지능이 더 똑똑해져서가 아니라 우리가 인공 지능보다 더 단순해질 것이기 때문이다.

인공 지능은 우리 하나하나를 위해 지극히 개별적 미디어를 만들어 제공할 수 있다. 따라서 사회 공동체의 전면적 개별화라는 아이디어는 실제로 실현이 가능할지도 모른다. 이미 오늘날 우리는 인공 지능의 도움을 받아 소셜 미디어에서 나중에 성공을 거둘 포스트를 미리 정하거나 포스트 하나로 누군가의 영향력을 극대화하는 것도 얼마든지 할 수 있다. 하지만 장기적으로 보면 우리는 이보다 더 멀리 가 버릴 수도 있다. 예컨대 대중 매체가 더 이상 존재하지 않는 세상에 산다고 상상해 보자. 텔레비전 방송국도 라디오 방송국도 없고 출판사도 신문사도 없고 유튜브도 넷플릭스도 없고 스포티파이도 아마존도 없고 영화관도 없는 세상. 어쩌면 2050년 무렵 사람들의 스마트폰에는 우리가 바라는 모든 것을 만들어 낼 수 있는 단 하나의 애플리케이션만 깔려 있거나 아니면 모두 그것 하나만 쓸지도 모른다. 영화든 음악이든 신문이든 책이든 상관없이.

오로지 당신만을 위한 극도로 개인적인 범죄 스릴러 영화가 만들어진다면 어떨까? 아마 당신은 보고 싶은 영화를 위해 단 75분 정도만 투자해도 충분할 것이다. 예를 들면 브라운슈바이크Braunschweig에 사는 한 기업가가 파인애플로 살해되고 나서 끝나기 3분 전에 누가 범인이었는지 밝혀지는 영화를 만들 수도 있다. 당신은 그저 적절한 질문을 프로그램에 넣기만 하면 된다. 그러면 당신이 선택한 배우들이 나오는 혹은 당신이 원한다면 직접 주인공으로 나오는 당신만을 위한 개인적 영화가 바로 제작될 것이다.

오늘날의 관점에서 이 같은 상상은 어쩐지 기이한 느낌을 준다. 하지만 바로 이런 아이디어를 붙들고 현재 각 분야에서 전력을 다하는 중이라고 나는 확실히 보장한다. 자기만의 인공 지능으로 아주 개인적이고 유일무이한 재생 목록을 맞춤 제작할 수 있다면 이제 누가 음악가를 원할까? 독일의 음악공연저작권협회GEMA에게는 안타까운 일이지만 그런 세상이 오면 저작권 같은 법률은 신경 쓸 필요도 없을지 모른다. 노래는 저렴해지고 무한정 생산될 뿐 아니라 극도로 개별화될 것이다. 원칙적으로는 세상의 모든 사람이 우리 두뇌가 어떻게 작동하는지에 관한 책을 한 권씩 쓸 수도 있다. 물론 인공 지능의 도움을 받아서 말이다. 지금 나는 당신을 위해 그 일을 떠맡고 있다. 그리고 당신은 이 책을 위해 약 20유로를 지불해야 한다. 하지만 언젠가 당신이 똑똑한 소프트웨어로 이와 비슷한 책을 쓰게 한다면 극히 적은 돈이 들어갈 것이다. 그럼에도 나는 인공 지능이 작성한 책이 내 책보다 뛰어날 일이 없도록 모든 노력을 다해 책을 집필하고 있다.

물론 이러한 모든 일은 사고 실험이지만 미래는 이미 시작됐다. 중국에서는 처음으로 가상의 유명 인사, 이른바 버추얼 인플루언서virtual influencer가 디지털 무대에 등장했다.[17] 어쩌면 수십 년 안에 우리는 진짜 인간과 의사소통을 하기 위해 더는 인간이 필요하지 않을지도 모른다. 그러면 우리는 각자 개인 비서를 항상 데리고 다닐 것이다. 애플이 개발한 시리Siri의 최후 버전이 나오거나 아니면 1990년대 말 마이크로소프트가 개발한 말하는 클립 클리피Clippy가 더 똑똑해져서 나타나거나. 이런 미래는 이미 오래전에 시작됐다.

2015년 미국의 온라인 플랫폼 애슐리 매디슨Ashley Madison이 해킹을 당해 약 10기가바이트에 달하는 회원 정보가 노출됐다. 애슐리 매디슨은 불륜 사이트로 공식적인 부부 관계를 넘어 스치듯 가벼운 관계 속에서 행복을 찾는 이들을 위한 은밀한 공간이었다. 데이터 유출 사건으로 인해 해당 사이트에서 활발하게 활동한 남성 회원은 거의 3100만 명이며 여성 회원은 550만에 불과하다는 사실이 밝혀졌다. 하지만 여성 회원들은 실제로 존재하지 않았다. 여성 프로필의 대부분은 챗봇이었으며 남성들이 플랫폼에 계속 머물도록 잡아 두는 임무를 수행할 뿐이었다.[18] 일탈을 찾아 사이트를 돌아다닌 남성들이 그렇게 오랫동안 유료 회원으로 지내며 말하는 컴퓨터에게 수차례 거절을 당했다니 상상만으로도 비참하지 않은가. 부인들은 안도감을 느꼈거나 충격을 받았을지 모른다. 자신의 부정한 남편이 너무나 멍청해서 챗봇과 바람을 피우려 했다는 사실에 즐거워한 사람도 있을 것이다. 아니면 자신이 컴퓨터 프로그램으로 대체될 수도 있었다는 사실에 망연자실한 사람도 있겠다.

이처럼 인간이 로봇을 혹은 챗봇을 적어도 다른 사람만큼 신뢰하는 현상을 과신 효과overtrust effect라고 부른다.[19] 그래서 사람들은 차에 달린 내비게이션 장치를 무비판적으로 따르며 컴퓨터 프로그램과도 사랑에 빠지는 것이다. 그런데 이 같은 프로그램의 목소리는 거의 항상 여성이다. 이는 분명 의도된 것으로 여성의 목소리가 사람들에게 더 빨리 신뢰를 얻기 때문이다. 여성적으로 말하는 컴퓨터가 명령을 내리고 따르는 사회는 어떤 모습일까? 이는 미래의 단면일지 모른다.

다시 주제로 돌아가 보자. 집단에 속한 사람들에게 개별적으로 말을 걸면서 오늘날 양극화된 사회가 생겨났다. 자기중심과 자기확증의 결과로 태어난 개별화가 지속적으로 전개된다면 과연 무슨 일이 벌어질까? 만약 우리 각자가 개인적인 챗봇을 하나씩 가지게 된다면 지금 우리가 대략적으로 알고 있듯이 사회 공동체의 종말이 올지 모른다. 또한 민주주의도 종말을 고할 것이다.

모든 민주 사회는 정보의 교집합을 공유하고 또 교환하면서 명맥을 유지한다. 우리는 다양한 의견을 얼마든지 가질 수 있다. 풍력 발전용 터빈을 세울지 말지 그럼 어디에 지을지, 속도 제한을 도입할지, 국방을 위해 탱크를 더 구입할지 말지 등에 대해 토론한다. 지금 우리는 적어도 비슷한 정보를 바탕으로 동일한 문제에 대해 이야기를 나눈다. 하지만 우리 하나하나가 개별적 정보 세계와 개인적 문화 공간을 가지게 된다면 우리 사회의 핵심을 이루는 그 무언가를 파괴하는 날이 오지 않을까? 그러면 우리는 더 이상 서로 토론을 벌이지 않고 그저 나란히 서서 각자 맞춤 제작한 자기 세계에 들어맞지 않는 것을 거부만 할지 모른다. 우리가 모두 오로지 자기실현만 이루도록 교육받고 자란다면 주어진 문제를 공동으로 해결하기란 실로 어려운 일이다. 다시 말해 공동의 정체성을 위한 공간이 사라지면 민주주의는 끝이 난다.

우물 밖 바라보기

확증 편향은 일종의 메타 오류로 인간의 비합리성을 기반으로 삼는 사고방식 중 하나다. 세상에 휘둘리지 않고 자아실현이라는 좋은 의도를 갖고 있어도 결국 우리는 인간적 어리석음을 초래하는 출발점에 서 있다. 과학 애호가는 물론이고 사람들이 더 나은 지식에 반해 음모론자들과 마찬가지로 확증 편향 같은 오류에 빠진다는 것은 이처럼 단순한 행동 양식이 얼마나 널리 퍼져 있는지를 잘 보여 준다.

최고의 아이디어는 우리가 자기 자신을 깊이 들여다볼 때가 아니라 다른 사람의 시각에 관심을 가질 때 생겨난다. 세계적인 거대 기업들은 가장 창의적이고 지적이며 경험이 풍부하고 교육 수준이 높은 직원들이 아니라 가장 다양하게 접촉을 하는 사람들이 주도한다.[20] 주식 시장에서는 소셜 네트워크를 통해 최소 여덟 명이 넘는 다양한 투자자들의 투자 결정을 지켜본 사람들이 오직 자신의 투자 전략만 고집스럽게 추구한 이들보다 30퍼센트 이상의 수익을 얻는다.[21] 원칙적으로는 다른 데 신경을 완전히 끄고 열 개가량의 완벽한 포트폴리오를 잘 조합해서 따라만 해도 충분하다. 그러면 시장에서 크게 이득을 취할 수 있다. 그럼에도 사람들은 이런 방식으로 투자하지 않는다. 우리는 자신이 최고로 잘 안다고 생각하기 때문이다.

다행히 인간은 확증 편향에 대비할 수 있다. 아주 실용적인 기술은 지금 당신도 행하고 있다. 당신은 지금 책을 읽고 있지 않은가. 믿기 어렵겠지만 독서라는 문화 기술은 미국의 IT 거물들 사이에서도 놀라운 지적 무기로 여겨진다. 내가 미국에서 열리는 행사에 참여할 때면 몇몇 행사에서는 자기 이름과 출신 지역 그리고 개인적으로 추천하는 책이 적힌 이름표를 나누어 줬다. 그리고 사람들은 항상 최근에 자기가 읽은 책에 대해 이야기하며 대화를 시작했다. 디지털 가속화 시대에 심오한 사고 속으로 파고드는 것은 하나의 재능이 된다.

그뿐만 아니라 확증 편향에 대해 아는 것만으로도 우리는 더 나은 사고를 향해 한 걸음 내딛게 된다. 2022년에 나온 한 연구 결과에 따르면 소셜 미디어가 어떤 방식으로 작동하는지 사람들에게 구체적으로 설명해 주기만 해도 그릇된 정보와 확증 편향으로 인한 잘못된 결론에 맞서 면역을 키울 수 있다고 한다.[22] 게다가 이 면역 효과는 과학 팬이든 음모론 신봉자든 상관없이 정치색과 무관하게 적용된다. 다들 알다시피 이들은 좋은 의미에서든 나쁜 의미에서든 늘 비슷하게 행동한다.

물론 디지털 시대가 빚은 의견의 파편화로 인한 민주주의 붕괴를 막아 내려면 작은 조치들만으로는 충분하지 않다. 이를 저지하기 위한 결정적 방법은 수많은 개별 의견들을 조합해 하나의 사회 공동체적 아이디어를 생성하는 것이다. 예를 들어 나의 동생은 얼마 동안 호주 멜버른에서 지내며 공부를 했다. 그곳은 독일에서 멀리 떨어진 도시라서 우연히 들르기는 어렵다. 이 도시의 사람들은 전 세계 곳곳에서 왔으나 결국 모두 특정한 의도와 목적을 가지고 그곳에 정착한 사람들이므로 다들 스스로 멜버니언Melbournian이라고 느끼며 이를 공동의 약속처럼 여긴다.

우리가 사는 이 나라도 모두가 더 나은 삶을 영위하도록 다채로운 시각을 한데 모으며 명맥을 이어 가고 있다. 어떻게 이를 성공적으로 해낼지를 두고 우리는 치열하게 다툴 수도 있다. 그건 결코 나쁘지 않다. 하지만 우리가 다양한 정보 공간에서 물러나 이에 대해 전혀 논쟁을 벌이지 않는다면 그건 정말 최악의 선택이다. 인간의 적응력은 생각이든 행동이든 얼마든지 다르게 할 수 있음을 지켜보면서 생겨난다. 숫자 열을 다시 떠올려 보자. 우리는 항상 자신이 옳음을 증명하며 빈칸을 완성한다. 그러면서 현실이 완전히 다르게 보일 수도 있는 무언가는 지나친다.

늘 하던 대로 8-10-12 다음에 14를 덧붙이는 대신, 더 창의적이고 생산적인 답을 내려면 무엇을 해야 하는지 스스로 비판적으로 질문해 보자. 당신이 생각을 바꾸면 무슨 일이 벌어질까? 당신이 독단주의자가 아니라면 이 질문에 답을 할 수 있을 것이다. 물론 답은 무척 어렵다(나도 예외는 아니다). 그럼에도 계속 질문을 하자. 당신의 '14'는 무엇인가? 비판적인 질문 없이 매번 당신이 반복적으로 하는 일은 무엇인가? 다음번에 당신이 '14' 대신 '23'을 말하면서 그래도 문제가 없다고 깨닫는 날이 온다면 어떨까? 그러면 당신은 별안간, 이전에 아무도 가 본 적 없는 곳에 서게 된다. 거기서 당신은 더욱 흥미진진한 인생을 살아가게 될 것이다.

우리는 왜 금지를 허용하지 못할까

원칙만 따르다 일어나는 일들

12
GESETZE
DER
DUMMHEIT

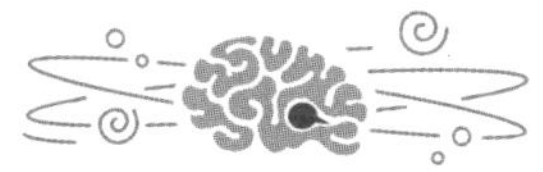

2003년 미국의 가수 바브라 스트라이샌드Barbra Streisand는 개인적 문제로 곤란에 처하게 됐다. 그 무렵 사진작가 케네스 아델만Kenneth Adelman은 캘리포니아 해안 기록 프로젝트California Coastal Records Project의 일환으로 주정부의 지원을 받아 헬리콥터를 타고 캘리포니아 바닷가를 사진으로 찍었다. 프로젝트의 목적은 해안선의 침식을 기록으로 남기는 것이었다. 말하자면 약 150미터 상공에서 카메라 셔터를 계속 누른 셈이다.

대수롭지 않은 일이라고 생각할 수도 있지만 스트라이샌드는 다르게 보았다. 프로젝트 사이트에 사진들이 올라오면서 말리부 해변에 위치한 자신의 저택이 갑자기 온 세상에 공개됐기 때문이다. 미국에서 흔히 그러하듯 그는 사진작가를 상대로 5천만 달러에 달하는 손해배상 청구 소송을 제기했다. 법원에서 심리한 결과, 소송은 기각됐고 스트라이샌드

는 소송에 들어간 비용 17만 달러를 모두 부담해야만 했다.[1]

하지만 그가 입은 피해는 따로 있었다. 스트라이샌드가 소송을 건 원래 목적은 사생활 보호였으나 자신의 적극적 행동으로 도리어 일을 완전히 그르치고 말았다. 소송이 진행되기 전만 해도 그의 대지와 저택이 담긴 사진의 조회 수는 6회(그 가운데 2회는 스트라이샌드의 변호사가 조회한 것이었다)에 불과했는데[2] 온갖 매체에서 떠들썩하게 다루자 한 달 만에 42만이 넘는 사람들이 해당 사이트에 들어가 그 사진을 조회했다.[3] 자기 행동의 결과를 제대로 고려하지 않고 개선하려다 오히려 더 나빠진 전형적인 사례라고 할 수 있다.

무언가를 하지 말라고 하면 사람들은 더욱더 그걸 해보려고 한다. 이를 지칭하는 스트라이샌드 효과는 그사이 언론계를 중심으로 널리 알려졌다. 전문가들조차 종종 빠지곤 하는 실수다. 예컨대 일론 머스크는 사람들의 예상과 달리 온라인 미디어의 역학을 잘 모르는 듯하다. 2022년 그는 트위터를 인수하면서 자신의 전용기를 실시간으로 추적하는 계정인 일론제트ElonJet를 정지시키고자 했다. 이후 논란이 커지면서 표현의 자유와 검열의 문제가 대대적으로 공론화됐다. 오늘날까지도 머스크는 표현의 자유를 옹호하는 사람인 척하면서 도널드 트럼프의 계정을 복구시켜 다시 그를 트위터로 불러들이는가 하면, 여전히 달갑지 않은 계정들은 정지시킨다는 이유로 신랄한 비판을 받고 있다. 그가 일론제트 계정을 살려 두더라도 별다른 일은 벌어지지 않을 것이다. 생각보다 사람들은 그에게 별로 관심이 없다.

스트라이샌드 효과 뒤에는 반발reactance이라는 인간의 근본적인 심리 현상이 숨어 있다. 좋은 의도로 시작된 다수의 아이디어가 바로 이 반발심으로 인해 실패로 돌아가곤 한다. 누군가 우리에게 특정한 일을 반드시 해야 한다고 말하면 단순히 우리는 그가 하라고 말했다는 이유로 그 일을 거부한다. 극단적인 경우 역화backfire로 이어질 수도 있다. 즉 거부를 넘어 기대와 정반대로 행하는 것이다. 가령 평소에 영양의 중요성을 잘 알고 있는 사람에게 누군가 가르치는 말투로 몸에 나쁜 음식은 정말로 건강에 해롭다고 말하면 오히려 그는 더 자주 불량한 음식에 손을 뻗는다.[4] 설탕을 함유한 식품을 피하라는 광고는 설탕이 가득 담긴 탄산음료의 소비를 감소시키는 대신 도리어 증가시킨다. 마찬가지로 환경을 해치는 일회용 용기의 사용도 더욱 늘어난다.[5] 언젠가 고속도로를 달리다 이런 문구가 적힌 표지판을 본 적이 있다. "휴대전화에서 손을 떼시오!" 바로 그 순간 나는 주머니에 있던 휴대전화가 떠올라서 그만… 당연히 손에 쥐지는 않았다. 나는 반발 효과를 잘 알고 있으니까.

자기 의견 지키기

우리가 반항적으로 행동하는 원인은 인간의 두뇌가 정보를 처리하는 방식에서도 찾아볼 수 있다. 한 연구진은 사람들에게 모호하고 사소한 정보를 흘리면 무슨 일이 벌어지는지 알아보기 위해 흥미로운 실험을 진행했다. 실험 대상자들에게는 알약으로 된 비타민은 건강에 그다지 좋지 않고 흔히 생각하듯 알베르트 아인슈타인이 시대를 통틀어 절대적으로 가장 위대한 물리학자는 아니며 종이봉투가 비닐봉투보다 더 친환경적인 것은 아니라는 말을 건넸다. 모두 논쟁으로 이어질 만한 발언이지만 정치적 의미는 담겨 있지 않았다.

사람들이 해당 정보에 대한 자기 의견을 형성하자마자 연구진은 반론을 제시했다. 실제로 마지막 정보는 소비재 품질 검증을 통해 사실로 밝혀지기도 했다.[6] 그 결과, 실험 참가자들은 새로운 반론에 전적으로 설득됐고 이후 자기 의견을 바꿨다. 하지만 정치적 질문으로 넘어가자 이야기는 달라졌다. 동성 결혼에 대해 찬성하는지 반대하는지 낙태를 찬성하는지 반대하는지 또는 이주민 증가에 찬성하는지 반대하는지 물으면서 마찬가지로 참가자들의 의견에 반론을 제기하자 사람들은 자신의 입장을 더욱 견고히 고수했다.[7]

동시에 연구진은 고집이 강한 사람들의 두뇌 활성도를 조사해 고집이 편도체amygdala와 섬피질insula cortex에서 비롯된다는 것을 알아냈다. 사람들이 고집을 부릴 때면 대뇌에 자리한 섬피질이 통제가 상실될 위험을 알아차리고 편도체가 빠르게 거부 반응을 작동시킨다. 예를 들어 우리가 속도 제한에 찬성하거나 반대하는 것은 우리 자신에 대해 훨씬 많은 것을 말해 준다. 그리고 우리는 자기 정체성을 확립하는 모든 것을 지키려고 한다. 조금 다르게 생각하면 우리는 최소한의 반론으로도 즉시 우리의 태도를 바꿀 수 있다는 뜻이다. 그럼 우리가 지속적으로 일관된 결정을 내리기란 사실상 불가능하다는 뜻이기도 하다.

사람들이 특정한 무언가를 근본적으로 거부하면 그로 인해 우리 사회가 지불해야 하는 대가가 있다. 나는 이와 관련된 예를 몇 가지 알고 있다. 코로나 위기가 정점을 찍을 때 백신을 맞지 않으려 했던 사람들이 여기에 속한다. 이들의 문제는 단순히 백신 접종을 거부한 것이 아니라 선택의 자유를 외치면서 자기가 반드시 지켜야 하는 규정을 따르려 하지 않은 것이다. 에르푸르트대학교Universität Erfurt에서 진행한 조사에서도 상당히 비슷한 결과가 나왔다. 2021년 중반 무렵 백신 미접종자의 약 절반은 강요받고 싶지 않아서 접종을 거부했다고 답했다.[8]

누구나 어린 시절에는 밉지만 사랑스러운 반항기가 있다. 아이의 반항기는 끝이 있지만 인간의 근본적인 반항 행동은 절대 끝나지 않는다. 반발은 우리가 신속하게 그리고 직접적으로 코로나 방역 정책 같은 조치를 취해야 할 때 커다란 문제가 된다. 연구에서 보여 주듯이 이런 경우에는 항의와 반대를 미리 참작해야 한다. 정책이나 조치의 근거가 부실해서가 아니라 인간은 그저 내재된 원칙에 따라 반발하기 때문이다. 가령 2021년에 실시한 또 다른 조사에서는 기후 변화에 대한 과학자들의 일치된 의견을 제시하면 사람들이 자신의 태도를 돌이켜 보는지 알아봤다. 결과는 결코 그렇지 않았다.[9] 이 조사는 기후 문제에 있어서 유난히 고집이 강하다고 알려진 미국의 공화주의자들이 아니라[10] 독일인을 대상으로 한 것이었다.

살아 있는 물고기는 조류를 거슬러 헤엄친다

사람들에게는 현명한 선택보다 자유로운 선택이 더 중요하다. 똑똑하게 규칙을 따르기보다 차라리 어리석게 독립적으로 살겠다는 식의 모토를 따르면서 말이다. 아마 대다수는 이런 식의 행동이 커다란 변화를 가로막는다고 생각할 것이다. 하지만 실제로는 그 반대다. 그리고 이는 광고 같은 분야에서 널리 알려진 원칙이기도 하다. 이른바 게이트키퍼 gatekeeper라 불리는 현상과 관련된 전형적인 예를 당신도 분명 알고 있을 것이다. 즉 클럽 앞을 지키는 문지기 때문에 들어가기가 더 힘들수록 들어가고 싶은 유혹은 더욱 커진다. 어떤 상품을 구하기가 더 어려울수록 사람들은 더욱더 그것을 가지고 싶어 한다.

2022년 겨울, 챗GPT는 세상에 공개되자마자 금세 전설이 돼 버렸다. 누구나 프로그램을 간단히 다운받고 잠시 대기만 하면 대단한 인공 지능의 혜택을 얼마든지 누릴 수 있다. 공개 초기만 해도 개발사는 많은 사람이 프로그램에 접근할 수 있도록 충분한 통로를 마련해 놓았으니 서버에 부담이 가지 않을 거라고 했다. 하지만 공개된 지 5일 만에 100만이 넘는 사람들이 프로그램을 이용했다. 월 사용자는 1억 명을 돌파했다. 이제 챗GPT는 어떤 온라인 서비스보다 무서운 속도로 성장하고 있다. 인간의 반발 심리는 적어도 이 성장엔 제동을 걸지 못했다.

반발심을 뒤집어 생각하면 누구나 가질 수 있는 것은 지루하다는 뜻이기도 하다. 특권층을 위한 배타적 클럽에 들어가면 훨씬 더 흥미진진하고 스스로 특별하다는 기분이 든다. 일탈 행동은 배타성으로 이어지며 반발은 특별한 사람에게 문을 열어 준다. 이 원칙은 왜 영리하게 사용되지 않을까? 예컨대 포르투갈의 백신 캠페인은 시민의 개별성을 추구하면서 이 원칙을 현명하게 활용했다. 캠페인 진행자들은 구체적인 백신 접종 일정이 담긴 문자를 각 시민들에게 개인적으로 보내면서 다음과 같은 모토를 따랐다. "정부는 특별히 당신을 위해 다음 주 백신을 추가로 예약했습니다. 이번 기회를 놓치지 마세요! 차례가 이처럼 쉽게 오는 경우는 없습니다!" 캠페인 초반에는 포르투갈 국민의 40퍼센트가 코로나 백신에 대해 회의적이었으나 마지막에 가서는 12세 이상 국민 97퍼센트가 백신을 맞았다.[11] 코로나 시대에 포르투갈이 활용한 배타성의 원칙은 자기계발 분야에서 오래전부터 잘 알려져 있었다. 자기계발 관련 세미나에서는 이런 식의 주문이 늘 따라다닌다. "당신만의 길을 가세요. 어떻게 가는지는 우리가 알려 드리겠습니다!" 또는 "다른 사람들과 다르게 하세요. 우리에게 오면 그 비밀을 알게 될 것입니다!" 오직 죽은 물고기만 조류를 따라 헤엄친다는 말이 있다. 이를 뒤집으면 곧 살아있음은 반항으로 시작된다는 의미다.

도덕적 파급

좋은 의도를 가진 아이디어라도 선택의 자유를 향한 사람들의 열망을 과소평가하면 종종 실패로 돌아가고 만다. 이 말은 제법 수긍이 간다. 인간의 이런 반항적 사고가 변형돼 나타나는 또 다른 현상으로, 도덕적 리바운드 효과rebound effect라는 것이 있다. 그런데 이 현상은 비교적 잘 드러나지 않는다.

오늘날 우리가 타는 자동차는 50년 전보다 훨씬 더 효율적이다.

1970년대 중반의 전형적인 폭스바겐Volkswagen 골프Golf는 배기량 1.5리터 엔진으로 최대 75마력을 냈다. 이 정도 성능으로 골프는 13초 안에 시속 100킬로미터까지 가속이 가능했다. 그러면서 평균 약 10리터의 휘발유를 소모했다. 최신의 골프 모델은 동일한 크기의 엔진으로 두 배 정도의 마력을 내며 시속 100킬로미터까지 가속하는 데 8.5초면 가능하다. 또한 소모되는 연료의 양은 절반에 불과하다. 다른 말로 하면 150마력을 내고 연료는 5리터가 들어가니까 동일한 엔진 크기로 효율은 네 배나 개선됐다. 그러나 이런 효율의 향상도 탄소 발자국을 크게 줄이지는 못한다. 각 자동차의 연비도 향상돼 거의 상쇄할 수준이기 때문이다.[12] 이런 식의 개선은 당연히 경제적 이유가 기저에 깔려 있지만 심리적 측면 또한 결코 과소평가해서는 안 된다. 물론 사람들이 전보다 더욱 먼 거리를 출퇴근한다는 점 또한 간과해선 안 된다.

사람들은 자기 행동이 도덕적으로 균형을 이루길 바란다. 그래서 우리는 좋은 행동과 나쁜 행동을 끊임없이 저울질한다. 계산 끝에 나온 도덕적 답이 맞아떨어지는 한 우리는 스스로 만족한다. 체중 조절을 하려고 애쓴 경험이 있는 사람이라면 무슨 말인지 알 것이다. 즉 다이어트를 할 때면 우리는 하루 종일 식단에 신경을 쓰며 통곡물과 신선한 생채소를 먹는다. 그러다 마지막에 가서 이런 말을 한다. "지금까지 너무 오랫동안 지나치게 건강한 음식만 먹었어. 그러니까 지금 나는 기름진 햄버거를 하나 먹을 자격이 있어!"

바로 이런 도덕적 파급은 환경과 관련된 행동에서도 확실히 드러난다(무언가 흘러넘쳐 주변에 영향을 미치는 현상을 경제학에서는 스필오버spillover, 파급 효과라고 부른다). 한 통계에 따르면 다른 경우에는 특별히 환경을 의식하며 행동하는 사람들이 휴가 기간에는 환경에 가장 해로운 방식으로 여행을 떠난다고 한다.[13] 즉 환경을 생각하느라 일상에서 감수한 모든 결핍에 대한 보상으로 비행기를 타고 바베이도스Barbados 같은 곳으로 떠나는 것이다. 또한 자기 집의 단열을 유난히 신경 쓰던 사람들이 에너지 절감 주택으로 들어가면 이전보다 더 강하게 난방을 하는 경향을 보인다.[14] 노르웨이의 전기 자동차 운전자들을 대상으로 한 조사에서는 도로 교통을 제외하면 이들이 내연 기관차 운전자들보다 환경 보호에 대한 의무감을 더욱 적게 느낀다는 사실이 밝혀졌다.[15]

심지어 더 심각한 결과도 있다. 2010년에 발표돼 많은 주목을 받은 한 연구에 의하면 사람들이 의식적으로 환경을 위한 선택을 하고 나면 거짓말과 도둑질을 할 가능성이 더 올라간다고 한다.[16] 이를 알아보기 위해 연구진은 먼저 실험 집단에게 온라인 상점에서 환경 친화적이고 지속 가능한 상품을 사도록 했다. 반면 통제 집단에게는 평범한 상점에 들어가 일회용품들 사이에서 물건을 고르게 했다. 이어서 실험 참가자들은 모니터 앞에 앉아 약간의 돈을 벌 수 있는 집중력 게임에 참여했다. 마지막에 가서 연구진은 모든 참가자들에게 실험이 다 끝나면 이들이 실제로 얼마의 돈을 받게 되는지 알려 줬다(사례금은 아주 소소하게 몇 달러에 불과했다). 가장 흥미로운 장면은 이제부터 시작이다. 이후 실험 참가자들은 아무런 감시도 없는 곳에서 자기가 직접 사례금을 봉투에서 꺼내 가야 했다. 그 결과 실험에서 친환경적인 물건을 의식적으로 구매한 사람들이 환경에 해로운 물건을 산 사람들보다 여섯 배나 많은 돈을 훔쳐 갔다.

물론 환경을 생각하는 모든 사람이 상습적인 도둑 또는 거짓말쟁이라는 뜻은 아니다. 하지만 사람들이 도덕적 계산을 하고 나면 얼마 뒤에 원래의 목적과 반대되는 행동으로 이어진다는 결론이 나온 실험은 산더미처럼 많다. "이제 나를 위해 마음껏 허락하겠어!"라고 생각하는 식의 자기 권한 부여 경향을 과소평가해서는 안 된다. 도덕적으로 계산된 행동을 하고 나면 우리는 자기에게 권한을 부여하면서 원래의 목적에 반하는 회피책을 모색하기 때문이다. 이런 현상을 충분히 고려하지 않으면 아무리 좋은 의도가 담긴 아이디어라도 갑자기 벽에 부딪칠 수 있다. 특히 좋은 의도를 가지고 무언가를 금지하는 경우, 이득보다 손해가 더 클지 모른다.

금지는 언제 실패하는가

1970년대 초반, 독일 사회는 골치 아픈 문제를 하나 안고 있었다. 교통사고 사망자가 너무 많았던 것이다. 1970년 서독에서만 교통사고로 사망한 사람은 1만 9천 명이 넘었다. 1970년대보다 자동차 수가 세 배나 많은 요즘에도 연간 3천 명이 되지 않는다. 당시 독일인은 안전벨트 의무화 도입을 두 손 두 발 들고 반대했다. "안전벨트를 매는 것이 더 좋아요!" 같은 슬로건을 동반했던 역대 가장 영리하다고 알려진 독려 캠페인도 소용이 없었다. 1974년 독일 연방 정부는 안전벨트에 불평하는 사람들의 동기를 알아보기 위해 한 연구소에 심리학적 분석을 의뢰했다. 놀랍게도 경험이 풍부한 심리학자들조차 그 동기를 제대로 파악하지 못했다. 조사를 위해 인터뷰한 사람들은 알레르기를 일으키듯이 조사자에게 공격적 반응을 보였다. 이들은 거의 모든 질문을 거부했는데 "질문이 너무 불쾌하다"며 거절의 이유를 공개적으로 밝히기도 했다. 그리고 모두 한결같이 자신의 편안한 일상이 엄청난 방해를 받게 됐다고 털어 놓았다. 1975년 말 독일의 시사 주간지 〈슈피겔Der Spiegel〉은 조사 대상자들의 반응과 태도를 공개적으로 전했다.[17]

당시 사회적 분위기를 살펴보면 우선 독일은 둘로 나뉘어 있었다. 한쪽에서는 안전벨트 거부자들이 더 나은 지식에 반하는 선택을 했다. 그들은 높은 속도로 달리면 자동차 내부에서 우리의 몸을 받쳐 준다고 믿으며 안전벨트를 한 채로 사고가 났을 때 몸이 자동차에 묶이는 것을 두려워했다. 실례로 1975년 12월 7일자 〈슈피겔〉의 표제는 "결박에 대한 공포"였을 정도다. 당시 폭스바겐의 회장 쿠르트 로츠Kurt Lotz는 "안전은 안 팔린다"고 말하기도 했다.[18] 다른 한쪽에서는 젊은 안전벨트 추종자들이 (앞서 언급한 정부 위탁 연구에서 실제로 나온 표현인) "마치 죄를 면하려고 예배를 드리는 신자들을 상기시키듯 일종의 종교적 형태로 안전장치의 정교한 시스템에 현실감을 유지하려고 애썼다".[19] 자기 행동을 정당화하기 위해 종교적 내러티브를 사용하는 식의 접근 방식을 우리는 이미 책의 첫 번째 장에서 잠시 살펴본 적이 있다. 그것도 독일 땅에서 일어났다니 이제 전혀 이례적이지 않다.

기나긴 이야기를 간단히 줄이면 다음과 같다. 대대적 홍보 캠페인도

법적인 강제도 사람들이 보편적으로 안전벨트를 착용하도록 만들지는 못했다. 그런데 1984년부터 안전벨트 미착용 운전자에게 40마르크의 벌금을 부과하자 사람들이 달라졌다. 토론은 한동안 계속됐으나 적어도 1986년에는 온갖 논란에 종지부가 찍혔다. 연방 헌법재판소는 안전벨트 착용 의무가 헌법에 위반되지 않는다는 판결을 내렸다. 당시 헌재에서는 교통사고 발생 시 안전벨트 미착용자가 다른 사고 피해자를 도와줄 수 없기 때문에 의무화는 합헌이라고 판단했다.[20] 다시 말해 안전벨트는 자기 목숨이 아닌 타인의 목숨을 지키기 위해 중요하다는 것이다. 2021년 코로나 백신 접종 의무화를 단기간에 도입할 당시 벌어진 논쟁에서 찬성하는 측의 주장도 이와 같았다.

우리가 다루던 심리 현상으로 다시 돌아가 보자. 단순히 반발만 문제가 될 뿐, 금지는 사람들의 행동을 지속적으로 바꿀 수 있다. 금지를 시종일관 끊임없이 관철시킨다면 말이다. 예를 들어 요즘 나는 레스토랑에 가서 아무런 방해 없이 내가 가장 좋아하는 일, 즉 음식을 먹는 행위에 집중할 수 있어서 정말 즐겁다. 아쉽게도 항상 그런 건 아니었다. 내가 기억하기로 상당수의 레스토랑에 흡연실이 생기기 시작한 것은 대략 20년 전이다. 어린 시절 우리는 분위기 좋은 음식점에 앉아 감자튀김을 곁들인 슈니첼을 먹으며 바로 옆 어른들이 후식으로 태우는 담배 향기를 직접 맡아야 했다. 비행기 안에서도 흡연자를 위한 좌석이 따로 있던 시절이 아니던가! 오늘날에는 상상도 하기 어려울 뿐 아니라 터무니없는 소리로 들릴지 모른다.

안전벨트 착용 의무화와 흡연 금지는 사람들이 새로운 상황에 아무 문제없이 적응할 수 있음을 보여 주고 싶을 때 자주 언급되는 사례다. 금지는 혁신을 이끌어 내기도 한다. 촉매제의 도입과 자동차 연료에 관한 새로운 규정은 이산화황 배출량을 98퍼센트나 감소시켰다.[21] 그래서 오늘날 산성비가 더 이상 심각한 문제로 떠오르지 않는 것이다. 프레온Freon으로 잘 알려진 염화불화탄소, 즉 CFC의 금지는 오존층 파괴를 막는 데 크게 이바지했다.[22] 더 나아가 금지는 이번 장에서 자세히 묘사하고 있는 사고 오류를 잘 다루기 위한 탁월한 해결책이 될 수도 있다. 그러나 항상 그럴 거라는 가정은 틀리기 마련이다. 결국 다시 철회해야만 했던 실패한 금지 사례를 찾아내는 것 또한 전혀 어렵지 않은 일이다.

1781년 1월 21일 프로이센Preußen의 프리드리히 2세Friedrich II.는 커피 로스팅 행위를 법적으로 처벌하는 이른바 커피 금지령을 선포했다.[23] 커피가 유행하자 일반 노동자들이 평소대로 맥주 수프를 먹는 대신 커피를 소비한다며 맥주 양조업자들이 불만을 제기했기 때문이다. 커피 소비의 증가는 당연히 지역 양조업자들에게 손해를 입혔다. 다른 한편으로 해외에서 비싼 돈을 주고 커피를 사와야 했기에 국가 경제에도 위협이 됐다. 커피 금지령의 선포 이후 감시자들이 등장해 거리를 돌아다니며 불법으로 로스팅한 커피를 찾아냈고 덕분에 밀수와 불법 거래가 성행했다. 커피 아니면 맥주, 독일인이 가장 사랑하는 음료 1위 자리를 두고 벌어진 다툼에서 최종 우승은 끝내 커피에게 돌아갔다. 물론 프리드리히 2세가 사망한 다음에야 비로소 가능했다.

특히 기호품 금지는 관철시키기가 더 어렵다. 1917년 미국에서는 보수당을 중심으로 알코올의 제조와 판매를 금지시킨 이른바 금주령이 도입됐다. 금주령은 원래 좋은 의도에서 등장한 법령이다. 즉 알코올 금지로 가정 내 여성에 대한 폭력을 줄이고 당시 치르던 제1차 세계 대전에서 자국의 군사력을 높이고자 했다. 그런데 금주령을 도입하면서 고려하지 않은 것이 있었다. 사람들은 결국 대안을 찾는다는 것이다.

도덕적 파급에서 살펴봤듯이 우리는 양심의 가책을 덜어 내기 위해 균형을 맞춰 줄 행동을 찾는다. 마찬가지로 사람들은 기본 욕구를 충족시키기 위해 대안을 찾는다. 하지만 알코올은 마땅한 대안이 없어서 미국의 금주령은 불법 밀수를 번성하게 만들고 이탈리아계 미국인 마피아가 급증하도록 이끌었다. 금주령이 없었다면 알 카포네도 그만큼 성공하지 못했을 것이다. 결국 1933년에 금주령은 폐지됐다.

오늘날에도 여전히 알코올 금지는 보건 정책 측면에서 우리가 내릴 수 있는 최고의 선택이기는 하다. 매년 약 7만 4천 명이 알코올 관련 질환으로 사망하며[24] 음주로 인한 교통사고로 중상을 입는 사람은 4천 명이 넘는 데다[25] 임신 중인 산모의 알코올 섭취로 정신적 결함을 안고 태어나는 아이는 1만 명에 달한다.[26] 세상에 술이 없다면 주먹다짐이나 학대 또는 성범죄를 얼마나 많이 예방할 수 있을지 가늠도 되지 않는다. 그러나 알코올 금지를 둘러싼 논쟁은 누구보다 적극적인 옹호자 측에서도 회의적일 수밖에 없다. 술을 포기하고 싶어도 동등한 수준의 회피 전략이 전혀 없기 때문이다.

심리학적 측면에서 보면 먼저 합리적 대안이 있어야 금지를 끝까지 밀고 나갈 수 있다. 무언가를 금지시키면 사람들은 곧바로 대체 전략을 찾기 마련이다. 환경 캠페인의 일환으로 물 소비를 줄여야 한다면 아마 우리는 전기 소비를 늘리면서 그럴 자격이 있다고 스스로 권한을 부여할 것이다.[27] 건강한 영양 섭취를 위해 식품의 칼로리를 줄여야 한다면 우리는 건강하지 않은 음료에 손을 뻗을 것이다.[28] 커피를 빼앗으면 사람들은 불법으로 조달한다. 반면 레스토랑의 실내 흡연 금지는 크게 문제가 되지 않는다. 실외로 나가서 담배를 계속 피우면 금지에 따른 상실을 다시 회복하기 때문이다. 안전벨트 의무화도 굉장히 어렵게 관철됐다. 하지만 1970년대 중반에 가서는 반발 행동이 일어나 "자유 시민을 위한 자유 통행"이라는 슬로건을 내건 소수 정당이 저항 운동을 벌이기도 했다.

반발은 선명한 규칙과 금지를 통해 필요하다면 얼마든지 해소할 수 있다. 스필오버, 즉 파급 효과나 인간의 회피 행동은 그럴 수가 없다. 이런 경우에는 금지를 공포하기 전에 먼저 대안을 마련해 둬야 한다. 1851년에 발표된 소설 《모비 딕Moby Dick》과 관련된 이야기로, 고래잡이 금지가 이를 잘 보여 주는 훌륭한 사례로 꼽힌다. 19세기 중반 포경선들은 누구나 탐내던 고래기름을 얻기 위해 사냥을 나섰다. 당시 온 거리는 불이 잘 붙는 고래기름 덕에 밝게 빛났다. 만약 당시에 고래잡이를 금지했다고 해도 사람들은 분명 계속해서 고래를 사냥했을 것이다. 고래기름이 부족해 가로등이 꺼진 어두운 거리에 앉아 있고 싶은 사람은 하나도 없었으니까.

그러던 중 두 가지 기술이 발전하면서 고래잡이를 멈추는 것이 끝내 가능해졌다. 1859년 8월 27일, 미국 펜실베이니아주에서 몇몇 이들이 땅속에 구멍을 깊이 내어 파헤치던 중 기름이 솟아올랐다. 당시만 해도

시추라는 개념이 없었기 때문에 이 사건은 유전 개발에 새로운 지평을 열었다. 또한 땅에 구멍을 파서 얻은 어마어마한 석유 덕에 거리를 밝히던 고래기름은 쓸모가 없어졌다. 게다가 몇 해 지나지 않아 기름 대신 전기로 가로등에 불을 밝히면서 고래를 사냥할 이유가 더 줄어들었다. 그 결과 고래잡이는 거의 중단됐다가 19세기 말에 가서 고래기름이 버터를 대체하는 마가린의 생산을 위해 필요해지자 다시 증가하기 시작했다. 그러다 1902년에야 비로소 식물성 기름이 마가린을 대체하는 데 성공했고 고래를 향한 새로운 압박은 차츰 사라졌다. 그사이 사냥은 계속됐으나 식물성 기름이나 석유 같은 대체 기름이 더 저렴해질수록 고래기름의 필요성은 더욱더 줄어들었다. 1946년부터 고래잡이는 가장 오래된 전 지구적 환경보호협약인 국제포경규제협약ICRW을 따른다. 하지만 이 모든 일은 대안적 기술이 개발되고 나서 금지가 시행됐기에 가능했다. 반대 방향으로 진행됐다면 궁지에 빠졌을지 모른다.

인류의 역사가 정말 진보의 역사라면 기술적 성취의 역사라고 말하는 편이 더 나을 것이다. 물론 모두가 다 끝까지 성공한 것은 아니지만 그래도 우리는 기술적 대안을 통해 심리적 방향을 재설정할 수 있는 가능성을 만들어 낸다. 그런데 무언가를 시행해도 아무 일도 일어나지 않는 데다 사람들도 자기 사고에 사로잡혀 있으면 아무리 의미 있는 규정이나 금지라 하더라도 사람들은 이내 적극적으로 저항하거나 심지어 완전히 왜곡해 버리기도 한다. 그럼에도 지속적으로 변화를 일으키고 싶다면 인간 고유의 사고를 한 걸음 더 깊이 들여다봐야 한다.

변화의 세 가지 기본 규칙

새로운 아이디어는 인간적 사고의 기본 동기와 서로 일치할 때 끝까지 관철된다. 신경심리학적 사고 모델을 모두 다 나열하며 독자 여러분들에게 부담을 주지 않기 위해 이 지점에서 나는 인간적 사고의 가장 중요한 추동력을 세 가지로 줄여 간단하게 정리하기로 했다. 그것은 바로 자유의 추구, 결과의 추구, 사회적 인정의 추구다.

우리 모두는 자유롭기를 바란다. 반발 행동에 관한 다수의 연구는 이를 확실히 입증한다. 누군가 우리에게 특정한 행동을 해야 한다고 말하면 우리는 일단 거부한다. 안전벨트 착용이든 금연이든 아니면 백신이든 상관없다. 인간의 기본적 관심사 중 하나는 스스로 행동을 결정하는 경험이다. 우리는 오로지 이런 방식을 통해서만 자유로운 결정을 내릴 수 있으므로 원칙적으로는 좋은 일이다. 게다가 인간의 두뇌는 우리가 무언가를 혼자 힘으로 얻었는지 아니면 단순히 그저 받았는지 사이의 차이를 상당히 크게 받아들인다.[29]

지속적 행복감은 우리가 모든 저항에 맞서 혼자 힘으로 무언가를 손에 넣었을 때에만 생겨난다. 이런 이유로 우리는 스포츠 같은 시합에서 이길 수 있다. 도박이나 복권에서 우연히 획득하는 것은 승리와 다르다. 저항이나 상대를 극복해서 얻은 승리는 우리의 두뇌에 당첨 같은 우연한 획득과는 다른 성취감을 준다. 다른 말로 하면 자유와 개별성을 강조하는 변화는 끝까지 성공할 가능성이 높다는 뜻이기도 하다.

안전벨트 착용 의무화는 독일인 다수의 의견에 맞서 전력을 다해 밀고 나가야 했다. 아이폰은 그러지 않았다. 노키아 휴대전화를 사지 말라는 법적 금지는 없었지만 형편없는 노키아 제품은 실패하고 말았다. 새로 등장한 아이폰은 2000년대 중반 널리 사용되던 전형적인 기성 휴대전화와 달리 개별성에 훨씬 더 무게를 두고 만들어졌기에 많은 사람의 선택을 받았다. 우리는 모두 자신이 무언가 특별한 사람이라고 생각한다. 이 세상에서 유일무이한 사람이라고 말이다. 당신도 그렇지 않은가? 그래서 우리는 누군가 이런 말을 해주기를 바랐는지 모른다.

다들 알다시피 애플의 전설적인 캠페인 광고 문구인 "다르게 생각하라Think different!"는 마치 세상의 모든 고집쟁이들을 칭송하는 노래처럼 들린다(조금 부드럽게 표현하면 개인주의자라고 할 수도 있겠다). "미친 자들을 위하여. 사회 부적응자들. 반항아들. 문제아들. 네모난 구멍에 맞지 않는 둥근 못들. 세상을 다르게 바라보는 사람들… 이들은 인류를 앞으로 나아가게 한다."[30] 1997년에 나온 애플의 광고 문구처럼 인간의 사고에 깔린 심리를 잘 활용한 경우도 없을 것이다. 그로부터 10년 뒤에 아이폰이 나오면서 광고에 담긴 약속은 비로소 완성됐다. 그리고 애플은 전 세계에서 가장 가치가 높은 기업이 됐다.

우리 모두는 스스로 무언가를 해냈다는 경험을 원한다. 매달 피트니스 센터에 가서 이리저리 아령을 들기 위해 80유로가 넘는 돈을 지출하는 사람들을 나는 잘 알고 있다. 누군가는 제정신이 아니라고 생각할지 모른다. 그들을 보며 고생을 하기 위해 생돈을 쓴다고 말할 것이다. 대체 왜 그러는 걸까? 더욱 나아지는 것은 인간의 가장 큰 추동력에 속하기 때문이다. 우리는 모두 어제의 나를 물리치려 한다. 아침에 일어나서

"오늘은 지난해 오늘보다 좋지 않았으면…"이라고 말하는 사람은 없을 것이다. 우리는 누가 시키지 않아도 자발적으로 외국어나 악기를 배우며 요리 강좌를 듣거나 마라톤 훈련에 참여한다. 세상에는 돈으로 살 수 없는 것들이 있기 때문이다. 유창하게 일본어로 말하거나 바흐의 무반주 첼로 모음곡 1번 G장조를 연주하거나 프랑크푸르터 크란츠Frankfurter Kranz 케이크를 직접 구워 내는 일처럼 말이다. 우리가 해낸 일을 실제로 보고 나면 즉시 우리는 행복해진다.

이는 우리의 직업적 삶에도 결정적인 영향을 미친다. 종종 우리는 성취감 있는 직업이 의미 있는 일이라는 말을 듣는다. 다르게 말해서 목적이 있어야 한다는 것이다. 그런데 인지적 관점에서 보면 터무니없는 소리다. 몰입flow에 이르며 자기 직업을 통해 행복해지려면 유의미한 목적이 아니라 구체적이고 실질적인 결과가 필요하다. 노동 조건이 맞지 않더라도 또는 자기가 성취한 것이 보이지 않더라도 우리는 얼마든지 의미 있는 활동을 하며 자신을 불태울 수 있다(돌봄이나 간병 영역에서 일하는 사람들에게 한번 물어보자). 환경 단체에 속해 그저 엑셀 표를 만들거나 공문서를 작성하는 사람은 언젠가 의욕과 흥미를 잃을지 모른다. 마찬가지로 늘 책상에 앉아 있는 사무직도 언젠가 자신의 본래 능력으로부터 완전히 멀어지게 된다. 프랑크푸르트의 대형 은행에서 일하다가 결국 금융 규제 업무에만 몰두하게 된 사람들을 나는 알고 있다. 월말이면 산더미 같은 돈을 받을 수 있으나 그럼에도 불구하고 이들은 정말 자기 능력으로 이뤄 낸 성과인지 확실히 알 수가 없어서 실제로는 그리 행복해하지 않았다.

이와 반대로 과연 의미가 있는지 사람들이 의아해하는 직업에 몸담으면서도 굉장한 성취감을 느끼며 일할 수 있다. 예컨대 세계 최고 수준의 무기를 생산하는 무기 공장에서 일하는 사람은 자신의 직업을 자랑스럽게 여기며 자기 능력으로 이뤄 낸 성과를 눈으로 확인할 수 있다. 자신이 스스로 해낸 결과는 적어도 개인적 동기의 층위에선 의미를 제압한다. 물론 이기적으로 들릴 수 있다. 그것은 인간에게 중요한 세 가지 추동력 가운데 마지막 하나가 아직 등장하지 않아서 그럴지 모른다. 세 번째는 지속적인 변화를 위해 반드시 충족돼야 한다.

우리는 모두 사회적 인정을 원한다. 독일에서 자율 소방대로 활동하는 사람은 백만 명이 넘으며 이에 더해 청년 소방대에서 자원 봉사를 하는 학생은 27만 명에 달한다. 이들은 타인을 구하는 일에 자발적으로 시간과 노력을 들이는 사람들이다. 그들은 돈으로 환산할 수 없는 무언가에 매료돼 봉사를 하는 것이다. 바로 누군가를 구했을 때 돌아오는 진심 어린 감사 혹은 그 집단에 소속됨으로써 얻는 사회적 지위 같은 것들이다. 주변 사람들의 긍정적 반응은 영원히 낡지 않는 유일한 것이다. 독일에 사는 다른 3천만 명의 사람들도 이를 잘 알고 있으며 어딘가에서 어린이 체육대회를 위해 케이크를 굽거나 연로한 이웃을 위해 대신 장을 보며 자원 봉사를 한다. 아이들의 반짝이는 눈동자나 이웃 할머니가 건네는 진솔한 감사의 말은 돈으로 살 수 없는 것들이다. 이러한 사회적 인정과 존중이 없으면 세상의 거의 모든 변화는 사멸할 것이다. 대단한 이기주의자도 언젠가는 자신을 인정하면서 어깨를 두드려 주는 몇몇 사람들이 필요해질 것이다. 그렇지 않으면 자신이 얼마나 멋있는지 전혀 알 수가 없다.

흥미롭게도 사회적 인정은 환경 문제에서도 지속적 변화를 위한 결정적 판단 기준으로 작용한다. 이번 장에서 인용한 수많은 연구 결과가 보여 주듯이 사람들은 정책이나 조치가 처음 설정한 목표에 반해 행동하는, 즉 반발하는 경향이 있다. 다른 한편으로 사람들은 이전에 친환경적 행동을 했을 경우, 에너지를 덜 절약하거나 심지어 도둑질을 감행하기도 한다. 또 다른 한편으로 사람들이 지속 가능한 행동을 하도록 동기를 부여하려면 자신의 행동이 사회적 지위와 연결돼 있음을 실질적으로 보여 줘야 한다.

특정 행동으로 인해 사회 안에서 높은 명망을 누리게 된다는 느낌을 직접 받으면 사람들은 같은 값이라도 더 고급스러운 물건 대신 환경 친화적 상품을 구매하려고 한다.[31] 간단히 말해서 구찌 가방 대신에 에코백을 산다는 것이다. 다만 친환경적 행동과 결부된 사회적 명망이 충분히 높아야 한다. 지금까지 소개한 일련의 연구들을 종합하면[32] 하나의 아이디어가 실패하지 않기 위해 가장 중요한 질문은 다음과 같다. 다른 사람들이 나를 어떻게 생각할까?

이제 우리는 좋은 아이디어가 언제 관철되는지 알고 있다. 사람들의 반발을 영리하게 활용해 기존의 아이디어보다 더 나은 대안을 제공하면 된다. 그리고 한 가지를 잊지 말자. 사람들은 결국 자기 행동이 인정을 받으며 누군가 어깨를 두드려 주길 바란다. 이따금 우리는 지극히 단순한 구조로 짜여 있다.

우리에게 미래가 상관없는 이유

지금 이 순간이 가장 중요하다고?

12
GESETZE
DER
DUMMHEIT

초등학교 3학년 때 우리는 프로젝트 주간 동안 자연과 환경이라는 주제를 다뤘다. 보통 어린 시절에는 동물과 식물의 행복을 위해 노력하는 걸 좋아하기 마련이다. 우리 반은 네 팀으로 나뉘어 각자 다양한 주제를 맡았다. 두 팀은 버려지는 플라스틱으로 인한 환경오염을 다뤘고, 한 팀은 온실 효과에 대해 논했으며, 마지막 팀은 오존층의 구멍에 집중했다. 여기서 주목할 점은 1990년대 초반, 그러니까 지금으로부터 거의 30년 전에 어린 학생들이 기후 보호를 위한 파업을 시작했다는 것이다.

오늘날 우리는 기후 변화가 얼마나 위협적인지 경고하는 말을 도처에서 듣는다. 수십 년 전 초등학교에서 다루던 학습 자료도 다르지 않았다. 그런데 모든 미세 플라스틱이 바다로 들어가 문제가 될 거라고 미리 예상한 사람은 누구일까? 이건 내가 답할 수 있다. 바로 우리, 바이터슈타트Weiterstadt 3학년 a반에서 환경 프로젝트 활동을 한 초등학생들이다. 요즘 나는 기다란 마카로니 면으로 생수를 마신다. 플라스틱 빨대 사용이 금지됐기 때문에 구역질이 날 만큼 싫지만 어쩔 수가 없다. 30년도 넘게 우리는 더 나은 해결책을 찾기 위해 고심했다. 그래도 다행히 오존층은 1990년대보다 월등히 더 나아졌다. 산성비 또한 사라졌으며 오늘날 우리는 그때보다 훨씬 더 적은 이산화탄소를 내뿜는다.

그럼에도 의문이 든다. 이처럼 많은 문제가 아주 오랫동안 널리 알려졌음에도 우리는 왜 이에 맞서 아무런 조치도 취하지 않는 걸까? 아니면 적어도 지금 눈에 보이는 발전을 긍정적으로 활용하기 위해 제때 적극적인 조치를 취해야 마땅하지 않은가? 환경 보호뿐 아니라 경제 분야에서도 마찬가지다. 성공적 비즈니스 모델이 점점 더 디지털로 전환돼 간다는 사실은 이제 전혀 새롭지 않다. 2000년 초에 열린 한 기술 콘퍼런스에서 당시 인텔의 독일 지사 사장은 인터넷이 경제적 가치를 창출하는 사슬의 핵심 요소라는 점을 주목하는 이들이 여전히 너무 적다고 말했다.[1] 오늘날 독일은 유럽 내 공공 기관의 디지털 전환 부문에서 21위에 불과하며[2] 독일의 기업은 그나마 13위에 올라가 있다.[3]

물론 20년 전만 해도 아직 인터넷에 대한 확신이 없었을지 모른다. 하지만 완전히 예상 가능한 변화들만 살펴봐도 우리가 얼마나 변화를 꺼리는지 쉽게 알 수 있다. 연금 시스템은 앞으로 수십 년 안에 감당하기 어려운 수준에 이를 것이며 세금을 통한 교차 보조금을 도입해야만 겨우 살아남을 수 있다는 사실은 굳이 연구하지 않아도 될 정도다. 2035년에 독일이 얼마나 고령화되는지 들여다보기만 해도 충분하다.

무엇보다 인구 통계를 살펴보면 놀라울 정도로 잘 계산돼 있지만 이는 자주 무시되곤 한다. 이주자가 없으면 2060년에 이르러 독일은 지금보다 노동력이 약 1천만 명 가까이 줄어들게 된다.[4] 오늘날 수공업자가 없다고, 또한 진료 예약을 잡기가 어렵다고 벌써부터 분노하는 사람들이 있다. 하지만 독일은 2045년까지 탄소 중립을 실현하겠다고 목표로 정했으니 다들 행운을 빈다!

독일은 왜 그리 쉽게 미래를 무시하고 과거를 돌아보며 만끽하는 걸까? 다른 나라들은 독일과 완전히 다르게 시대의 흐름을 파악하고 속도를 제대로 올리는 듯이 보이는 것과는 상당히 대비된다. 예컨대 미국의 텍사스에서는 극보수주의자 목장 주인이 자신의 드넓은 농지에 풍력 발전소를 세우기도 한다. 풍력이라는 비즈니스 모델이 소 사육보다 더 수익성이 좋기 때문이다.[5] 미국은 세상을 구하기 위해서가 아니라 이전보다 돈을 더 많이 벌기 위해 수십억 달러에 달하는 막대한 예산을 거침없이 투입해 경제 구조를 개편한다.

그사이 중국에서는 보조금이 없어도 될 정도로 전기 자동차 시장이 충분히 안정을 찾아 전기 자동차에 대한 구매 보조금을 폐지시켰다. 그러는 동안 독일의 자동차 생산업자들은 중국보다 그리 저렴하지도 않고 또한 그리 멋있지도 않은 전기 자동차를 내놓고 있다. 독일이 2010년부터 에너지 전환 정책을 추진하며 저렴한 화석 연료들과 작별을 고하는 사이, 사우디아라비아는 세계 최대 수소 생산국이 되기 위해 대대적 투자를 감행하고 있다. 전 세계적으로 에너지 생산 방식이 새로운 기술로 전환될 거라는 사실을 사우디의 에너지 장관도 잘 알고 있기 때문이다.[6]

결국 30년 뒤에도 어마어마한 돈을 더 벌겠다는 뜻이다.

어쩌면 다들 먼 미래에 무엇이 있든 우리와는 상관이 없다고 생각할지 모른다. 그러면서 자신의 행동을 바꾸기가 너무 어려운 나머지, 차라리 가만히 내버려두고 예전의 역사에 대해서만 이야기한다. 우리가 당장 무언가를 해야만 하는 영역이 수없이 많다는 것을 우리는 알고 있다. 그리고 우리는 무수히 많은 계획과 좋은 아이디어를 이미 가지고 있다. 그럼에도 우리는 아직 시작도 하지 않고 있다. 이는 우리가 (앞서 3장에서 살펴봤듯이) 단지 미래를 잘못 평가해서만이 아니라 우리의 사고가 두 가지 기본 오류를 저지르며 더 나은 미래를 차단하기 때문이기도 하다. 즉 우리는 미래보다 과거에 대한 생각을 더 선호하며, 지금 우리가 이미 가진 것을 붙들고 잘 놓지 않는다.

나는 (미래의) 나 자신과 아무 상관이 없다

시작부터 조금 충격적인 이야기를 하자면, 당신은 당신 자신이 무얼 하든 전혀 상관이 없다. 지금 이 순간은 아닐지 몰라도 미래의 당신은 현재의 당신에 대해 비판적 자세를 취할지 모른다. 두뇌는 누구를 생각하느냐에 따라 커다란 차이가 생긴다. 이는 우리의 두뇌가 자의식을 처리하는 방식 때문이다.

당신이 지금 이 책을 읽고 있다고 머릿속으로 한번 상상해 보자. 예컨대 당신은 편안한 의자에 앉아서 이 책을 손에 들고 있다. 이제 외부에서 당신을 바라보면 어떨지 상상해 보자. 즉 3미터 옆에 서서 당신이 어떻게 책장을 넘기며 독서를 즐기는지 관찰하는 것이다. 이 책을 '즐긴다'는 표현은 일종의 연상이니 이해해 주기를 바란다. 바로 이 순간 당신의 이마 뒤에 위치한 두뇌 영역, 그러니까 당신의 자기 인식에 주로 관여하는 전전두피질prefrontal cortex이 활성화된다. 물론 여기서 끝이 아니다. 동시에 당신은 바깥에서 당신이 어떻게 보일지 상상한다. 다시 말해 당신은 머릿속으로 자기 자신에 대한 생중계 영상 같은 추가적인 상상의 이미지를 만들어 내는 것이다. 이를 위해선 당신의 정수리 뒷부분에 위치한 두뇌 영역에 넓게 퍼진, 이른바 디폴트 모드 네트워크default mode network가 추가로 필요하다. 쉽게 말해 이곳은 기본 설정 연결망이라고도 불린다. 우리가 상상하고 정신적으로 이리저리 유랑하는 것이 두뇌의 기본 값이기 때문에 이와 같은 이름이 붙었다. 즉 당신의 이마 뒤 영역과 디폴트 모드 네트워크가 조화를 이뤄 당신 자신에 대한 하나의 상상이 만들어진다.[7]

이와 반대로 지금이 아니라 미래의 언젠가 당신이 의자에 앉아서 독서를 하는 모습을 스스로 상상하면 두뇌 전전두피질의 활성은 줄어든다. 다른 말로 하면 당신과 미래의 자신은 두뇌 안에선 서로 다른 인간이라는 뜻이다.[8] 또한 당신이 머릿속으로 떠올리는 미래가 더 멀리 있을수록 미래의 자신은 더욱더 낯설어진다. 즉 10년 뒤에 이 책을 읽고 있는 자신의 모습을 상상하면 당신의 두뇌는 이 책을 10년 뒤에 읽고 있는 다른 어떤 사람을 상상한다.

미래의 자신이 희생되면서 지금 우리의 삶은 더 가벼워진다. 우리는 이를 막을 수 없으며 어차피 미래의 자신은 낯선 타인과 같다. 사람들이 지금 이 순간에 더 많이 가지기 위해 미래의 자신으로부터 돈을 빼앗는 것도 놀랍지 않다. 보통 우리는 무슨 일이 있어도 손실을 피하려 한다(이런 상실에 대한 두려움은 우리 미래의 지속 가능성에 막대한 영향을 미치는데 11장에서 더 자세히 다룬다). 그러나 미래의 자신은 만만한 희생자다. 우리의 두뇌는 이처럼 특별한 경우에만 자기 미래를 희생시켜 현재를 살아가기 위해 실제로 뇌의 활성을 바꾼다. 즉 일반적으로 손실 방지를 위해 작동하는 제동 장치가 한층 느슨해진다.[9] 한 연구에서 보여 주듯이 실제로 사람들은 미래의 자신을 마치 낯선 사람처럼 추상적으로 묘사한다.[10]

미래의 자신을 현재의 자신과 동일시하지 않는 이유에서 우리는 달갑지 않은 과제를 종종 미루곤 한다. 결국 미래의 자신이 모든 것을 떠맡게 된다. 오늘 우리가 불량한 음식을 먹으며 건강하지 않은 일상을 보내고 충동적으로 물건을 사들이며 저축은 적게 하는 이유가 여기에 있다.[11] 그로 인해 30년 후 우리의 삶이 나빠진다 해도 지금의 우리와는 상관없는 일이다. 미래의 내가 감옥에 들어가 있더라도 결국 우리 두뇌는 그를 지금의 나와 다른 사람으로 인식하는 셈이다. 여러 연구를 통해서도 미래의 자신을 생각하지 않는 사람은 심지어 범법 행위를 저지를 준비도 돼 있다는 사실이 밝혀졌다.[12]

이처럼 미래에 낯선 사람들이 살고 있다고 인식하므로 우리는 미래보다 현재를 더 생각하게 된다. 설령 우리가 기본적으로 타인을 기꺼이 돕는다 하더라도 완전히 낯선 사람에게는 헌신할 준비가 돼 있지 않다. 가까운 예로 우리는 종종 미래 세대가 누구인지 잘 모르기 때문에 그들을 선뜻 희생시켜 살아가곤 한다. 자기 자녀나 손주가 있으면 미래를 더 생각할 거라고 이의를 제기하는 사람도 있을지 모르겠다. 그러나 미국에서 이뤄진 한 대규모 조사에서는 조금 다른 결과가 나왔다. 기본적으로 응답자의 절반 이상이 30년 뒤의 자기 자신에 대해 전혀 생각하지 않거나 아주 드물게 일 년에 한 번 정도 생각하는 편이었다. 게다가 자녀가 있든 없든 숫자는 크게 달라지지 않았다.[13] 단, 심각한 질병이나 가까운 사람의 죽음처럼 중대한 사건들만이 미래에 대해 더욱 깊이 생각하게 만드는 계기로 역할을 했다. 역설적이게도 자신의 유한함을 예감하기 시작하면 비로소 앞으로 무엇이 다가올지 심도 있게 생각한다. 너무 늦지 않았다면 말이다.

간단히 말해 우리는 순간을 살아간다. 우리는 미래와 아무런 관련이 없기 때문이다. 이 머나먼 미래는 각자 다른 어딘가에서 시작된다. 대체로 젊은 사람들은 미래 지향적 사고를 하며 이들에게 미래의 낯선 나 자신은 지금으로부터 불과 몇 년 뒤에 시작된다.[14] 반대로 나이가 지긋한 사람들은 자기 미래와 관련이 훨씬 적다. 이미 75년을 산 사람들은 대부분 자신이 30년 뒤의 시대를 더는 경험하지 못할 거라고 추정한다. 그뿐만 아니라 미래의 자신이 낯선 사람으로 느껴지는, 이를테면 제삼자의 시점으로 묘사되는 지점도 각각 다르다. 몇몇 사람들은 이런 시점의 전환이 현재로부터 1년 뒤에 시작되며 수년 후에 비로소 시점이 달라지는 사람들도 있다.[15] 하지만 그러다 언젠가 미래가 완전히 나와 무관해지는 순간이 온다.

당신은 할아버지의 할아버지 성함을 알고 있는가? 나는 모른다. 마찬가지로 150년 즈음 지나면 우리 모두의 이름은 진작 잊힐 것이다. 멀리 떨어져 있는 미래와 우리 사이에는 정서적 연결 고리가 없기 때문이다. 여러 뇌과학 연구에서 보여 주듯이 우리가 구체적으로 느끼지도 경험하지도 못하는 것은 우리와 관련성이 없다. 자신의 손주의 손주를 알게 될 리도 없는 상황에서 왜 노력을 들여야 하는지 의문이 들지도 모른다. 누구도 자신의 손주의 손주를 만나게 될 리는 없을 것이다. 그러면 우리의 두뇌는 내가 그를 알게 될 리도 없고, 또 그가 나를 알게 될 리도 없으니 자신이 누군가를 위해 노력을 들여야 할 필요가 없다는 결론에 이르게 된다. 150년 후의 인류를 위해 전력을 다하려면 우리는 위대한 이상주의자가 돼야 한다. 하지만 우리의 사고는 그러도록 만들어지지 않았다. 어쩌면 그래서 다수가 아닌 극히 소수의 사람들만이 미래를 위해 애쓰는지 모른다.

말하자면 우리의 두뇌는 이기적으로 사고한다. 이는 내가 응급처치 과정에서 새로 알게 된 것과 살짝 비슷하다. 응급처치에서는 타자 보호보다 자기 보호가 우선이라는 원칙이 통용된다. 내가 다른 누군가의 목숨을 구하길 원하면서 그러다 내가 죽어 버리면 내게 남는 것은 아무것도 없다. 혹은 미래를 위해 내가 오늘의 내 목숨을 희생하겠다는 생각을 버리지 않으면 (하지만 이 미래는 내가 절대 경험할 수 없는 것이라면) 내가 얻는 것은 아무것도 없다. 그래서 우리는 의심스러운 경우, 불확실한 미래를 위해 우리가 가진 것을 포기하는 대신 차라리 지키려고 한다. 이러한 우리의 행동을 좋게 볼 수도 있고 아닐 수도 있다(참고로 나는 아니다). 그러나 안타깝게도 우리는 원래 그렇게 생각하고 행동하도록 돼 있다.

빠른 접근, 많은 이득?

우리에게 미래는 이르든 늦든 아무 상관이 없다. 이는 현재 우리의 의사 결정 행동에 지속적으로 강력한 영향을 미친다. 당신에게 내가 두 가지 선택지를 제시했다고 한번 상상해 보자. 당신은 당장 100유로를 가지거나 아니면 1년 뒤에 110유로를 가질 수 있다. 둘 중에 당신은 무엇을 선택하겠는가? 대부분의 사람들은 전자의 유혹이 너무 크다고 느끼며 즉시 100유로를 손에 쥐려 한다. 연 10퍼센트라는 확실한 이자를 받을 수 있는 곳은 이제 어디에도 없다는 점을 감안하면 미친 짓이다. 그럼에도 사람들은 미래에 받을 무언가보다 즉각적 보상이 더욱 가치 있다고 여긴다. 다른 말로 표현하면 우리에게 1년 후의 110유로는 당장의 100유로보다 가치가 더 낮다. 게다가 높은 인플레이션에 분개하는 사람은 심리적 현금 가치의 절하를 훨씬 더 강렬하게 체감할 것이다. 즉 1년 후의 100유로는 우리에게 50유로 정도의 가치로 평가될지 모른다.[16]

흥미롭게도 이처럼 미래의 가치를 깎는 심리적 할인은 균일하게 이뤄지지 않으며 쌍곡선을 그린다. 다시 말해 비교적 가까운 미래는 심리적 가치 폄하의 폭이 두드러지게 크지만 시간이 흐를수록 점점 줄어든다. 실질적인 예를 들자면 당신은 2년 뒤에 100유로를 가지겠는가 아니면 2년 하고도 한 달 뒤에 110유로를 가지겠는가? 아마 여기서 당신은 두 번째 선택지를 고를 것이다. 이미 2년을 기다리고 나면 그다음 한 달은 금방 오기 때문이다.

미래에 대한 심리적 가치 절하는 연구를 통해 가장 많이 입증된 인간의 사고 오류 중 하나다. 그런데 이러한 사고 오류는 재무적 결정뿐 아니라 정서적 결정에도 적용된다. 똑같이 좋은 사건이라도 나중에 경험하게 되리라고 아는 것보다 지금 당장 경험하는 것이 우리를 더욱 기쁘게 만든다.[17] 아니면 거꾸로 뒤집어서 역겨운 음료를 지금 마실지 혹은 일주일 후에 마실지 선택해야 한다면 사람들은 미래의 자기 자신이 역한 음료의 반잔 정도는 충분히 마실 수 있다고 믿는다. 그 결과, 지금 당장은 최대 두 숟가락 정도만 마시려고 한다.[18]

그 이유 중 하나는 조금 전에 살펴봤다. 즉 미래의 자기 자신이 어떻게 되든 우리는 크게 신경 쓰지 않기 때문이다. 여기에 더해 우리의 의사 결정 행동은 현재의 영향을 받는다. 특히 남성들의 경우, 아름다운 여성의 사진을 보여 주면 충동적 행동을 하도록 미혹하기가 훨씬 쉽다. 이를 다룬 한 연구에서 남성들은 쉽게 유혹에 빠져, 나중에 주어지는 큰 금액의 돈을 기다리기보다 작지만 즉시 주어지는 금액의 돈을 손에 쥐었다.[19] 나에게는 그리 놀라운 연구 결과가 아니었다.

반면 같은 연구에서 드러난 여성들의 행동은 굉장히 의외였다. 매력적인 남성의 사진을 보고도 크게 감명을 받지 않은 여성들이 날렵하게 잘빠진 스포츠카 사진을 보고 나서는 더욱 충동적으로 행동했기 때문이다. 흔히 생각하듯 여성들이 멋진 차에 탄 남성에게 쉽게 반한다는 신화를 나는 늘 믿고 살았다. 그러나 연구 결과는 명백히 달랐다. 한 마디 덧붙이자면 위에서 인용한 연구 논문은 이미 수년 전에 발표된 것이다. 어쩌면 그동안 신분의 상징이 달라졌을지 모른다. 안타깝게도 나는 현대 사회의 신분 상징, 즉 해외여행에서 찍은 화려한 인스타그램 사진이나 소셜 미디어상의 많은 팔로워 수가 여성과 남성에게 동일한 영향을 끼치는지에 대해 연구한 논문을 아직 찾아내지 못했다. 아무튼 당분간 나는 계속 내 아우디 S5를 타고 동네를 돌아다닐 것이다.

농담은 이제 그만하고 위의 연구 결과가 우리에게 던지는 메시지를 들여다보자. 즉 사람들은 현재가 더 구체적이고 실질적이고 정서적일수록 더욱더 미래를 중요하지 않게 여긴다. 우리는 상당히 조급하며 미래가 아닌 현재의 삶을 가급적 최선을 다해 꾸려 보려고 노력한다. 그런데 이건 어리석은 걸까, 영리한 걸까? 상황에 따라 다르다. 40년 뒤에 투자 이익이 돌아오는 회사를 매입할 기회가 당신에게 생긴다면 투자를 하는 것은 확실히 어리석은 일이다. 40년 뒤에 무슨 일이 벌어질지는 아무도 모르기 때문이다. 그때까지 완전히 새로운 기술과 시장이 생겨나 우리가 이를 잘 활용할 가능성은 매우 높다. 장기적 사고에서 우리는 종종 인간의 적응력을 빠트린다. 다른 한편으로 우리는 미래를 희생시켜 현재를 살면서 불리할 경우 자기 자신을 소모시키는 충동적 행동으로 쉽게 이끌리곤 한다. 딜레마가 아닐 수 없다.

그래서 인내라는 덕목은 사람들 사이에서 높은 가치로 평가된다. 1990년대 초에 발표된 월터 미셸Walter Mischel의 마시멜로 실험을 당신도 알고 있을 것이다. 이 실험은 아주 귀엽고 재미있어 가장 인기 있는 심리학 실험 중 하나로 꼽힌다. 실험 방법은 간단하다. 미취학 아이들에게 마시멜로 같은 달콤한 간식을 하나 내놓으며 다음과 같은 제안을 한다. 마시멜로 하나를 바로 먹어도 되지만 먹지 않고 15분을 기다리면 인내에 대한 보상으로 두 번째 마시멜로를 주겠다고 하는 것이다. 벌써 눈치

챈 사람도 있겠지만 이는 앞에서 언급한 보상금 실험과 원리가 같다. 하지만 마시멜로 실험만의 특별한 점이 있다. 즉 실험에서 유달리 잘 참고 기다린 아이들이 나중에 커서 더 성공적 인생을 살게 됐다는 것이다. 예컨대 이들은 학교 성적이 더욱 우수하거나 좋은 일자리를 얻어 더 많은 돈을 번다고 한다.[20] 후속 논문에 의하면 인내심이 뛰어났던 아이들은 무려 40년이 지나서도 유혹적인 자극을 더욱 잘 견뎌 냈다. 이는 두뇌의 보상 중추가 충동적인 결정을 더욱 잘 억눌렀기 때문이다.[21] 이처럼 미래에 대해 깊이 생각하고 단기적 충동을 억제하는 사람은 더 성공적이고 천천히 나이 들며 더욱 건강하게 산다는 결론이 내려진다.[22]

그러나 시간이 흐르면서 마시멜로 실험과 같은 보상 지연 실험을 비판적으로 바라보는 시각도 생겨났다. 더 많은 표본으로 진행한 여러 후속 실험을 보면 이른바 마시멜로 효과가 상당히 미미하다는 것을 알 수 있다.[23] 최초의 마시멜로 실험은 미국 엘리트 집단의 아이들을, 즉 스탠퍼드대학교에서 일하는 사람들의 자녀들을 대상으로 진행됐다. 따라서 대체로 이들은 기다림이 가치가 있다는 것을 학습을 통해 확신하고 있었다. 반대로 비교적 형편이 좋지 않은 환경에서 자란 아이들에게는 보상의 지연이 아니라 주어진 기회를 즉시 붙잡는 능력이 성공에 이르는 지름길이다. 그러면 우리는 문자 그대로 우리의 미래는 우리와 정말 상관이 없으므로 단기적으로 생각하게 된다.

실행 중인 시스템을 절대 건드리지 마시오

현재를 향한 우리의 사랑을 구성하는 중요한 성분 중 하나를 이미 우리는 살펴봤다. 즉 미래의 자기 자신은 우리에게 생판 모르는 사람만큼 덜 중요하다. 우리는 무척이나 쉽게 미래의 자신을 희생시키며 현재의 자신이 절박할수록 미래의 자신에게 더욱 무자비해진다. 이로써 우리가 미래를 기꺼이 밀어내는 이유가 조금은 설명이 된다. 그런데 우리는 왜 해야만 하는 일을 알면서도 행하지 않는 걸까?

에어로겔Aerogel이라는 것을 들어본 적이 있는가? 에어로겔은 해면 같은 물질로 원래는 고체이지만 수많은 구멍이 나 있어서 마치 고체 연기처럼 보인다. 에어로겔은 거의 공기로만 이뤄졌기 때문에 단열재나 절연재로 사용할 수 있다. 비교적 새로운 기술이기는 하나 이 소재의 미래가 보장돼 있다고 당신은 말할 수 있는가?

2022년에 실시된 한 실험에서는 먼저 참가자들에게 에어로겔이라는 마법의 물질을 소개했다. 이어서 참가자의 절반에게는 에어로겔이 참가자가 태어나기 15년 전에 발명된 소재라고 설명해 줬다. 나머지 절반에게는 참가자가 태어난 지 15년 뒤에 에어로겔이 시장에 나왔다고 전해 줬다. 실험 결과는 놀라웠다. 에어로겔이 오래전에 나온 기술이라고 여긴 사람들은 이 기술의 활용 가능성이 매우 높다고 평가했다. 그러나 에어로겔이 자기보다 15년 늦게 태어난 기술이라고 믿는 사람들은 이 기술의 미래를 회의적으로 내다봤다.[24] 후속 실험에서 연구진은 동일한 조건으로 잘 알려지지 않은 60가지 기술을 가지고 실험을 반복했다. 그 결과는 똑같았다. 즉 이미 오래전부터 존재한 것들은 모두 실험 참가자들로부터 보너스 점수를 받았다. 인간의 이런 경향을 현상 유지 편향status quo bias이라고 부른다.[25]

현상 유지 편향 때문에 사람들은 이미 오랫동안 여기에 있었던 것을 고수하려고 한다. 새롭게 등장해 현황이 의심스러운 모든 것은 일단 비판적으로 바라본다. 바꿔 말하면 우리는 "실행 중인 시스템을 절대 건드리지 마시오" 같은 모토를 따르면서 지금 가진 것을 보호하려고 한다. 지금 가진 것과 다른 모든 것은 위협이 될 수 있기 때문이다. 그래서 우리는 레스토랑에 가서도 설령 다른 음식이 더 맛있을 수 있더라도 단골 메뉴만 주문한다. 정치 참여를 위한 투표에서도 경쟁자가 많을수록 사람들은 현직 후보를 더 선택한다. 무선랜 초기 비밀번호를 바꾸지 않고 16자리 숫자 조합을 그대로 적어 두는 것도 마찬가지다. 이렇듯 현상 유지를 고수해 얻는 장점은 매우 크다. 즉 우리는 많이 생각할 필요가 없다. 대신 애초에 기본 값으로 설정된 행동만 반복적으로 수행하면 된다. 나 또한 현상 유지의 장점을 유리하게 이용하기 위해 늘 파란색 셔츠만 입는다. 그 덕분에 옷 고를 때 들어가는 시간을 크게 아낄 수 있다. 무엇보다 파란 셔츠는 어디에나 잘 어울린다.

현상 유지 사고는 시간과 에너지를 절약해 준다. 그리고 아주 쉽게 습관이 된다. 언뜻 무해하게 들리지만 실제로 습관은 우리가 행동을 바꾸지 못하도록 만드는 결정적인 요소다. 습관은 우리 머릿속에서 가장 고집스러운 것으로 꼽힌다. 심지어 중독보다도 더 끈질기다. 담배를 끊는 것은 중독 행동의 관점에서 보면 그렇게 힘든 일도 아니다. 열흘만 지나면 실제로 모든 금단 현상은 역사 속으로 사라지며 인체는 니코틴 중독을 다 이겨 낸다.[26] 그러나 니코틴을 소비하는 습관은 그 기반이 다르다. 출퇴근하는 길에, 저녁을 먹고 나서, 정거장에서 차를 기다리며, 13시 30분 점심시간에 항상 불을 붙이는 습관처럼 흡연을 하기 전에 담배를 손에 쥐도록 만드는 모든 열쇠 자극key stimulus은 여전히 존재하며 우리의 두뇌는 흡연이라는 행동을 자동으로 불러낼 준비가 돼 있다.

우리는 이런 습관에서 절대로 벗어나지 못한다. 나쁜 습관을 버리려면 무조건 열심히 노력해야 한다는 흔한 말은 잊어버려도 된다. 습관이 처리되는 두뇌 영역은 자동화된 행동을 조절하는 기저핵basal ganglia으로, 우리의 의식이 접근할 수 없는 곳이기 때문이다.[27] 따라서 당신은 습관을 지울 수는 없어도 새로운 습관으로 덮어쓰기를 할 수는 있다. 그 결과, 당신이 열쇠 자극과 마주치면 곧바로 자동화된, 이를테면 루틴 같은 행동으로 반응하게 된다.

사람들이 결심을 하고도 자신의 행동을 쉽게 바꾸지 못하는 것처럼 오래된 사고 습관에 기꺼이 사로잡혀 있는 것도 신경생물학적 원인 때문이다. 우리는 안전을 가져다주는 것을 단단히 붙들고 놓지 않는다. 그리고 자신이 놓친 것을 결국 볼 수 없다. 오늘 내가 내린 좋은 결정에 미래의 나 자신이 기뻐하는 것을 현재의 내가 경험하지 못하듯이 우리가 놓쳐 버린 것을 우리는 경험할 수 없다. 그러니 우리는 이미 인간이 성취한 것으로 경솔하게 모험을 하다가 죽는 것이 아니라 좋은 아이디어를 실행으로 옮기지 않다가 죽음을 맞이할지 모른다.

우리가 정말 미래의 자기 자신을 낯설게 여기며 우리가 지금 가진 것을 오히려 고수하려고 한다면 미래를 위한 좋은 결정을 내리기란 사실상 불가능하다고 생각하기 쉽다. 다행히도 실제로는 그렇지 않다. 우리가 인간적 사고의 기본 원칙에 맞서 싸울 수 없다면 매번 패전을 거듭하고 말 것이다. 그러는 대신 우리는 인간 고유의 사고방식을 목표 지향적으로 이용해야 한다. 미래를 되도록 구체적으로 상상하며 그 미래의 시점에서 지금을 되돌아보는 것이다. 그러면서 오늘날 우리가 내릴 수 있는 최선의 결정이 무엇인지 질문을 던져야 한다.

사람들은 미래의 자기 자신을 능동적으로 경험할 수 있으면 더욱 노력을 들인다. 예를 들어 사람들에게 수년 뒤에 자신이 어떤 삶을 살지 구체적으로 상상해 보라고 청하면 그들은 미래를 덜 깎아내린다. 또한 더욱 사회 친화적으로 행동하거나 미래를 더 영리하게 대비한다.[28] 이론적으로 이런 기술은 관점의 전환이라 불린다. 즉 사람들에게 구체적 목표를 그리도록 요구하면 미래의 가치는 더 커진다. 그러면 미래는 더 이상 현재에 대한 위협으로 느껴지지 않는다. 또한 이전과는 달리 인간이 통제할 수 있는 방향으로 바뀌었기 때문에 미래에 대한 가치가 적극적이고 창의적인 역할을 맡는다.[29]

우리는 현재의 상태를 지키고 유지하기를 좋아한다. 현 상태는 우리에게 훨씬 더 높은 수준의 안전을 약속해 주기 때문이다. 그러나 주의할 점이 있다. 자기 힘의 정점에 도달한 운동선수는 적절한 시기에 자신을 비판적으로 돌아보지 않으면 다음을 보장받지 못한다. 당연히 우리 모두는 미래에 대해 알지 못한다. 하지만 미래는 누구에게나 닥친다.

복잡한 환경에 처하면 사소한 것을 붙드는 대신 포괄적인 목표를 염두에 두는 것이 최선의 결정일지 모른다. 안타깝게도 우리는 그러지 않는다. "나는 어디로 가야 할까? 무엇을 해야 가장 효과적으로 그곳에 도달할 수 있을까?"라고 묻는 대신 우리는 마치 습관의 동물처럼 최근의 결정으로 방향을 돌린다. 어제 이미 좋았던 것은 내일도 좋을 것이라고 생각하는 것이다.

2020년에 발표된 한 연구 논문에 의하면 심지어 사람들은 습관에 기대어 더 나은 지식에 반하는 결정을 내리기도 한다.[30] 바로 이것이 어리석음이다. 불확실한 세상 속에서 우리는 원래 가려고 했던 곳을 고려하는 대신 차라리 우리의 과거를 고수하려고 한다. 그 지향점에 대해 우리가 잘 알고 과거보다 더욱 잘해 낼 수 있음에도 말이다.

우리 앞에 새로이 놓여 정말로 발목을 잡는 커다란 방해물은 다름 아닌 우리의 습관적 사고, 즉 기존의 것을 고수하는 태도라고 할 수 있다. 흥미롭게도 대대적인 변화는 대략 수년 뒤에 유익을 가져다줘서가 아니라 대개 첫 순간부터 구체적이고 실질적인 유익이 돌아와야 끝내 이뤄진다. 공기 열로 난방을 하는 히트 펌프 장치를 설치하고 15년 뒤에야 비로소 가스 난방보다 더 많은 돈을 절약할 수 있다면 아무도 설치하지 않을 것이다. 우선 현재의 자신과 15년 뒤의 자신은 별로 상관이 없다. 혹여나 우리가 미래의 자기 자신을 진지하게 여기더라도 마찬가지다.

게다가 투자 이익이 더 늦게 돌아올수록 사람들은 더욱더 투자를 하지 않는다. 그때까지 수익성이 더 좋은 다른 기술적 대안이 나타날 가능성은 얼마든지 있기 때문이다. 하지만 곧바로 작은 이익이라도 생기면 비록 아주 작은 이익일지라도 사람들은 당장 새로운 시류에 편승한다. 심지어 자신의 습관도 바꾼다. 가까운 예로 이제 사람들은 오프라인보다 온라인의 가격이 미미하게나마 더 저렴하기 때문에 온라인에서 더 많이 장을 본다. 사람들이 영화를 스트리밍 서비스로 즐겨 보는 이유도 저녁에 영화관 좌석을 예매하는 것보다 접근성이 월등히 뛰어나기 때문이다. 이처럼 작지만 긍정적인 초반의 경험으로 대대적인 변화는 시작된다.

전자 상거래나 온라인 스트리밍의 경우, 주로 도시 사람들에게 강력한 영향을 미친다는 것은 또 다른 이야기이긴 하다. 하지만 계속되는 소매업의 죽음을 막으려면 다른 소비 방식과 비교해 조금이나마 더 나은 유익을 사람들에게 제공해야 한다. 그렇지 않으면 습관의 지속성이 너무 강력해서 좀처럼 이겨 낼 수가 없다.

나쁜 소식을 하나 전하자면 사람들에게 변화는 무척 어려운 일이다. 물론 좋은 소식도 있다. 일단 변화에 부딪히면 사람들은 종종 아주 빠르게 그리고 급진적으로 관철시킨다. 단, 우리가 불확실성을 지나치게 두려워하지 않는다는 조건에서 그렇다. 이건 또 다른 문제다. 다음 장에서는 인간이 이 불확실성을 정확히 어떻게 다루는지 살펴보려고 한다.

12
GESETZE
DER
DUMMHEIT

우리는 왜 그릇된 문제를 맨 먼저 푸는 걸까

위험을
바라보는 자세

12
GESETZE
DER
DUMMHEIT

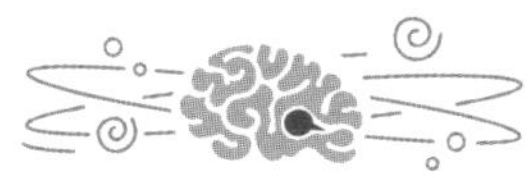

지금까지 여러 실험의 도움을 받아 함께 생각하고 이해하는 작업이 (바라건대) 순조롭게 이뤄졌기 때문에 이번 장도 함께하는 사고 실험으로 시작해 볼까 한다. 결국 당신도 이 책을 단지 재미로만 읽는 것은 아닐 것이다. 현재 당신이 어디에 있든 바로 그 자리에서 자신이 얼마나 분석적으로 사고하는지 한번 시험해 보자. 당신은 지금 한 실험실에 앉아 있다. 손에는 20유로가 들려 있고 다음과 같은 시나리오가 펼쳐진다.

당신의 눈앞에 무작위로 신호를 생성하는 기계가 하나 있다. 버튼을 누르면 빨간 신호 혹은 초록 신호가 켜진다. 눌러서 켜진 불이 초록색이면 아무런 일도 벌어지지 않으며 당신은 20유로를 가지고 집으로 갈 수 있다. 하지만 빨간색 불이 켜지면 당신은 벌금으로 20유로를 내놓아야 하며, 그 확률은 99퍼센트다. 이때 수중의 20유로를 가지고 투자를 할 수도 있다. 그걸로 무작위 신호 생성기가 항상 초록색만 나오도록 조작하는 것이다. 당신에게 기계 조작은 얼마 정도의 가치가 있는가? 이처럼 확실한 경우, 그러니까 기계가 99퍼센트로 거의 항상 빨간 불만 나온다면 아마 당신은 20유로 중 18~19유로를 투자해 적어도 약간의 돈을 받으려고 할 것이다.

무작위 생성기에 빨간색 불이 들어올 확률이 1퍼센트에 불과하다면 어떨까? 아마도 당신은 위험을 감수하면서 단 한 푼도 투자하지 않거나 그저 몇 센트 정도만 투자할 것이다. 그렇다고 해서 당신이 사회적으로 큰 문제를 일으키는 것도 아니다. 이와 유사한 실험에서 대부분의 참가자들도 당신과 비슷하게 행동했다.[1] 한마디로 통계적으로도 당신은 크게 벗어나지 않는다.

지금부터 실험의 출발점을 바꿔 볼까 한다. 다시 무작위 신호 생성기 앞에 앉은 상황이다. 하지만 이제 99퍼센트의 확률을 가진 빨간 신호가 켜지면 당신은 아주 불쾌한 전기 충격을 받게 된다. 이때 당신은 무엇에 얼마를 투자하겠는가? 아마도 당신은 아무 일도 일어나지 않는 데 10유로 정도를 투자하려 할 것이다. 그럼 무작위 생성기로 전기 충격이 나올 확률이 1퍼센트가 되도록 조작하는 데에는 얼마나 투자할 의향이 있는가? 실제로 대부분의 사람들은 99퍼센트 확률일 때와 거의 같은 금액을 투자한다. 전기 충격의 가능성은 그 정도로 불쾌함을 불러일으키는 조건이며 우리가 이전과 달리 신중하게 저울질하지 못하도록, 합리적으로 사고하지 못하도록 막는다. 즉 눈앞에서 벌어지는 전기 충격의 위험을 벗어나기 위해 우리는 기꺼이 필요 이상의 돈을 지불한다.

이처럼 전기 충격은 실험 대상의 분석적 사고 능력을 없애는 실험에서 자주 사용되는 방법이다. 일찍이 1970년대 초반에 앨런 모나트Alan Monat가 이끄는 연구팀은 이와 비슷한 실험을 진행했다.[2] 실험 참가자들은 한 공간에 모여 전기 충격을 받을 가능성이 50 대 50인 의자에 앉았다. 가능성이 반반인 전기 자극이 도달하기 전까지 참가자들 눈앞에선 카운트다운 시계가 돌아갔다. 사람들이 격렬한 스트레스 반응을 보이는 것은 너무도 당연했다. 손에는 땀이 났고 맥박은 올라갔다.

이후 실험 담당자는 전기 자극이 흐를 가능성을 20퍼센트로 낮췄다. 하지만 참가자들의 스트레스 반응은 변함없이 그대로였다. 전기가 흐를 가능성을 5퍼센트로 조절하더라도 실험 참가자들은 50 대 50의 상황과 동일한 수준의 스트레스를 받았다. 역설적이게도 전기 충격을 받을 가능성이 100퍼센트인 상황에서 사람들은 더 많은 스트레스를 받지 않았다. 5퍼센트든 100퍼센트든 우리의 기대 태도에는 아무런 차이가 없다. 가능성이 매우 높든 아니면 아주 낮든 상관없이 사람들은 전기 충격을 피하기 위해 거의 동일한 금액을 지불했다.

그 이유는 우리가 확률을 다루는 방식에 있다. 엄밀히 말해 우리는 확률을 제대로 취급할 줄 모른다. 확률에 담긴 숫자를 느끼지 못한다는 의미다. 달리 말하면 확률이 어떤 감각적 인상을 남기는지 감지하지 못한다. 원래 숫자는 우리에게 아무 말도 하지 않는다. 그래서 숫자를 현명하게 다루기란 무척 어려운 일이다. 강수 확률이 50퍼센트라면 하루의 절반만 비가 내린다는 말일까, 아니면 해당 지역의 절반만 비로 젖는다는 뜻일까? 만 명당 한 명꼴로 매우 드문 부작용이 있는 약을 복용하는 것은 10분 동안 햇볕에 누워 있는 것보다 더 위험할까? 구운 소시지 하나가 평균 기대 수명을 하루 정도 단축시킨다면 내가 쓰러져 죽기 전까지 내 인생에는 아직 1만 2775개의 소시지가 남아 있는 걸까? 혹은 내가 예상보다 일찍 세상을 떠난다면 더 좋을지도 모르겠다. 통계상의 기대 수명보다 이른 나이에 내가 죽는다면 독일에 사는 다른 남성이 그만큼 더 오래 산다고 보면 될까?

확률에 대해 논할 때면 이처럼 우리가 제대로 답할 수 없는 질문들이 꼬리에 꼬리를 물고 이어진다. 우리의 사고 체계가 숫자에 적합하도록 만들어지지 않았기 때문이다. 그래서 우리는 특히 백분율 숫자를 상상하는 일에 서투르다. 하지만 그다지 비관적으로 생각하지 않아도 된다. 보험료의 할증이나 예방 백신의 효과처럼 지극히 드문 경우에만 통계적으로 산출해 백분율로 나타내기 때문이다. 대부분의 경우 우리는 정확히 계산하지 않고 대충 어림잡아도 충분하다.

그러나 바로 여기에 문제의 핵심이 있다. 우리가 확률 같은 숫자를 다루는 데 너무 서투르기 때문에 눈앞의 위험을 잘못 평가하거나 결정적인 순간에 비합리적으로 행동하는 일이 벌어지곤 한다. 혹은 우리가 마지막까지 남아 있을지 모를 일말의 잔여 위험을 최소화하기 위해 지나칠 정도로 낭비하는 것도 마찬가지다. 우리는 그릇된 문제에 초점을 맞추며 적어도 똑같이 중요한 문제는 감춘다. 그리고 우리는 위험을 너무 두려워하는 나머지, 언젠가 더 이상 위험을 무릅쓰지도 못하게 될지 모른다. 진보와 발전에 의지하는 나라에서 이런 태도는 아주 값비싼 실수가 될 수 있다(참고로 이번 장에서 말하는 위험은 대부분 영어로 리스크risk를 뜻한다).

한 장의 사진은 천 마디의 숫자보다 더 많은 것을 이야기한다

우리는 기본적으로 위험을 나쁘게 평가한다. 우리는 분모 무시 denominator neglect라 불리는 사고 오류의 희생자가 되곤 하기 때문이다. 쉽게 말해 분모 무시 현상으로 인해 우리는 위험을 어떤 사건이 일어날 확률로 규정한다. 예컨대 벼락을 맞을 위험이 1/200000이면 벼락 맞는 사건(1)은 분수에서 분자 자리에 놓이고 발생 가능한 200000의 경우는 분모가 된다. 문제는 우리에게 분모가 중요하지 않다는 것이다. 우리는 오로지 사건만, 즉 분자만 의식하고 분수의 가로선 아래에 놓인 수가 20000이든 200000이든 아니면 2000000이든 더 이상 인식하지 않는다.

1/100000의 위험은 작다. 1/1000000의 위험도 작다. 그래서 사람들은 후자의 경우 90퍼센트를 더 아낄 수 있음에도 두 가지 시나리오에 똑같이 높은 수준의 보험료를 지불한다.[3] 근본적으로 모든 보험 산업은 우리가 분모 무시와 같은 사고 오류를 범하기 때문에 존재한다고 봐도 무방하다. 단순한 예를 하나 들어 보자. 당신이 소유한 자동차의 가치가 3만 유로이고 전손될 확률은 연간 1/1000이며 차량 전손 시 보상을 받으려면 30유로의 보험료를 내야 한다(보험료는 사고 발생 확률 곱하기 손해액으로 산정됐다). 당연히 당신은 보험에 30유로 이상도 지불할 것이다. 당신이 기꺼이 보험료를 내는 것은 만신창이가 된 자동차 사진이 당신 머릿속에 남아 있기 때문이기도 하다. 하지만 이런 사건은 1000년에 한 번 일어나는데 우리는 이 숫자를 느끼지 못한다. 마찬가지로 보험 회사

도 고객보다 더욱 잘 알아야 하는데도 불구하고 똑같은 사고 오류의 희생자가 된다. 심지어 재보험자들을 보호해 주다니 아이러니가 아닐 수 없다. 전 세계를 통틀어 재보험자가 가장 많은 세 나라는 다 독일어권이다. 다시 말해 독일어 문화권에서는 위험에 대한 두려움이 확실히 존재한다는 뜻이다.

사진은 숫자보다 더 많은 것을 말해 준다. 이를 반영하듯 학계에서는 작디작은 위험이라도 사람들이 제대로 평가할 수 있도록 보조 수단을 개발했다. 미국의 학자 로널드 하워드Ronald Howard는 약 40년 전에 마이크로모트micromort라는 단위를 처음으로 고안해 냈다.[4] 100만 분의 1을 뜻하는 마이크로micro와 죽음을 의미하는 모탈리티mortarlity를 결합한 마이크로모트는 특정 사건으로 사망할 위험도를 100만 분의 1 단위로 규정한다. 그로 인해 사람들은 1/1000000이라는 개념을 더욱 쉽게 상상할 수 있게 됐다.

1마이크로모트는 동전 던지기에서 스무 번 연달아 같은 면이 나올 확률과 비슷하다. 그 정도 수치라면 가능성이 굉장히 낮다고 당신은 말할지 모른다. 하지만 이 단위는 커다란 장점이 있다. 덕분에 우리는 발생 가능성이 지극히 낮은 위험들도 서로 비교할 수 있게 됐다. 마라톤 한 번 완주하기와 정기적으로 엑스터시ecstasy 소비하기 중에 무엇이 더 위험할까? 그 결과를 보면 아마 당신은 크게 놀랄 것이다. 마라톤 완주 1회는 7마이크로모트이며 엑스터시 소비 주 1회는 1.7마이크로모트에 불과하다.[5] 두 달 동안 흡연자 하나와 같이 사는 것은 1마이크로모트이고 아이 하나를 낳는 일은 170마이크로모트다.[6] 그러니까 분만 1회는

30년 가까이 담배 연기 속에서 간접흡연 하는 것만큼이나 위험하다는 뜻이다. 그럼에도 과감하게 개인적인 생각을 말하자면 새 생명을 세상에 탄생시키는 것이 자기 폐를 타르tar로 가득 채우는 것보다 더 낫다.

여기서 주의할 점이 있다. 즉 통계적으로 유의미하다고 해서 우리의 삶과 관련성이 있다는 뜻은 아직 아니다. 그런데 흥미롭게도 의학적 수술과 관련된 연구 논문을 보면 사람들이 1마이크로모트를 줄이기 위해 기꺼이 지불할 수 있는 돈은 약 50달러라고 한다.[7] 물론 이 말은 한 사람의 목숨이 1000000 곱하기 50달러, 그러니까 5천만 달러의 가치가 있다는 소리는 아니다.

영국의 통계학자이자 위험 연구자인 데이비드 스피겔할터David Spiegelhalter는 마이크로모트를 조금 더 이해하기 쉬운 이미지로 발전시켜 마이크로라이프microlife라는 지표를 개발했다.[8] 1마이크로라이프는 30분의 기대 수명을 나타낸다. 하지만 30분은 금방 바닥이 난다. 소고기 같은 적색육을 한 번만 먹어도 수명의 30분이 사라진다. 다행히 날마다 커피를 두세 잔 정도 마시면 다시 만회할 수 있다. 그러나 구운 소시지 하나와 커피 두 잔을 같이 섭취하면 건강에 그리 좋지 않으므로 둘의 조합은 조심해야 한다. 한편 여성은 남성에 비해 수명이 하루에 두 시간 가량 더 길다. 그리고 두 시간 동안 텔레비전을 시청하면 1마이크로라이프가 희생된다. 쉽게 말해 〈내기할까요?Wetten, dass...?〉 같은 인기 프로그램을 보느라 세 시간을 허비하면 남은 수명에서 도합 3시간 45분을 잃게 된다.

농담은 뒤로하고 다시 본론으로 돌아오면 우리는 이런 보조 수단의 도움을 받아 극히 작은 위험들도 서로 비교할 수 있다. 그럼에도 사람들은 현명한 결정을 내리는 데 어려움을 느낀다. 머릿속에 있는 그림이 상대적 발생 확률보다 더 중요하기 때문이다. 그 결과, 비합리적이고 어리석은 행동이 발생한다.

가령 방사성 폐기물로 인한 암 발생 확률이 1/100000이고, 천연 우라늄이 자연적으로 붕괴해 발생하는 라돈Radon 가스가 암을 유발할 확률이 1/100000이라면 무엇이 더 위험할까? 정확히 동일한 위험도임에도 사람들은 천연 라돈 가스보다 방사성 폐기물이 더욱 위험하다고 말한다.[9] 그리고 심지어 약간의 차이가 아니라 무려 4000배나 더 위험하다고 본다. 그래프로 표현한 도표와 설명을 접하고도 사람들은 방사성 폐기물의 위험도를 잘못 평가하며 자연 방사능의 위험도를 2000배나 줄인다. 아무리 그래도 더 나은 지식에 반해 잘못된 답을 내놓는 것은 기이할 정도다. 그뿐만 아니라 자연 발생 라돈 가스로 인해 독일에서 매년 1900명이 폐암으로 사망한다.[10] 이는 매년 교통사고로 사망하는 자동차 운전자 수인 약 1200명보다 더 많다.[11]

이와 비슷한 행동은 보험 산업에서도 나타난다. 사람들은 테러로 인한 항공 결항 보험에 다른 모든 위험을 보장하는 여행자 보험보다 더욱 많은 돈을 지불한다.[12] 바로 이런 비합리적인 행동 양식이 우리를 지극히 문제적 사고로 이끈다. 이는 우리가 불쾌한 감정을 바탕으로 통계를 참고하도록 만들기 때문에 쉽게 넘어갈 수 없는 문제다. 여기서 말하는 문제적 사고란 바로 제로 리스크 편향zero-risk bias이다.

제로여야 한다

이번 장의 초반에 다룬 전기 충격 실험을 다시 한번 간단히 살펴보자. 전기 충격이 가해질 확률이 50퍼센트든 20퍼센트든 아니면 5퍼센트든 상관없이 우리의 개인적 인식은 거의 비슷하다. 앞의 두 가지 경우 모두 아직 위협이 없기 때문에 우리는 50퍼센트의 확률을 20퍼센트로 혹은 20퍼센트를 5퍼센트로 떨어트리는 데 특별히 많은 돈을 지불하지 않는다. 그런데 5퍼센트의 위협을 0퍼센트로 낮출 수 있다면 상황은 달라진다. 이런 경우에 우리는 갑자기 어마어마하게 많은 돈을 지불할 의향이 생긴다. 이런 현상을 제로 리스크 편향이라 부른다. 말 그대로 무위험을 추구하는 경향을 뜻한다.

우리의 일상과 밀접한 예를 하나 들어 보자. 누군가 당신에게 살충제를 주면서 다만 15/15000의 확률로 아이들에게 중독증을 일으킬 수도 있다고 소개한다. 만약 당신이라면 그 위험도를 10/15000으로 내리는 데 얼마나 많은 돈을 지불하겠는가? 다른 살충제의 경우 원래의 위험도가 5/15000인데 이를 0으로 떨어트릴 수 있다면 당신은 얼마를 내겠는가? 만약 당신이 대부분의 사람들처럼 행동한다면 아마 세 배 이상의 돈을 기꺼이 내려고 할 것이다. 이때 살충제의 효과는 동일하다.[13]

완전 보장 보험을 드는 사람들도 흔쾌히 추가 금액을 지불한다. 절대적으로 안전하다는 느낌은 보상으로 충분하기 때문이다. 문제는 0에 가까워지는 마지막 퍼센트를 위한 비용이 계속해서 증가한다는 것이다. 이와 관련된 아주 실질적인 사례를 코로나 팬데믹 기간 동안 경험했다.

팬데믹 초기에는 무엇보다 질병 발생을 낮추는 데 초점을 맞췄다. 가령 질병 발생을 200에서 100으로 줄이는 것은 비교적 수월하다. 마스크 착용을 의무화하면 간단하게 해결된다. 그런데 100에서 50으로 떨어트리는 것부터 점점 어려워진다. 이제부터는 대인 접촉 금지, 대형 마트 인원 제한 등의 추가 조치를 시행해야 한다. 나아가 50에서 25로 내리기는 더욱 힘들며 더 많은 비용이 들어간다. 엄격한 접촉 차단 또는 상점 폐쇄 같은 조치로나 가능할지 모른다. 아직까지는 투입되는 비용이 비교적 적은 편이다. 질병 발생을 25에서 0으로 낮추려면 가장 엄격한 조치를 취하면서 사람들을 집 안에 가둬야 하기 때문이다. 하지만 가혹한 제로 코로나Zero-COVID 정책은 제대로 작동하지 않는다. 그 이유는 중국에게 물어보면 된다.

흥미롭게도 독일에서도 제로 코로나 전략과 관련된 아이디어가 잠깐 동안 여러 토크쇼에서 등장했다. 이는 제로 리스크 편향을 보여 주는 아주 전형적인 사례이기도 하다. 다행히 지금 우리는 더 현명해졌다. 제로 리스크 정책으로도 치명적인 바이러스를 저지할 수는 없다. 물론 이 말은 우리가 특정 위해의 위험도를 극단적으로 줄이기 위해 애쓸 필요가 없다는 뜻이 아니다(나 또한 바이러스학 연구실에서 일한 적이 있기 때문에 이런 종류의 위해를 잘 알고 있다). 그럼에도 우리는 위험을 줄이기 위해 들어가는 비용이 끝없이 올라가는 바로 그 지점을 놓치지 않도록 항상 주의해야 한다.

위험에 대한 굴절 이상

더 나은 지식에 반해 우리는 마지막 남은 약간의 위험에 맞서 싸우려 한다. 문제는 우리가 그릇된 문제에 집중한다는 것이다. 그런 탓에 위험을 잘못 평가하기도 한다. 그리고 특정 문제에 대한 두려움은 다른 문제들을 우리의 시야 밖으로 밀어낸다.

독일과 유럽은 일반데이터 보호규정Datenschutz-Grundverordnung, DSGVO을 시행하면서 세계에서 가장 엄격한 개인정보 보호지침을 따른다. 지난 백여 년 동안 다양한 정보기관을 통해 체계적으로 감시해 온 나라에서 우리는 과연 다른 무언가를 기대할 수 있을까? 내가 미국에 머물 때면 개인정보를 감시당할지 모른다는 독일인 특유의 두려움에 사람들이 고개를 가로젓곤 했다. 미국에서는 데이터가 오가는, 이른바 트래픽traffic을 정보기관이 감시하는 것을 당연하게 여기면서 다들 크게 상관하지 않았다. 여기에는 긍정적인 면도 있고 부정적인 면도 있는데 적어도 일관성은 있다.

독일에서는 주정차 위반 차량의 사진을 찍으면 소송 절차를 밟게 된다. 그리고 개인정보 보호법에 의거해 2023년 초부터 더 이상 사진 촬영이 불가능하다.[14] 또한 행사에서도 참가자 하나하나가 사진을 찍어도 된다고 동의해야만 촬영이 가능하다. 동시에 사람들은 인스타그램이나 왓츠앱에 최신 상태 업데이트용으로 휴가 사진을 올리고 건강관리 앱에 자신의 건강 데이터를 부지런히 모아 둔다. 이 데이터는 곧 해외 어딘가에 있는 서버에 저장되거나 민감한 상업용 데이터로 분류돼 온라인 번역 프로그램에 입력된다. 독일인의 79퍼센트가 연구를 위해 자신의 건강 데이터를 기부하는 것에 찬성한다.[15] 하지만 환자 기록을 전자화하는 제도의 실행에 대해 이야기할 때는 사람의 목숨보다 개인정보의 보호를 앞세우곤 한다. 물론 그럴 수 있다. 그러나 언젠가 다음의 사고 오류로 미끄러져 들어갈 수 있다는 것을 주의해야 한다. 즉 행동을 아예 취하지 않음으로써 부정적인 결과를 초래하는 부작위 편향omission bias에 빠질지 모른다.

특히 건강 문제와 관련해 독일에서 유전자 변형 식품에 찬성하는 사람은 4분의 1도 되지 않는다.[16] 하지만 80퍼센트에 달하는 독일인이 코로나 예방을 위해 유전자 재조합 기술로 만든 mRNA 백신을 접종했다. 영국의 여론 분석 기관 유고브YouGov가 2020년에 실시한 한 표본 조사에 따르면 유럽인의 3분의 2 이상이 새로운 유전자 변형 생물체들을 자연에 풀어놓는 것을 반대했다. 그들은 이들의 "자연 방사가 생물의 다양성이나 인간의 건강에도, 농업이나 평화에도 해를 끼치지 않는다는 사실이 과학적으로 증명될 때까지 찬성할 수 없다"고 답했다.[17] 우리는 모두 〈쥬라기 공원〉의 대혼란 속에서 한 과학자가 남긴 말을 아직도 선명하게 기억한다. "자연은 길을 찾을 것이다… 자연은 통제할 수 없다." 제로 리스크에 대한 이러한 궁극적 요구로 인해 유전자 공학이라는 주제는 완전히 결말이 났다. 오스트리아 출신 영국 철학자 칼 포퍼Karl Popper 이후로 우리는 이미 알고 있다. 부존재를 증명하는 것은 불가능하다. 그리고 위험의 부존재도 마찬가지다.

다시 말하지만 여기서 개인정보 보호나 유전 공학이 좋은지 나쁜지를 논하려는 것이 아니다. 제로 리스크, 즉 무위험은 발생과 발전이 아예 일어나지 않는다는 뜻이다. 실생활에서 무위험은 실현할 수가 없다. 납득하기 어렵거나 혹은 비용이 너무 많이 들기 때문이다. 정말 0으로 줄일 수 있는 위험이 과연 있을까? 그래서 우리는 신중하게 저울질을 하며 불가피한 위험을 감수한다. 예를 들어 독일의 고속도로 아우토반에선 매년 약 320명이 사망한다.[18] 속도를 제한하면 우리는 교통사고 사망자 수를 줄일 수 있다. 내가 추정하기로는 시속 100킬로미터로 제한하면 200명으로 줄일 수 있으며, 제한 속도를 시속 80킬로미터로 낮추면 아마도 아우토반에서 목숨을 잃는 사람은 150명 정도로 떨어질 것이다. 하지만 그런 식으로 생각하다 보면 열렬한 속도 제한 지지자들이 어느 정도의 사망자 수를 받아들이는 결과를 맞게 될 것이다. 사망자가 아예 없는 경우는 속도가 0일 때나 가능하기 때문이다.

다르게 표현하면 과학 기술을 배제하거나 아니면 언제나 남아 있는 위험을 받아들이거나 둘 중 하나를 택해야 한다. 잔여 위험은 누군가에게는 높을 수도, 다른 누군가에게는 낮을 수도 있다. 그러나 무위험은 일종의 환상이다. 그럼에도 불구하고 독일인은 온갖 보험과 법적 규제로 무위험에 도달하길 바란다. 부디 한 가지를 유념하자. 안전을 향한 열망이 너무 커서 이를 실현하려고 지나치게 노력을 들이는 바람에 오히려 우리에게 해를 입히는 지점을 놓쳐 버린다면 결국 우리는 어리석은 행동을 하게 될 것이다. 우리가 항상 위험을 절대적으로 피하려고 했다면 불도 바퀴도 글쓰기도 자전거 타기도 텔레비전 시청도 바비큐 그릴도 아마 허용되지 않았을 것이다. 하지만 걱정할 필요는 없다. 그럴에 구운

스테이크 한 덩이는 0.01마이크로모트에 불과하고 아이 하나를 출산하는 것은 스테이크 1만 7천 덩이를 굽는 것만큼 위험하다. 그러니까 그릴은 제법 안전하다는 말이다.

그릇된 문제 풀기

사람들은 마지막까지 남아 있는 일말의 위험에 맞서기 위해 지나치게 많은 돈을 투자하는 경향이 있다. 이런 식으로 위험을 잘못 평가하면 그릇된 문제부터 풀어 버릴 수 있으므로 심각한 문제다. 이러한 현상을 과학에서는 최악 우선 휴리스틱worst-first heuristic이라고도 부른다. 쉽게 말해 보통 우리는 최악의 경우를 향해 돌진하는 탓에 다른 문제들을 시야에서 놓친다. 2023년 초에 한 논문에서 이러한 행동 양식을 구체적으로 분석했다. 연구진은 3500명 이상의 실험 참가자들에게 발생 가능성이 지극히 낮지만 해결하지 않을 경우 커다란 해를 입힐 수 있는 문제 또는 일어날 가능성이 매우 높지만 그저 미미한 해만 초래하는 문제 가운데 무엇을 먼저 풀지 결정하도록 했다. 만약 당신이 이번 장을 주의 깊게 읽었다면 사람들이 어떤 결정을 할지 예상할 수 있을 것이다. 실험에 참가한 사람들은 훨씬 더 빈번히 발생하지만 피해는 극도로 적은 문제에 힘과 자원을 집중하는 대신, 아주 드물게 일어나지만 맞서 싸우면 더욱 큰 효과를 낳는 이른바 최대 상정 사고Maximum credible accident를 피하려고 노력했다.[19]

우리는 빈번해서 스펙터클하지 않은 사건보다 규모가 크고 떠들썩한 단일 사건에 더 비중을 두는 경향이 있다. 그 밖에 또 다른 이유가 있다. 우리는 압박을 받으면 위험에 관한 정보를 다르게 인식한다. 탈 원자력 발전을 해야 할지 아니면 탈 화석 연료가 먼저일지를 고민하는 것처럼 여러 선택지가 서로 경쟁을 하면 우리는 곧 위험이 낮은 쪽보다 고위험에 관한 정보에 의미를 더 부여한다.[20]

만약 인근에서 원자력 발전소가 폭발하면 일상이 완전히 망가질 수 있다는 것은 누구나 알고 있다. 따라서 화력 발전에 따른 지속적인 대기 오염으로 인한 만성 중독사보다 원전 참사로 인한 처참한 결과를 우리는 더 무서워한다. 또한 우리는 기후 재앙의 불가피성을 두려워한다. 하지만 전문 인력 부족이라는 본질적 문제는 우리의 눈에 잘 들어오지 않는다. 안타깝게도 전문 인력 부족이라는 단어는 다소 까다로워서 사람들이 문제의 위험을 제대로 인식하지 못하게 만든다. 예를 들어 이제 우리 집을 고쳐 주고 새로운 히트 펌프를 설치해 주고 효율적인 전력망을 위해 일할 사람이 더 이상 없다면 한 나라가 어떻게 대대적인 변화를 이룰 수 있겠는가? 하지만 전문 인력 부족이라는 말은 사람들에게 상당히 지루하게 들린다. 인재 고갈이나 인력 아포칼립스 아니면 전문성 몰락 같은 표현이라면 조금 달라질지 모른다. 이처럼 사람들의 경각심을 일깨우려면 조금은 자극적으로 마케팅을 해야 한다.

상대적으로 덜 스펙터클한 위험의 심각성을 시야에서 놓치는 방식도 종종 필요하다. 이때 우리는 최악의 경우에 초점을 맞춘다. 그러면 비합리적이고 엉뚱한 아이디어로 넘어갈 수 있다. 2023년 초 원자력 발전소의 가동을 모두 중단하기 전, 독일에서는 블랙아웃blackout에 대비한 비축용으로 북해에 떠 있는 유류 발전소를 계속 운영하는 것을 진지하게 고려했다. 다시 말해 원자력 발전소의 위해를 막기 위해 물개들이 서식하는 북해 앞의 비축용 유류 발전소를 상시 돌리려고 했다. 하지만 물개와 발전소가 함께 놓인 그림이 너무 끔찍해서 이 아이디어는 이내 파기됐다.

최악의 경우에 초점을 맞추면 과잉 반응으로 이어지기도 한다. 코로나 팬데믹 동안 독일은 5억 5천만 회분이 넘는 백신을 사들이느라 100억 유로 이상을 지불했다.[21] 단순히 계산해도 독일에 사는 모든 사람이 같은 종류의 백신을 일곱 차례나 접종할 수 있는 분량이다. 면역학을 조금이라도 아는 사람이라면 당시와 같은 팬데믹 상황에서 백신의 과잉 보유는 불필요하다는 사실을 일찍부터 우려했을 것이다. 유럽 가스 위기 때도 같은 잘못을 저질렀다. 독일에서는 당시 러시아에서 들여오던 가스의 양보다 많은 저장 용량의 액화 천연 가스LNG 터미널을 지었다(우크라이나 전쟁 이전에 독일은 약 550억 세제곱미터의 가스를 러시아로부터 공급받았다. 2023년 초에 완공될 LNG 터미널은 최대 770억 세제곱미터에 달하는 가스를 저장할 수 있다).[22] 앞으로 가스에 대한 수요가 계속 줄어들 전망은 반영되지 않았다.[23] 이제 독일은 언젠가 LNG 터미널을 친환경 수소 에너지를 위해 활용하는 날이 오기를 바라는 수밖에 없다.

이 같은 행동 양식을 실험실이라는 통제된 조건에서 분석한 다수의 연구 결과를 보면 사람들이 분명히 잘못된 위험 인식으로 인해 그릇된 문제를 맨 먼저 푼다는 것을 확인할 수 있다. 실험실을 벗어난 현실에서는 문제 하나를 풀어내면 또 하나의 새로운 문제가 생겨날 수 있으므로 더욱 심각하다.

예컨대 코로나 팬데믹 기간 동안 항공기 운항이 대거 중단되면서 관광 여행 또한 크게 줄어들었다. 기후 보호 관점에서는 전적으로 긍정적인 효과를 낳았다. 반면 아프리카에는 예상치 못한 영향을 미쳤다. 수백만의 관광객들이 아프리카로 여행을 떠나지 않는 바람에 멸종 위기종의 보호가 난항에 빠진 것이다. 아프리카의 몇몇 국가에서는 사파리 관광지와 사바나 호텔의 수입이 없으면 현지에서 자연 보호에 힘쓰고 불법 밀렵에 맞서 싸우는 사람들에게 돈을 지급할 수 없다. 그 결과 짐바브웨의 흐왕게Hwange 국립공원에서만 2020년 초 여름에 밀렵 행위가 8천 퍼센트나 증가했다.[24] 그 결과 자연 보호의 일부는 수포로 돌아갔다. 그렇다면 앞으로 우리는 기후에 나쁜 영향을 미치는 케냐행 비행기 운항을 중단해야 하는 걸까? 관광으로 인해 현지에 사는 코뿔소들이 더욱 잘 보호된다 하더라도, 그리고 아프리카로 돈이 흘러들어갈 뿐 아니라 문화 교류 또한 장려되더라도 말이다. 이렇듯 복잡다단한 세상에서는 하나의 결정을 내리기란 항상 쉽지만은 않다.

넘어지는 자만이 더 단단하게 다시 일어날 수 있다

우리는 부유하고 배부르며 늙은 나라에 살고 있다. 지난 수십 년 동안 우리는 지금의 풍요와 안락을 쌓아 올렸으며 현재의 상태를 지켜야만

한다. 당연히 이는 우리의 사고방식과 심리적 태도에서도 드러난다. 캘리포니아에 살았을 때 나는 독일과 전혀 다른 방식으로 지어진 버클리의 집들을 바라보며 상당히 놀란 적이 있다. 독일에서는 벽이 거의 1미터 두께에 달해 영원히 버틸 만한 집을 짓는다. "그거 알아, 헤닝?" 같이 연구하던 동료 하나가 나에게 말했다. "여기서 우리는 그런 식으로 지을 수 없어. 언젠가 지진이 닥칠 거라는 사실을 우리는 알고 있으니까. 그래서 우리는 차라리 빠르게 다시 세울 수 있는 건물을 지어." 빠르게 다시 일어서는 것은 캘리포니아 사람들이 가진 삶의 자세라고 할 수 있다. 반면 독일에 사는 사람들은 절대 넘어지지 않으려고 한다. 그런 까닭에 독일인은 흔들릴 수 있는 모든 것으로부터 스스로를 지키려고 한다.

개인적 이야기를 잠시 하자면 나는 엔지니어 집안 출신이다. 그래서 나는 고작 신경과학을 전공하는 것에 대해 변명을 해야 했다. 무언가를 만들고 개발하는 사람들이 가득한 집안에서 뇌과학자는 이른바 검은 양, 이단아나 다름없는 취급을 받는다. 물론 독일처럼 자연의 위험을 철저하게 제어하려는 나라들도 있기는 하다. 일본의 경우 첫 지진에 바로 무너지지 않도록 지진의 진동에 같이 흔들리는 내진 설계로 집을 짓는다. 실로 굉장한 방식이다. 또 네덜란드는 지난 수년 동안 해수면이 20센미터 가량 상승한 북해에 간척지를 만들어 국토의 상당 부분을 확대해 왔다.[25] 미국에서는 찾아보기 어려운 사고방식이다. "우리는 엔지니어를 그다지 중요하게 여기지 않아." 미국인 동료가 농담처럼 말했다. "기술직은 신문 지면을 장식할 수 없으니까." 미국에서는 뉴올리언스에 홍수가 났을 때 가족을 구한 어느 소방관의 소식이 이미 5년 전에 루이

지애나의 제방에 배수 시설을 구상한 어느 엔지니어 사무실보다 더 많이 보도된다. 위험을 방지하는 일은 매력적이지 않지만 독일인은 좋아한다. 그래서 1인당 평균 여섯 개의 보험 계약을 맺고 있다. 그 덕분에 독일인은 전 세계적으로 최상위 집단에 속해 있다.

당연히 위험에 대비하지 않는 것은 어리석은 일이다. 그런데 위험을 지나치게 회피하는 것 또한 우리에게 오는 기회도 놓치게 하므로 어리석은 일이다. 이는 앵글로 색슨에 비해 유독 독일의 문화에서 두드러지는 위험 회피적 사고방식 때문이기도 하다.[26] 평범한 일상에서는 거의 눈에 띄지 않지만 과감한 결정을 내려야 할 순간이 오면 독일인은 다른 곳의 누군가가 기회를 잡도록 내버려둔다. 다르게 표현하면 캘리포니아 사람들은 독일인보다 두려움이 덜하고 더 많은 돈을 거머쥔다.

미국에서 나는 스타트업으로 이미 실패한 경험이 있는 창업자들에게 투자하는 몇몇 투자자들을 알게 됐다. 이들은 다음과 같은 모토를 따랐다. "언젠가 누구든 넘어진다. 하지만 나는 그 자리에 계속 머무르는 사람과 함께할 생각이 없다. 차라리 나는 다시 일어날 수 있음을 보여 준 사람과 같이 일하고 싶다." 반면 독일에서는 개인 사업을 하다가 실패하면 개인 신용 평가서 슈파Schufa에 부정적인 기록이 남는다. 만약 사업에 실패한 누군가가 다음번에 투자를 받으려면 행운을 비는 수밖에 없다. 심지어 슈파 점수가 충분하지 않으면 월세 집조차 구하지 못한다.

무위험은 해결책이 아니다

더 부유하고 나이 든 사회일수록 더욱더 위험 회피적 경향을 보인다. 나이가 지긋한 사람들이 젊은 사람들보다 위험을 더 기피하기 때문이다.[27] 쉽게 말해 많이 가진 사람은 잃을 것도 많은 법이다. 반면 정신력이 정점에 달한 20대 후반의 경우 아직 부양할 가족이 없고 대출을 갚아야 하는 집도 없으므로 과감하게 모든 힘을 쏟아붓기를 마다하지 않는다. 두뇌의 생물학적 노화도 분명 중요한 역할을 한다. 오른쪽 두정엽parietal lobe의 신경 세포가 줄어들면서 나이 든 사람들은 위험을 감수하는 결정을 가능하면 덜 내리려고 한다.[28] 인간의 가혹한 운명처럼 보일지 모르나 (만약 당신도 나이가 조금 있다면) 안심해도 된다. 다행히 교육과 계몽은 연령이 높아져도 위험을 무릅쓰도록 만들어 주기 때문이다.[29] 결국 가장 전도유망한 길은 위험을 거부하는 것이 아니라 계산된 모험을 감수하는 데 있다.

하지만 우리는 바로 그러한 모험 감수를 유독 잘 못한다. 수년 전에 한 독립 매체에서 독일인의 투자 행동을 분석한 결과에 따르면 독일인은 위험 회피 분야에서 세계 챔피언이라고 한다. 스위스와 스칸디나비아를 제치고 독일은 아무것도 잃지 않는 걸 가장 중요하게 여기는 나라로 정상에 우뚝 섰다.[30] 일단 무언가를 해야만 이득을 취할 수 있는 가망성이 뒤따른다. 2022년에 발표된 한 논문에서 보여 주듯이 위험 회피를 선호하는 노쇠한 사회는 고유의 경제적 성장을 더욱 억누르기 때문에 아주 위험하다.[31] 부디 오해하지는 말자. 맹목적으로 위험을 무릅쓰자는 말이 아니다. 참고로 과감하게 돌진하는 유형은 주식 시장에서 이미 수십억을 날렸다. 나는 2000년대 초반 독일의 나스닥NASDAQ이라 할 수 있는 신흥 기업 중심의 주식 시장 노이어 마르크트Neuer Markt가 몰락할 즈음 적극적으로 주식에 투자했다. 그리고 당대 주식 시장의 영웅들은 다 감옥에 들어갔다.

다른 한편으로 한 가지를 분명히 짚고 넘어가야 한다. 오로지 스스로를 보호하고 방어하는 데만 집중하면 결코 세상을 변화시킬 수 없다. 우리 삶의 모든 영역에 해당되는 원칙이다. 가령 디지털화도 마찬가지다. 2023년 초에 나온 스탠퍼드대학교의 인공 지능 지수 보고서AI Index Report는 인공 지능 분야 데이터를 전 세계적으로 수집하고 분석해 미래의 발전 가능성이 얼마나 되는지를 각각 비교해 놓았다.[32] 놀랍게도 가능성이 가장 열려 있는 상위권 국가에 중국과 인도 그리고 멕시코가 올라와 있었다. 한마디로 잃을 것은 적고 얻을 것은 많은 나라들이다. 하위권은 프랑스, 캐나다, 독일 그리고… 미국이 차지했다. 나로서는 상당히 놀라운 결과였다. 내가 알기로 하위권에 속한 국가들이 과학 기술에 회의적인 곳이 아니기 때문이다. 아니면 내가 모르는 사이에 다들 위험 회피와 자기 보호 쪽으로 방향을 돌리기라도 한 걸까?

미래에 대한 모험적인 결정을 내릴 때 우리는 항상 그 결정과 함께 발생하는 위해를 먼저 생각한다. 하지만 우리가 늑장을 부리느라 미래의 기술이나 발전을 놓쳤을 때 감수하게 되는 위험에 대해서는 거의 상상하지 않는다. 우리가 인공 지능을 폐쇄적으로 대하면서 발전하지 못할 사업은 무엇일까? 우리가 공중 보건을 디지털화하지 않아서 구하지 못할 귀중한 인명은 어디에 있는 누구일까? 현명하게 투자하기보다 지금 가진 것을 지키는 일이 우리에게 더 중요한 까닭에 우리가 망치게 될 미래 세대의 기회에는 무엇이 있을까?

우리는 위험을 잘못 평가할 뿐 아니라 기회에 비해 위험에 대한 평가가 지나치게 박하다. 독일인은 조금 다르게, 위험과 위험을 서로 비교하면서 차악을 선택한다. 예를 들어 대학 시절 나는 내부 벽이 두꺼운 목재로 이뤄진 건물을 정기적으로 드나들었다. 당연히 문화재 보존 건축물이었다. 화학 연구소 옆을 둘러싼 널찍한 나무 벽은 화재 예방 차원에서 보면 그다지 좋은 아이디어는 아니었다. 결국 독일이라는 위험 사회는 최후의 결전을 벌여야 했다. 문화재 보호 대 화재 예방. 과연 누가 이겼을까? 화재 예방이 승리했다. 하지만 그것도 문화재에 적합한 방식이어야 시행할 수 있었다.

산다는 것은 그 자체로 모험을 뜻한다. 우리는 인생에서 가장 중요한 결정들을 항상 불확실한 순간에 내린다. 정말 확실한 것은 수학에나 있다. 5+5=10. 이건 결정의 결과가 아니라 계산 문제를 풀이한 답이다. 하지만 삶은 수학이 아니다. 우리가 비합리적 이유로 위험을 잘못 평가하지 않도록 결정적 순간에 다시 계산을 하며 검토하는 것은 당연히 수고를 들일 가치가 있다. 이번 장에서 나는 이를 보여 주는 사례를 충분히 소개했다. 그러나 위험을 다룰 때 우리가 저지르는 가장 큰 오류는 비이성적 두려움 때문에 아예 결정을 내리지 않는 것이다.

생각해 보면 결혼처럼 인생에서 제일 흥미진진한 문제는 언제나 위험하고 모험적이다. 만약 당신이 결혼을 하면 당신의 데이터베이스는 객관적이고 통계적인 관점에서 빈약해진다. 결혼이라는 인생의 결정을 내리기 전에 아마 당신에겐 수많은 혹은 몇몇의 아니면 단 하나의 연인이 있었을 것이다. 통계학자라면 빈약해진 데이터베이스에 매우 놀란 나머지 머리를 부여잡을지 모른다. 그런데 여기서 끝이 아니다. 결혼을 하면 당신은 성공적인 결혼 생활이라는 측정 불가능한 환경에 처하게 된다. 성공적인 부부 관계를 가늠하는 지표는 어디에도 없다. 7년이 넘도록 여전히 같이 살면 성공한 결혼일까? 떨어졌다가 7년 뒤에 다시 만나 산다면 성공적일까? 아이 셋을 낳으면 또는 모든 비과세 혜택을 철저하게 누리면 성공적인 걸까? 결혼 후에는 빈약한 데이터베이스에서 그치지 않고 아무것도 측정할 수가 없다. 그럼에도 사람들은 결혼을 한다. 인생에서 가장 아름다운 일은 언제나 약간의 용기가 필요한 법이다.

하지만 세상은 위험을 지나치게 두려워한 사람들에 의해 만들어지지 않았다. 만약 인간이 모험에 소심한 반응을 보였다면 아직도 석기 시대 동굴이나 사바나 초원 어딘가에 앉아 있을지 모른다. 인간이 당당하게 전진하지 않았다면 지구상의 거의 모든 지역에 정착하지도, 새로운 아이디어를 떠올려 발전시키지도, 혹은 우주 공간을 탐사하지도 못했을 것이다. 그래서 이번 장의 끝부분은 다시금 전기 충격 실험을 되돌아보며 맺을까 한다.

실험실이라는 통제된 조건에 놓인 참가자들에게 확률이 50 대 50인 전기 충격기를 사용할지 아니면 전기 충격을 아예 받지 않을지 선택하라고 하면 어떤 행동을 보일까? 전기 충격을 받지 않는 절대적 안전이 보장된다면 작동할 가능성이 반반인 전기 충격기를 손에 쥘 정도로 미친 사람은 없을 거라고 생각할 것이다. 그렇다면 그 생각은 틀렸다. 실제로 진행된 실험에서 작동 가능성이 있는 전기 충격기를 잡은 사람들은 다섯 배나 많았다.[33] 모두 우리가 호기심이 강하기 때문이다. 이처럼 인간은 호기심을 충족시키기 위해 위험을 감수한다.

호기심은 인간의 가장 강력한 욕구다. 심지어 안전을 추구하는 욕구보다 앞선다. 그러니 흔히 말하는 낙원을 특별히 안락한 곳이라고 상상하지 말기를 바란다. 낙원은 세상에서 가장 지루한 곳이다. 그곳에선 모두 다 안전하고 평화로우며 즐겁다. 이는 인간의 본성과 어긋난다. 우리는 최고로 위대한 아이디어와 최악의 어리석음을 모두 다 스스로 생각해 냈다. 하지만 근본적으로 인간은 새로운 무언가를 시도하도록 설정돼 있다. 그리고 우리 앞에 닥칠 문제들은 결코 작아지지 않을 것이므로 그런 자세를 계속 유지해야만 한다. 당연히 우리는 합리적 방식으로 위험을 주의 깊게 다루면서 이따금 혼란스러운 머리 대신 계산기를 두드려 결정을 내려야 한다. 그러나 언제나 용기를 가지고 앞으로 일어날지 모를 실수를 무릅써야 한다. 어쩌면 아무것도 하지 않는 것이 실수일지 모른다.

12
GESETZE
DER
DUMMHEIT

그리고 우리의 시야는 어떻게 확장되는가

모두가
나만 바라봐

12
GESETZE
DER
DUMMHEIT

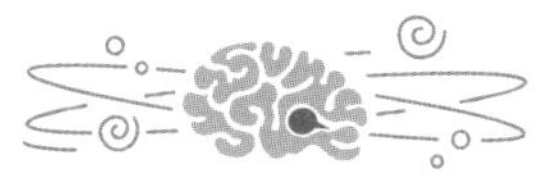

2020년 5월 29일, 연방 보건부 장관 옌스 슈판Jens Spahn은 프랑스 일간지 〈르 몽드Le Monde〉에 독일의 성공적 코로나 팬데믹 대처를 다루는 칼럼을 게재했다. 기사의 제목은 다음과 같았다. "왜 독일은 이 위기를 비교적 잘 극복하고 있는가?"[1] 기사에서 그는 독일의 과감하고 단호한 대응과 우수한 보건 의료 체계 덕분에 유럽의 다른 나라들과 비교해 독일이 코로나 위기를 매우 잘 다스리고 있다는 설명을 덧붙였다.

당시만 해도 유럽 지도에 이웃 국가들의 코로나 발생 현황을 표시하던 시절이었다. 스페인, 프랑스, 이탈리아의 코로나 확진자 수가 하늘 높은 줄 모르고 치솟는 동안 독일은 초록빛 섬처럼 홀로 낮은 발생률을 자랑했다. 분명 모든 것이 순조롭게 흘러가지는 않았다. 그럼에도 독일의 대처는 최고 수준이었다. 정말 온 세상이 독일을 바라봤다.

2020년 4월 14일 독일의 주간지 〈슈피겔〉은 런던의 데이터 분석 싱크탱크 딥 날리지 그룹Deep Knowledge Group에서 전 세계 코로나 관리 현황을 비교한 보고서를 소개하면서 다음과 같은 표제를 달았다. "다른 국가들과 비교해 독일은 한참 앞서 있다!" 더 정확히 말하면 독일은 전 세계에서 2위를 차지했다. 유일하게 스위스는 이기지 못했다.[2] 독일은 이를 흡족하게 여겼다. 슈판은 미국의 텔레비전 인터뷰를 통해 독일이 무엇을 잘 대처하고 있는지 설명하며 프랑스도 독일의 길을 따라 이 위기를 헤쳐 나가는 중이라고 말했다.

잠깐 동안 독일은 세계 최정상에 있었다. 그런데 당시 독일이 알지 못한 것이 하나 있다. 즉 코로나 팬데믹 동안 독일이 거둔 성공의 상당 부분은 타이밍 덕분이었다. 다른 나라들은 코로나에 맞서 훨씬 더 엄격한 조치를 취했음에도 불구하고 바이러스가 일찍이 사회 전반에 퍼지는 바람에 더욱 심각한 타격을 입었다. 만일 이탈리아처럼 운이 나빴다면, 예컨대 유럽축구연맹UEFA 유로 결승전 같은 슈퍼전파superspreading 행사에 사람들이 대거 모였다면, 또한 바이러스가 아직 알려지지도 않은 채 이미 4주 동안 나라 곳곳을 떠돌아다녔다면 독일도 모범생이 아니라 낙제생이 됐을지 모른다.

적어도 1년 뒤부터, 그러니까 2021년 이후로 독일의 보건부 장관이 프랑스 신문에 조언을 건네는 일은 더 이상 없었다. 2022년부터 독일도 팬데믹 기간 내내 초과 사망률 수치에서 선진 산업국 가운데 상위 3분의 1에 속했다.[3] 팬데믹 동안 전염 과정에서 특히 불운을 겪었던 스페인보다, 이전에 슈판이 팬데믹을 어떻게 이겨 내야 하는지 가르쳤던 프랑스보다, 독일이 항상 비판한 특별한 길을 고집하던 스웨덴보다 독일은 높은 순위를 차지했다.

부디 오해하지는 말자. 독일은 여전히 위기를 잘 통과하고 있다. 독일은 기록적인 속도로 백신을 개발해 막대한 피해로부터 국민을 지켜 줬다. 팬데믹이 앞으로 어떻게 전개될지 당시에는 그 누구도, 심지어 슈판도 알 수 없었다. 또한 수많은 정책적 실수는 용납이 된다. 보건부 장관도 그저 한낱 사람에 불과하다. 여기서 흥미로운 지점은 우리의 팬데믹 관리 실태가 아니라 팬데믹 발발 초기에 독일이 가졌던 자만심이다. 그때 독일은 온 세계가 자신들을 감탄스럽게 바라본다고 생각했다.

"독일적인 것으로 다시 한번 세상이 치유돼야 한다." 1861년 독일의 시인 에마누엘 가이벨Emanuel Geibel은 자유롭고 평온하며 통일된 독일의 국가 체제가 평화적인 유럽을 위한 본보기가 돼야 한다는 글을 썼다. 상당히 많은 국가가 자기중심적이다. 영국인들은 아직도 스스로 '대영 제국British Empire'이라고 생각한다. 미국인들은 '미국을 다시 위대하게 만들기Make America Great Again'를 원할 뿐 아니라 오래전부터 스스로 '지구에서 가장 위대한 국가(미셸 오바마가 한 말이기도 하다)'라고 여겼다.[4] 그리고 프랑스는 여전히 '위대한Grandeur' 국가를 꿈꾼다. 독일도 비슷한 말을 한다. 그런 가운데 프랑스 경제는 지난 15년 동안 위축됐으며 독일은 2022년에 경제력 분야에서 미국의 최대 주인 캘리포니아에게 추월당했다.[5] 또한 브릭스BRICS(브라질, 러시아, 인도, 중국, 남아프리카) 국가들은 국내총생산GDP 분야에서 처음으로 G7보다 높아졌다.[6] 독일은 여전히 자신이 세상에서 제일 크고 강하다고 생각한다. 그러나 음악은 전혀 다른 곳에서 울려 퍼지고 있다.

이러한 현상을 심리학에서는 스포트라이트 효과spotlight effect라고 부른다. 말하자면 내가 항상 중심에 서 있고 다른 모두가 나만 바라본다고 느끼는 것이다. 그러면 독특한 방식으로 편협해진다. 즉 다른 사람의 입장을 직접적으로 거부하는 것이 아니라 다른 사람이 나와 입장이 다를 수 있다는 생각을 더 이상 하지 못하는 쪽으로 치달으면서 문제가 된다. 스포트라이트 효과는 가장 많이 연구된 심리학 현상 중 하나이면서 다른 문제적 사고들과 종종 동반해 나타난다. 이들은 의사 결정 행동에 중대한 영향을 미치며 극도로 개인적인 입장에서 잘 벗어나지 못하도록 방해한다.

조명을 향한 갈망

몇 달 전에 나는 동생의 생일을 맞아 가족들을 만나러 갔다. 그러면서 일부러 옛날 옛적에 동생이 선물로 사 준 하얀 셔츠를 입었다. 물론 단순한 셔츠는 아니고 조그마한 고래와 상어 그림이 온 사방에 그려진 옷이었다. 아무리 재미를 위한다고 해도 온전한 정신에 자발적으로 그런 옷을 입고 생일 파티에 가는 사람은 없을 것이다. 하지만 나는 고래를 좋아하기 때문에 그리고 적어도 가끔은 꽤나 미친 사람처럼 굴기에 그 셔츠를 입고 갈 용기가 있었다.

나는 그 옷을 걸친 채 생전 처음 보는 수십여 명의 파티 손님들과 인사를 나눴다. 이런 현상을 분석한 심리학적 연구 사례를 잘 알고 있었음에도 나는 기분이 그다지 좋지 않았다. 나는 다른 사람들이 계속 나를 쳐다본다고 거듭 생각했다. 누가 저런 괴상망측한 셔츠를 입나 싶어서 다들 고개를 자꾸 돌리는 듯 느껴졌다. 실제로 내 셔츠에 고래가 그려져 있다고 주목한 사람은 극히 드물었다. 대부분은 그저 무늬가 강렬한 셔츠로 보거나 아예 들여다보지도 않았다.

이처럼 스포트라이트 효과는 지극히 개인적 층위에서 일어난다. 우리는 다른 사람들이 특별히 나만 주의해서 본다고 생각한다. 정작 대다수 사람은 다른 사람이 무엇을 하든 전혀 상관하지 않는다. 지금으로부터 20년도 전에 뉴욕에 있는 코넬대학교에선 내가 생일 파티에서 벌인 것과 정확히 일치하는 셔츠 실험을 학생들과 함께 진행했다. 모두 젊은 대학생로 이뤄진 실험 참가자들은 고래 그림이 잔뜩 그려진 셔츠는 아니지만 가수 배리 매닐로Barry Manilow의 얼굴이 찍힌 부끄러운 티셔츠를 입어야 했다. 그는 당시 젊은 사람들이 선호하는 가수가 아니었고 유명인의 얼굴이 박힌 옷은 인기 있는 스타일도 아니었다. 참가자들은 그 티셔츠를 입고 강의실에 들어가 실험과 무관한 다른 학생들 무리에 섞여야 했다.

당연히 참가자들은 모든 시선이 자신을 향한다고 느꼈다. 그러나 현실은 달랐다. 실험 결과 강의실에 있던 학생들의 20퍼센트만 그 티셔츠를 주의해서 봤다. 참가자들은 강의실 안의 절반이 자기 티셔츠를 기억할 거라고 생각했지만 실제로는 절반도 되지 않았다.[7] 그런데 참가자들은 스스로 긍정적 기대를 품고 있을 때, 다른 학생들의 반응을 더욱더 예측하지 못했다. 다소 부끄러운 배리 매닐로 사진이 아니라 멋지고 훌륭한 마틴 루터 킹 주니어Martin Luther King Jr.나 밥 말리Bob Marley의 얼굴이 들어간 티셔츠를 입었을 경우, 실험 참가자들은 자신에 대한 주목도를 현실보다 무려 여섯 배나 과대평가했다. 다르게 표현하면 누군가 스스로 끝내주게 멋있다고 여겨도 타인은 상대방이 그러거나 말거나 상관이 없다는 뜻이다.

대체 왜 그러는 걸까? 널리 통용되는 가설 중 하나는 우리의 사고가 애초부터 든든한 지지대를 늘 찾도록 설정돼 있다는 것이다. 즉 방향을 알려 주는 기준점을 가지고 우리는 현실을 비교하려고 한다. 우리 손에 항상 들려 있는 것은 바로 우리 자신이다. 우리는 언제나 자기 자신을 우리 내면에 세워진 평균적인 나 자신과 비교한 다음, 평균에서 벗어나는 모든 편차를 과도하게 강조한다. 그래서 사람들은 이마에 여드름이 나거나 머리를 제때 다듬지 않은 상태로 밖에 나가면 온 세상이 자신을 바라본다고 생각한다. 한마디로 우리는 주변 환경에 자신이 미치는 영향을 굉장히 과대평가한다.

예를 들어 나는 여행을 자주 다니는 편인데, 여행지에 가면 주로 저녁을 혼자 먹는다. 맨 처음 밥을 혼자 먹을 때만 해도 대단한 결의가 필요했다. 말하자면 일종의 혼밥 극복기가 있었다. 세상에 누가 혼자 밥을 먹으러 가는 것인지 의아해할 정도였다. 그리고 기댈 곳 하나 없는 불쌍한 바보처럼 초라하게 앉아서 레스토랑 손님들의 동정 어린 시선이나 한껏 받을 거라 생각했다. 그런데 누군가 혼자 레스토랑에서 밥을 먹는 모습을 당신이 얼마나 많이 봤는지 떠올려 보라. 분명 꽤나 자주 봤겠지만 구체적으로는 기억이 나지 않을 것이다. 그건 당신과 무관한 일이기 때문이다.

스포트라이트 효과는 언뜻 보면 재미있고 소소한 사고 오류처럼 느껴질 수 있다. 귀엽고 자기중심적이며 기이한 버릇처럼 보이기도 한다. 원래 우리의 사고는 자아 주변을 맴돌길 좋아하며 결국 두뇌는 우리 몸에서 가장 중요한 기관이다. 적어도 나의 두뇌는 내게 그리 말한다. 그러나 실제로 스포트라이트 효과는 개인을 넘어 집단의 인식을 왜곡시키기도 한다.

2014년에 진행된 한 흥미로운 실험은 스포트라이트 효과가 일어나는 현상을 명확히 설명해 준다. 연구진은 여성 참가자들에게 헤드폰을 쓰도록 하고 같은 공간에 있는 다른 남성 대학생 참가자들과 함께 짧은 라디오 방송을 듣게 했다. 헤드폰에서는 이산화탄소 배출 문제나 과학기술 분야에 여성이 적은 이유를 다루는 방송이 흘러나왔다.

실험에 참가한 여성 참가자들은 모르는 것이 하나 있었다. 즉 남성 참가자들은 실험에 대한 정보를 이미 알고 있었고 실험이 진행되는 특정 시간 동안 참가 여성들을 바라보기만 하면 됐다. 그럼에도 결과는 확실했다. 과학계에 여성이 적다는 소식을 들을 때, 여성 참가자들은 자신이 50퍼센트 가까이 더 많은 주목을 받았다고 생각했다.[8] 여기서 문제는 이처럼 자신을 중심에 놓는 경향은 자기충족적 예언으로 이어질 수 있다는 것이다. 이른바 고정 관념 위협stereotype threat이 더 뚜렷하게 나타날 수 있다. 다시 말해 여성은 수학을 잘 못한다는 고정 관념을 믿도록 만들기는 남성보다 여성이 훨씬 더 쉽다.

대부분의 여성들은 평생 동안 고정 관념에 물든 발언을 넘치도록 자주 들어서 이를 고유의 약점으로 여긴다. 또한 사실과는 달라도 실제로 자신이 수학에 약하다고 생각한다. 그러면서 자연 과학을 전공하는 길을 일찍이 접는다.[9] 남에게 해를 주지 않는 자기중심주의는 이런 식으로 명백한 사회적 문제가 된다. 오늘날의 과학 지식 사회는 이 문제를 감당할 수 없다. 얼마나 많은 위대한 아이디어들이 떠오르지도 못한 채 사장됐을까! 단지 우리가 터무니없는 인식 하나를 오랫동안 밀어붙였다는 이유로 말이다.

이에 대한 해결책은 그리 어렵지 않다. 사람들의 그릇된 생각을 빼앗으면 된다. 사람들은 기본적으로 다수의 의견을 제대로 평가하지 못한다. 다수의 의견을 과대평가하거나 과소평가하기도 한다. 성 역할은 종종 후자에 속한다. 여성이 수학에 약하다는 생각을 믿게 만들기는 여성들만 쉬운 것이 아니다. 남성들 또한 이런 고정 관념을 쉽게 믿는다. 그 반대로도 가능하다.

구체적인 예를 들면 사우디아라비아는 2018년에 여성 인권을 개선하라는 요구를 받았다(2018년은 사우디의 여성들에게 아주 중요한 해인데, 그때부터 여성의 운전이 공식적으로 허용됐다). 당시 사우디에서 일하는 여성의 비율은 20퍼센트 정도였다. 그런데 흥미롭게도 대부분의 남성들은 자기 부인이 직업을 가지는 것을 지지하면서도 다른 남성들은 일하는 여성을 다른 시선으로 볼 거라고 생각했다.

그런데 이런 잘못된 추정을 아예 없애 버리면 사람들은 한동안 혼란스러워하지만 이내 단단한 벽은 허물어진다. 2018년 이후 구직 여성들의 숫자는 세 배나 증가했고 오늘날 사우디에서 직장을 다니는 여성들은 그사이 조금 더 늘어서 33퍼센트에 이른다.[10] 비교하자면 독일의 경우 여성 4분의 3이 일을 한다.[11] 취업 여성의 숫자는 계속 증가하고 있는데, 노동력이 너무 부족한 데다 여성들의 성과에 사우디가 크게 의존하기 때문이다. 놀랍게도 이러한 변화 또한 우리의 머릿속에서 시작됐다.

허위 합의 효과

다시 스포트라이트 효과로 돌아오면 우리는 스스로를 세상의 중심에 놓고 비록 우리가 중심이 아니더라도 세상이 우리만 바라본다고 생각한다. 이것만으로도 충분히 단순하고 무지한데 스포트라이트 효과는 종종 두 가지 다른 사고 오류와 동반해 나타난다. 이러한 오류들은 우리가 눈앞의 문제를 제대로 풀지 못하게 만든다. 그럼 우리는 온 세상이 자신을 주목한다고 여길 뿐 아니라 우리의 견해가 완전히 타당해서 다른 모두가 공유해야 한다고 생각하게 된다.

자신의 견해나 신념에 다른 사람도 사로잡혀야 한다고 쉽게 믿어 버리는 현상을 심리학에서는 투명성 착각illusion of transparency이라고 부른다. 당신은 이 현상을 아주 간단하게 집에서도 실험해 볼 수 있다. 탁자에 같이 둘러앉은 실험 대상에게 당신이 손가락으로 무슨 노래를 두드리는지 알아맞혀 보라고 요청해 보자. 당신은 그 노래를 흥얼거리거나 따라 부르거나 중얼거릴 필요 없이 그저 손가락으로 탁자를 두드리면 된다.

머릿속에서 흘러나오는 노래를 혼자 들으며 정확히 그 리듬에 따라 손가락만 움직이는 것이다. 그러나 당신 앞에 앉은 상대방이 알아맞힐 확률은 매우 낮다. 설령 당신이 25가지의 선택지를 제시하더라도 실험 대상이 그 노래를 제대로 알아낼 가능성은 3퍼센트에 불과하다(단순히 찍어서 맞힐 때보다 확률이 더 낮다). 그럼에도 사람들의 50퍼센트는 결국 자기 머릿속에서만 선명하게 들렸던 노래인데도 자신이 두드린 노래를 상대방이 알아맞힐 거라고 생각한다.[12]

자신의 견해를 더 확신할수록 우리는 다른 사람도 내 견해를 공유해야 한다는 생각을 더욱 강하게 다진다. 주변 사람들이 내가 떠올린 노래를 알아맞히지 못하면 재미로 웃고 넘어갈 수 있다. 하지만 이 현상은 아주 자연스럽게 사회적 혹은 정치적 견해로 옮겨 가기도 한다. 특히 후자의 경우 우리는 이런 사고 오류에 더 쉽게 빠진다.

캐나다 출신의 심리학자 리 로스Lee Ross는 일찍이 1977년에 실험을 통해 우리가 자신의 정치적 신념을 지나칠 정도로 많은 주변 사람들이 공유하길 기대한다는 사실을 밝혀냈다. 보수적 입장을 견지하는 사람은 평균 이상으로 많은 사람이 보수적일 거라고 생각했다.[13] 이 같은 허위 합의 효과false consensus effect는 그사이 수백 차례 입증됐을뿐더러 여러 문화권에 걸쳐 확인됐다. 최초의 실험이 진행된 서구의 스탠퍼드 엘리트 학생들뿐 아니라 개인주의 문화가 아닌 아시아의 사람들도 이런 오류에 빠졌다.[14]

여기서 근본적인 문제는 우리가 자신의 견해를 세상에 대입하면 현명한 집단적 의사 결정을 내릴 수 없게 된다는 것이다. 세상 모두가 나의 견해를 공유해야 한다고 생각한다면 개인적으로는 크게 문제가 되지 않는다. 다만 우리의 세계관은 그로 인해 더욱 견고해진다. 우리는 이견을 그저 감추는 데서 그치지 않고 세상을 우리의 바람대로 형성해 바라보기 때문이다. 그 결과, 우리는 주어진 상황을 잘못 평가하기 쉽다. 예컨대 사람들은 거짓말을 알아차리게 됐을 때 오히려 사실이라고 믿어버리는 경우가 두 배나 더 많다.[15] 결국 우리는 자기 세계관을 보호하기 위해 허위 합의 효과와 같은 오류에 빠지곤 한다.

말했듯이 개인적 차원에서는 큰 문제가 없다. 정말 문제가 되는 것은 집단적 해결책이 요구될 때 그리고 각 개인의 세계관이 집단의 세계관보다 덜 중요하게 여겨질 때다. 그러면 스포트라이트 효과와 그의 동반자들이 추한 얼굴을 드러낸다. 오만과 무지 그리고 집단적 무능이 전면에 나타나 문제 해결을 방해한다. 이 현상은 공동으로 협력해 미래를 위해 노력할 때 크게 제동을 건다.

집단 이기주의 대 공동체 의식

2022년 8월, 우크라이나 전쟁으로 유럽의 가스 위기가 정점을 찍을 무렵, 나는 한 행사에 참석하느라 캐나다에 머물렀다. 다들 알다시피 캐나다는 개방적이고 다원적이며 평등한 권리, 자유, 지속 가능성 추구 그리고 기후 보호에 이르기까지 독일과 동일한 가치를 공유한다. 거의 동시에 독일의 총리 올라프 숄츠Olaf Scholz도 캐나다와 긴밀한 공동 협력을 도모하기 위해, 무엇보다 자원 무역을 확대하기 위해 경제 사절단과 함께 몬트리올에 있었다. "캐나다는 러시아가 보유한 거의 모든 천연 자원을 소유하고 있다. 하지만 캐나다는 민주적이며 믿을 만하고 합법적인 틀 안에서 조건을 제시한다." 경제부 차관 프란치스카 브란트너Franziska Brantner는 회담 말미에 이렇게 덧붙였다. 다시 말해 캐나다는 러시아보다 더 나은 나라라는 뜻이다. 그리고 천연 자원이 풍부하면서 독일과 견해를 같이한다는 것이다.[16]

당시 독일인에게는 브란트너의 말이 자명한 소리로 들렸다. 독일인은 캐나다가 독일을 가스 위기로부터 구해 줄지 모른다고 생각했다. 그러면 독일은 페르시아만Persian Gulf에 위치한 전제 군주제 국가들에게서 LNG를 사들이는 대신, 대서양을 건너 액화 가스 유조선을 보낼 수도 있게 된다. 항로도 절반 길이에 불과하다. 위기 상황에서는 결국 다들 우호적으로 결속하므로 독일인은 캐나다인이 자신들과 다르게 생각할 이유는 없다고 생각했다.

나는 당시 강연을 보러 가기 위해 이동 중이던 택시 안에서 나눈 대화를 아직도 선명하게 기억한다. "그거 알아요?" 택시 기사는 내게 말했다. "우리는 분명 서로 우방국이에요. 하지만 우리는 당신네 나라가 우리 액화 가스를 사 가려는 걸 그다지 달갑게 여기지 않아요. 그러면 일단 우리 원주민이 살던 땅을 짜내야겠죠. 그런 다음 펌프질을 해서 배에 싣고, 당신네 집집마다 난방을 하기 위해 바다를 더럽히며 건너가야겠죠. 당신네 나라도 가스가 있잖아요. 당신들이 따뜻하게 지내기 위해, 왜 우리 손을 더럽혀야 하죠?"

그때 나는 크게 당황했다. 독일의 오만 속에서 나는 캐나다가 당연히 러시아를 대신해 액화 가스 터미널을 짓고 나서 몇 년 뒤 독일에게 틀림없이 가스를 제공해 줄 거라고 예상했다. 전형적인 스포트라이트 효과이자 전형적인 허위 합의 편향이다. 반년도 지나지 않아 캐나다 총리 쥐스탱 트뤼도Justin Trudeau는 가스 공급용 새 터미널을 건설해 달라는 독일의 요청을 거절했다. 공식적 이유는 캐나다의 환경 보호가 우선순위라는 것이었다.[17] 다른 측의 입장을 함께 고려하지 않으면 이런 일이 생긴다. 그러면 우리는 아주 빠르게 오만의 희생자가 되거나 혹은 무지의 희생자가 된다.

기후 문제 또한 공동으로 머리를 맞대야 해결책이 나올 수 있다. 동시에 이 말은 공동체적 사고가 필요하다는 뜻이기도 하다. 물론 독일의 에너지 전환을 세계의 모범으로 삼아도 된다. 자주 제기되는 주장처럼 다른 나라들도 독일을 본보기로 따르면서 탄소 중립으로 가는 길에 박차를 가한다면 언젠가 기후 문제를 해결할지 모른다. 다들 독일이 화석 에너지 산업을 재생 에너지로 전환하는 데 성공했다고 본다면 말이다.

그런데 정말 독일은 모두의 본보기가 될까? 케냐 같은 나라는 어떨까? 세계에서 경제 성장 속도가 가장 빠른 나라 중 하나인 케냐가 독일을 보고 배워야 할까? 독일의 경제사는 언제나 값싼 에너지의 역사였다. 산업화는 루르Ruhr 지역에서 나온 저렴한 석탄 덕분에 가능했고 독일 자동차 산업과 화학 산업은 저렴한 석유로 인해 발전할 수 있었다. 그리고 독일인은 지난 수십여 년 동안 값싼 가스로 단열 수준이 최악인 구옥을 따뜻하게 지폈다. 이러한 산업 구조는 세계 어느 나라에서도 찾아보기 어렵다.

2021년 세계 에너지 협의회World Energy Council가 전 세계 에너지 전문가들을 대상으로 실시한 설문 조사 결과를 보면 다들 바로 이 점을 지적한다. 아프리카 국가들은 독일과 전혀 다른 지향점을 가지고 있다. 전체 응답자의 21퍼센트만이 온실 가스 배출을 완전히 줄이자는 독일의 요구를 자기 나라에서도 실행할 수 있다고 답했다. 또한 탈원전이 가능하다고 생각하는 이들은 모든 국가를 통틀어 10퍼센트도 되지 않았다(단 2022년 유럽 에너지 위기가 시작되기 전에 나온 조사 결과라는 것을 유의해야 한다).[18]

물론 이런 요구를 해서는 안 된다는 뜻이 아니다. 하지만 문제를 집단적으로 해결하고자 한다면 심리학적 측면에서 집단 사고를 참고해야 한다. 지금 우리는 에너지 전환이 잘 시행될지 아닐지 또는 원자력 발전이 의미가 있는지 아닌지를 논하는 것이 아니다. 자신의 견해를 우리가 너무 중요하게 여겨서는 결코 안 된다. 한 나라의 문제와 해법을 누구도 단번에 이해할 수는 없다. 그리고 다른 나라들을 위한 본보기로서 자신들의 사례가 쓸모 있으려면, 그들의 문제와 우리의 문제가 비견할 수 있는 수준일 때나 가능하다. 본보기인 척하기보다(여담이지만, 서구의 오만은 정말 대단하다) 훨씬 더 중요한 것은 다른 국가들에게 도움이 되는 구체적 제안을 그들 스스로 내놓도록 장려하는 일이다.

세네갈이나 인도 또는 케냐 같은 나라들이 독일의 에너지 전환으로부터 무엇을 배울 수 있겠는가? 세계적인 화학 기업 바스프BASF가 기후 중립을 실현한다고 해서 그 나라들에서 기뻐할 사람은 아마 없을 것이다. 독일이 취하는 기후 중립의 길을 누구도 그대로 따라 걸을 수는 없다. 차라리 방향을 바꿔 지극히 실용적 측면에서 다른 나라들이 현지에서 새로운 기술과 관련된 문제를 풀어야 할 때 독일의 사례가 도움이 될지도 모른다. 예를 들어 케냐의 재생 에너지 비율은 무려 90퍼센트가 넘는다.[19] 공정하게 말하자면 케냐는 전 국가의 20퍼센트만 전기화돼 있다. 하지만 케냐는 독일보다 몇 년 앞서 탄소 중립을 달성할 것이다. 이 책을 쓰기 전까지만 해도 나는 전혀 알지 못했다.

모든 분야의 사회 집단은 대체로 이 같은 사고 오류에 빠져 있다. 독일의 일부 에너지 전환 옹호자들은 온 세상이 자신들을 모범 사례로 삼을 수 있도록 독일이 반드시 재생 에너지로의 전환을 성공적으로 해내야 한다고 주장한다. 그런 가운데 독일의 탈원전은 전 세계에 결코 고무적인 사례가 되지 못했다. 반대로 기후 변화를 대수롭지 않게 여기는 사람들은 기후 변화가 다른 이들에게 실제로 얼마나 중요한지를 과소평가한다.[20]

나는 한 소셜 미디어 플랫폼에 들어갈 때마다 스포트라이트 효과를 보여 주는 또 다른 전형적인 예를 본다. 나는 구인구직과 관련된 네트워크 서비스를 주로 제공하는 링크트인이라는 플랫폼을 종종 이용한다. 링크트인에선 수년 넘게 젊은 사회 초년생들의 사고방식을 분석해 해석을 덧붙이는 일을 하고 있다. 1995년에서 2010년 사이에 태어나 Z세대라 불리는 젊은 친구들은 우리처럼 나이가 좀 있는 사람들과 완전히 다르게 행동한다는 말을 종종 듣는다. 한 가지 예로 지위감이 있다. 이를테면 예전에는 고급 세단을 모는 것이 대다수의 꿈이었다. 하지만 오늘날 화려한 자동차로는 더 이상 친구들 사이에서 좋아요를 받을 수 없다. 이제 차보다 스마트폰이 훨씬 더 중요해졌다. 이들에겐 스마트폰이 너무나 중요한 나머지 자신의 구형 아이폰 뒷면에 신형처럼 카메라 렌즈가 세 개로 보이는 가짜 스티커를 온라인에서 구매해 붙이기도 한다.[21] 될 때까지 그런 척하다 보면 정말 그리 된다"Fake it till you make it!"는 말처럼.

지속 가능성을 추구하는 젊은 세대에게는 과연 일과 삶의 균형, 이른바 워라밸work-life balance이 최신 독일 자동차보다 더 중요하다는 말이 사실일까? 젊은 친구들이 우유 대신 두유를 마시고 기후 위기에서 벗어나기 위해 자동차 대신 자전거를 타고 다닌다는 내러티브는 외부의 인식과 왠지 모르게 일치하지 않는다. 2022년에 발표된 한 표본 설문 조사에 따르면, 25세 미만 청년의 95퍼센트 이상이 운전면허를 가지고 있으며, 또는 면허를 취득할 의향이 있으며 가장 자주 이용하는 교통수단으로 자동차가 3분의 2를 차지하면서 1위에 올랐다.[22] 젊은 세대가 자기 소유의 자동차를 원하지 않는다는 소리는 절묘하고도 기이한 오해다. 젊은 친구들이 〈분노의 질주Fast & Furious〉 시리즈를 영화사에서 가장 성공적인 프랜차이즈 영화로 손꼽는 와중에 다들 무엇을 기대하는 걸까?

간단히 말해 우리는 고유의 견해와 신념을 너무나 쉽게 다른 사람에게 전이한다. 그러면 물론 장점도 있다. 즉 하나의 일관된 세계관을 만들어 낼 수 있다. 단점은 집단적 문제 해결로 가는 길에 우리의 아군을 잃게 된다. 그러면서 우리는 에너지 전환이나 디지털 전환을 실현하기 위해 모두가 행동을 같이할 수는 없다는 사실에 자못 놀라게 된다. 온 세상이 우리와 같은 마음이라고 생각한다면 그것도 재능이다. 다들 마지 못해 따라가는 것이 아니라 하나의 사회 집단이 각성해 더 나은 미래를 향해 나아가도록 자극하려면 우리는 대체 무엇을 해야 할까?

개인적인 이득 강조하기

환경 보호 영역에서도 스포트라이트 효과는 불명예스런 역할을 담당한다. 이 효과는 환경 캠페인이 실패로 돌아가거나 사람들이 환경에 해로운 행동을 하는 주된 원인이기도 하다. 새로운 행동 양식에 대해 사람들을 설득하고 싶으면 우리 고유의 사고방식과 작별하는 것부터 시작해야 한다. 생각이 다른 사람들에겐 행동의 잘잘못을 지적하는 가르침이 아니라 자신의 의견을 왜 바꿔야 하는지 잘 보여 주는 매력적인 제안이 필요하다. 그러나 일반적으로 사람들은 다르게 행동한다. 훌륭한 주장과 근거, 과학적 사실, 손쉬운 설명으로 무장하고는 다른 사람들이 태도를 바꾸길 바란다. 하지만 그러면 아무 일도 일어나지 않는다.

2021년 독일에서 진행된 한 조사에서는 사람들이 속한 정치 집단의 지지자가 내놓는 과학적 진술로, 다른 기후 정책을 그들에게 설득시킬 수 있는지 알아봤다. 결과는 아니었다.[23] 다시 말해서 사회민주당SPD에 투표하는 사람을 또 다른 SPD 지지자가 설득하든, 지향점이 다른 기독민주연합CDU 지지자가 설득하든 당사자가 태도를 바꾸는 것과 무관하다는 뜻이다. 더 나아가 지나치게 강요적인 가르침은 도리어 역효과를 내어 반발을 불러일으킬 수 있다.

2018년 노르웨이에서 발표된 한 연구 논문은 흥미로운 결과를 내놓았다. 마트에 지속 가능성 인증 마크가 붙은 해산물이 있으면 독일 소비자들은 노르웨이인과 달리 더 이상 손을 대지 않고 오히려 덜 소비한다는 것이다.[24] 사람들은 마치 친환경 새우를 구매하도록 강요받고 지도받고 감독받는 기분을 느꼈다. 이미 5장에서 다룬 전형적인 반발 효과라고 할 수 있다.

세상을 바꾸고 싶다면 자신의 관점이 다른 사람을 설득하기에 적합하지 않다는 가정에서 출발해야 한다. 코로나 팬데믹 직전, 미국에서 열린 행사에 참석했을 때 뉴욕 출신의 한 투자 은행가는 나에게 이런 말을 했다. "기후 위기가 다가오고 있음을 우리는 받아들여야 할지 몰라요. 그런 다음 우리는 이 기정사실을 가지고 어떻게 돈을 벌 수 있을지 스스로 질문을 해야겠죠." 사람들이 더 나은 행동을 하도록 캠페인을 벌이는 대신, 이익이 된다는 걸 사람들 스스로 깨달아야 한다는 의미다.

우리가 설득을 할 때 마주치는 사람들은 세 부류로 나뉜다.[25] 하나는 사회적으로 잘 적응한 부류다. 이들은 환경을 의식하는 행동이 다음 세대를 위해 중요하다거나 혹은 우리 자녀들에게 살기 좋은 세상을 물려줘야 한다는 이야기로 끌어당길 수 있다. 두 번째 부류는 생태주의자들이다. 이들은 지구의 안녕을 위해 전력을 다한다. 이들이 자연 보호를 중시하는 이유는 인간이 대자연을 침범해서는 안 되기 때문이다.

가장 중요한 부류는 바로 세 번째인 이기주의자들이다. 이들은 무엇보다 개인적 안위를 걱정한다. 이기적인 사람들은 절대 지구를 구하기 위해서가 아니라 돈을 아끼기 위해 친환경 히트 펌프를 설치한다. 또한 이들은 가솔린차보다 전기차가 더 빠르게 달리거나 더욱 편안하거나 또는 비용이 더 저렴할 경우에만 전기 자동차를 구매할 것이다.

스웨덴처럼 전기 요금이 킬로와트시kWh당 10센트 미만인 세상을 한번 상상해 보자. 그러면 히트 펌프를 설치하자는 정치적 캠페인도 전기 자동차 보조금도 필요하지 않을 것이다. 조건이 있다면 전기는 기후 중립적으로 생산돼야 한다. 그럼 일석다조의 효과를 볼 수도 있다. 먼저 이기주의자들은 개인적 이득을 얻을 수 있으므로 기후 보호에 이바지할 것이다. 그러나 사실에 근거한 합리적 주장이나 아포칼립스적 미래상으로 이들을 설득할 수 있을 거라는 상상은 무의미하다. 대다수에 해당되는 이기적 부류의 사고방식과 엇갈리기 때문이다. 그리고 이런 현실을 받아들이지 않으면 미래에 대한 모든 구상은 기후 보호든 다른 무엇이든 실패로 돌아갈지 모른다.

깨끗한 거리 유지하기

나를 정말 분노하게 만드는 몇몇 문제들이 있다. 그 가운데 하나는 아우토반 진입로에서 종종 목격되는 쓰레기 더미다. 분명 많은 사람이 다음과 같이 생각할 것이다. "아, 이런. 아우토반에 들어서면 콜라 캔을 버릴 기회가 더 이상 없을 텐데. 너무 늦기 전에 빨리 버려야지." 문제는 진입로 같은 곳에 쓰레기가 더 많이 놓여 있을수록 자기 쓰레기를 거기다 버리는 것을 더욱 쉽게 받아들인다는 점이다. 그래서 도심의 쓰레기통은 줄곧 차고 넘친다. 이미 쓰레기통보다 커져 버린 산더미 같은 쓰레기 위에 자기 쓰레기를 던지는 것은 당연히 미친 짓이다. 하지만 빈 쓰레기통을 찾으려고 기꺼이 우회하는 사람이 과연 얼마나 될까? 그럼에도 우리는 크게 문제가 되지 않는다고 생각한다. 원래 인간은 다수를 따라가니까.

허위 합의 효과는 바로 이런 식으로 어리석은 행동의 촉매가 된다. 허위 합의 편향은 어리석은 결정을 배가시킨다. 우리는 다른 모든 사람도 나와 같이 행동할 거라고 생각한다. 사회적 용인이 존재하는 한, 우리는 비합리적인 어리석은 행동을 지속할 것이다. 그래서 사람들은 이미 쓰레기가 넘치도록 많은 곳에 자기 쓰레기를 던질 뿐 아니라[26] 다른 이들이 빠르게 차를 몰면 자기도 더 빠르게 달린다.

물론 우리는 이런 효과를 뒤집어 역이용할 수도 있다. 여러 실험을 통해 밝혀졌듯이 주변 환경이 더욱 깨끗하고 잘 정리돼 있을수록 사람들은 자기 쓰레기를 오히려 더 가져가려고 한다.[27] 어쩌면 이는 허위 합의에 맞선 가장 탁월한 해결책일지 모른다. 즉 환경에 해로운 자신의 행동이 다수의 행동과 결코 일치하지 않음을 확실히 보여 주는 것이다.

2011년 스위스 동남부 그라우뷘덴Graubünden 주에서 일어난 일을 잠시 살펴보자. 당시 그라우뷘덴에서는 주민들의 에너지 소비를 줄일 수 있는 정책을 준비하고 있었다. 문제는 사람들에게 단순히 에너지를 아끼라고 말하면 목표를 절대 이룰 수 없다는 것이다. 명료한 메시지는 종종 반감을 불러일으킨다. 그리고 사람들은 말한다. "다른 때는 몰라도 지금은 따르지 않을 거야. 우리 집 난방을 언제 얼마나 돌릴지는 내가 정할 거니까."[28] 전형적인 에너지 절약 캠페인은 바로 이런 이유로 실패했다. 즉 인간의 심리를 과소평가한 것이다.

사람들은 2022년 우크라이나 전쟁으로 가스 위기가 닥칠 무렵처럼 실제로 에너지 비용이 너무 비싸지면 그제야 절약을 한다. 혹은 자신의 발전된 모습을 보고 싶을 때, 그리고 그 발전이 사회적 비교로 이어질 때 행동을 바꾼다. 그래서 그라우뷘덴은 일반적 접근법과 다른 길을 갔다. 주민들이 절약한 킬로와트시마다 점수를 부여해 이를 상여금으로 교환할 수 있도록 했다(전통적 보상 체계 또한 이와 같은 원리로 돌아간다). 에너지 절약으로 거둔 개인의 성과는 해당 온라인 플랫폼에 올라가 이웃들에게 모두 공개됐다. 최종적으로는 주변 이웃이 아니라 전체 주민이 에너지 절약 성과에 대한 보상을 해줬다. 개인주의 대신 집단 보상이라는 우아한 방식으로 스포트라이트 효과를 극복한 것이다. 그뿐만 아니라 이는 사회적 응집을 이끌어 낸다. 전기를 많이 아낀 사람은 이웃들 사이에서 사회적 지위가 올라가고 자기가 속한 사회 집단을 위해 실제로 많을 일을 하며 목소리가 높아질 뿐 아니라 무엇보다 전기를 더욱 잘 절약할 수 있는 방법을 이웃들과 교환했다. 무임 승차자는 없었다. 최종 결과, 전형적인 에너지 캠페인을 벌일 때보다 17퍼센트나 많이 절약할 수 있었다.[29]

지금까지 살펴본 대로 스포트라이트 효과는 우리의 커다란 약점일 뿐 아니라 동시에 크나큰 장점이기도 하다. 자기 자신에게 지나칠 정도로 초점을 맞추면 아무리 뛰어난 아이디어라도 절대 실현시킬 수 없다. 다른 한편으로 사람들의 이런 집단 사고를 잘 이용하면 발전과 변화라는 공통된 생각을 무난하게 형성할 수도 있다. 그런데 집단 사고로 인해 전선이 형성되고 진영 전쟁이 벌어지면 어떻게 해야 하는지는 또 다른 이야기다. 다음 장에서는 이에 대해 더 자세히 알아보려 한다.

12
GESETZE
DER
DUMMHEIT

어떤 식으로 시위를 해야 할까

시시하고
편협한 항의

12
GESETZE
DER
DUMMHEIT

2021년 여름 어느 날이었다(정확한 날짜는 못 박을 수 없으니 부디 이해해 주길 바란다). 나는 프랑크푸르트에 위치한 우리 집에 앉아 신문을 읽고 있었다. 멀리서 울리는 웅성거림이 점점 더 커지면서 또렷하게 들릴 무렵, 햇살이 내 책상 위를 평온하게 비추고 있었다. 원래는 수십여 명의 경찰들을 보며 의아하게 여겨야 마땅하다. 내가 사는 곳은 프랑크푸르트에서도 무척이나 조용한 주택가로 꼽히기 때문이다. 한마디로 대규모 경찰 인력이 투입될 지역이 아니다.

당시 크게 울려 퍼지는 군중의 소리는 갈수록 더 위협적으로 다가왔고 거의 천둥 번개가 몰려오는 것만 같았다. 경찰은 이미 곳곳에 배치돼 통행을 차단하며 사람들이 한꺼번에 몰려들 만일의 사태를 대비했다. 시간이 흐르면서 나는 리드미컬한 북소리와 구호가 무엇인지 차차 알아

듣게 됐다. 2장에서 잠시 언급한 자칭 역발상자 '크베어뎅커'들이 목소리를 높이며 나의 평화로운 골목길에서 위협적으로 시위행진을 벌이고 있었다.

한데 뭉친 혼잡 덩어리는 큰 소리로 여러 가지 구호를 내뱉었다. 말하자면 이들은 국영 방송 혹은 빌 게이츠의 세계적 음모에 맞서 목소리를 내려는 사람들이었다. 풀 더미를 흔드는 한 무리의 여성들, 커다란 주사기가 가득 실린 조그마한 손수레, 다른 의견을 가질 수 없는 독재에 반대하는 현수막 그리고 현금 유지 정책을 외치는 호각 소리가 뒤섞여 대혼란을 연출했다. 끝으로 어마어마하게 큰 스위스 카우벨을 든 몇몇 남성들이 행렬을 뒤따랐다. 지금까지도 나는 이 방울의 의미를 밝혀내지 못했다.

오늘날의 시선에선 머나먼 일처럼 보이지만 코로나 팬데믹 한가운데에 있을 때만 해도 크베어뎅커들이 미디어에서 드러내는 존재감은 굉장히 컸다. 국민의 건강 보호가 우선이라는 이유로 민주주의 국가에서 집회의 권리를 제한해도 되는지 여부는 지금까지도 논쟁의 여지가 있는 문제다. 흥미롭게도 미디어에서 엄청난 존재감을 드러냈던 크베어뎅커들의 운동은 대중 현상으로 이어지지 않았다. 이들의 인기가 정점에 달한 2021년 말, 크베어뎅커들의 생각을 지지하는 독일인은 약 12퍼센트에 불과했다.[1]

팬데믹과 관련된 운동보다 훨씬 더 규모가 작은 몇몇 사회 운동들은 다수의 의견을 무너트린 적이 있다. 버스에서 백인 남성을 위해 자리를 비워 달라는 지시를 거부하고 결국 이로 인해 1955년 12월 1일 체포된

흑인 여성 로자 파크스Rosa Parks는 미국 민권 운동의 도화선이 됐다. 그 시절 미국에서 자행된 끔찍한 인종 차별에 파크스 혼자만 분노한 것은 당연히 아니었다. 하지만 흑인과 백인의 평등한 권리는 당시만 해도 소수의 사상이었다. 그러다 한 개인의 첫 행동이 불을 붙인 것이다.

인류의 역사가 보여 주듯이 소수는 다수의 행동에 누차 영향을 미친다. 오늘날 독일에 사는 동성애자들은 30년 전보다 확실히 더 나은 권리를 보장받는다(1994년까지 동성애 행위는 형사 처벌 대상이었다). 그리고 이제 독일인의 75퍼센트인 다수가 동성애자의 커밍아웃coming-out을 지지한다.[2] 그런 가운데 스스로 동성애자라고 인정하는 사람들은 10퍼센트도 채 되지 않는다.[3] 상대적 소수에 해당되는 이들이 다수의 통념과 사회상을 바꾸는 데 성공한 것이다. 왜 몇몇 운동들은 성공적으로 원하는 바를 이루고 또 다른 운동들은 그러지 못하는 걸까?

시위운동과 소수 운동의 상당수는 우리 사회에 티핑 포인트tipping point가 있다는 생각을 기본적으로 가지고 있다. 즉 작은 변화들이 쌓이다 보면 어느 순간 극적 변화가 일어나는 전환점에 다다른다는 것이다. 그래서 소수는 임계량에 도달해야만 균형을 깨트리면서 다수의 의견을 소수의 방향으로 전복시킬 수 있다.

실제로 이런 티핑 포인트는 여러 곳에서 발견되며 경우에 따라 차이가 제법 크다. 다수의 행동을 무너트리기 위해 단 몇 퍼센트에 불과한 소수면 충분한 경우도 더러 있다. 특히 새로운 단어나 개념의 경우, 먼저 작디작은 소수가 사용하기 시작하면 의외로 빠르게 일반적으로 사용하는 언어로 확장된다. 셀피나 브렉시트Brexit, 앱이나 팟캐스트 같은 개념들이 대표적이다. 정치적 혹은 사회적 견해의 경우 티핑 포인트가 더 높아지는데, 20퍼센트에서 30퍼센트는 돼야 다수가 흔들린다.[4]

여성과 남성의 평등권에 관한 문제는 임계량이 특별히 더 크다. 여성도 남성과 마찬가지로 지도자 위치에서 임무를 잘 수행한다는 생각에 인구의 약 40퍼센트가 동의해야만 이 의견은 다수를 차지할 수 있다.[5] 다른 말로 하면, 평등권의 문제는 소수가 거의 다수에 가까울 정도로 늘어나야 전환점을 넘을 수 있다는 뜻이다. 우리가 고집스럽게 붙들고 있는 몇몇 생각들은 이처럼 바꾸기가 쉽지 않다. 앞서 6장에서 다룬 현상 유지 편향과도 유사하다.

이러한 이유로 많은 사회 운동들이 가능한 한 눈에 잘 띄려고, 즉 티핑 포인트에 빠르게 그리고 끈질기게 도달하기 위해 노력한다. 무엇을 지향하는 운동이든 상관없이 가시성을 높이려는 노력은 사회적 변화를 위한 투쟁이 널리 확산되는 데 결정적 역할을 한다. 그래서 크베어뎅커들이 큰 소리로 북을 치며 거리를 행진한 것이고 성 소수자LGBTQ: Lesbian, Gay, Bisexual, Transgender, Queer 공동체가 젠더gender 중립적 언어를 지속적으로 일상에 끌어들이는 것이다. 사람들이 기후 보호를 위해 도로에 누워 몸을 고정시키거나 줄을 매달고 아우토반 교량에서 내려오거나 상징적 예술 작품과 기념비를 물감으로 더럽히는 이유도 여기에 있다.

이들 밑에 깔린 정치적 가정은 간단하다. 소수가 더 일관적, 지속적, 가시적으로 나타날수록 사람들이 이 운동에 동조할 가능성은 더욱 커지며 끝내 사회 공동체가 티핑 포인트까지 다다르게 된다는 것이다. 충분히 많은 사람이 동참하기만 하면 작디작은 소수도 다수가 될 수 있다.

결국 민주주의 국가에서는 다수가 힘을 쓸 수 있는 법이다.

분명히 말하자면 이 가정은 심리학적으로 잘못됐다. 이런 가정을 바탕으로 운동을 진행하면 어리석은 형태의 항의, 사회적 전선의 형성 그리고 정치적 저항으로 이어지기 쉽다. 그러면 나중에 가서 젠더화에 대한 거부감이 해가 갈수록 오히려 더 강해지고, 그사이 인구 3분의 2가 젠더화를 반대하게 된 현실에 놀라게 된다.[6] 동시에 인구의 과반 이상이 사회에서 수적으로 열세에 있는 집단을 보호하는 데 적극 찬성함에도 불구하고 말이다. 예를 들어 극단적 기후 시위대 같은 수많은 항의 운동은 민주적으로 무의미하게 운동을 끝내지 않기 위해 무조건 피해야만 하는 근본적 오류를 저지르곤 한다.

집단 압력의 문제

모든 소수 집단은 먼저 심리적 방해물을 이겨 내야 한다. 즉 우리 인간은 집단에 속하면 동질적 행동을 취할 뿐 아니라 어리석어지기도 한다. 적어도 합리적 결정과 관련해선 그러하다. 이런 행동의 근간을 이루는 현상을 동조 편향conformity bias이라고 부른다. 간단히 말하면 집단 압력이다. 흔히 생각하듯 "다수가 소수의 의지와 상관없이 강요한다"는 의미는 아니다. 그러면 아마 간단명료한 문제에 그칠 것이다. 다수가 직접 소수를 희생시켜 자신의 의지를 관철시키면 즉각 소수 집단에선 반대 운동이 생겨난다. 소수는 다수의 지시에 저항하고 반발한다. 이런 식으로는 사회적 합의를 이룰 수 없다.

동조 편향이 지닌 문제는 훨씬 더 미묘하고 복잡하다. 집단 압력은 우리의 인식에 서서히 침투해 다수가 원하는 바를 아무런 강제나 폭력 없이 관철시킬 수 있다. 우리의 의사 결정 행동은 다수에 의해 상당히 쉽게 조작되기 때문에 어쩌면 집단 압력이 아니라 집단 조작이라고 칭하는 편이 더 나을지도 모르겠다.

연구를 통해 인간의 동조 편향을 깨달은 지도 70년이 넘었다. 1950년대 초반 폴란드 출신 미국 심리학자 솔로몬 애시Solomon Asch는 일련의 실험을 진행하며 사람들이 의사 결정을 내릴 때 집단의 영향을 굉장히 많이 받는다는 사실을 밝혀냈다. 한 실험에서 애시는 참가자들에게 길이가 서로 다른 세 개의 선이 있는 그림을 제시한 다음, 중간 길이의 선과 똑같은 네 번째 선을 추가로 보여 줬다. 그러면서 네 번째 선과 동일한 길이의 선이 무엇인지 판단해 보라고 했다.

선분의 길이를 평가하는 과제는 너무 쉬워 어린아이도 대답할 수 있을 정도라고 다들 생각할지 모르겠다. 그런데 이 실험의 하이라이트는 여덟 명의 참가자 중 일곱은 애시에게 미리 지시를 받은 협력자라는 점이다. 즉 이들은 모두 의도적으로 하나같이 틀린 답을 내놓아야 했다. 그러니까 실험 공간에는 단 하나의 실험 대상만 머무는 상태였고, 그는 이 사실을 알지 못했다. 당연히 애시는 진짜 실험 대상을 집단의 맨 끄트머리에 놓고, 그가 대답을 하기 전에 다른 일곱 명이 내놓는 틀린 답을 다 듣도록 했다. 실험 결과, 다수의 오답은 그의 답도 조작해 버렸다. 여러 차례 같은 방식으로 진행된 모든 실험 대상의 약 4분의 3이 다수가 내놓

은 명백히 틀린 답에 동조했다.[7]

물론 최초의 동조 실험은 1950년대 미국에서 진행됐기 때문에 제한적일 수밖에 없다. 당시는 개인이 중요한 위치를 차지하는 오늘날의 현대 사회보다 사회적 복종이 훨씬 더 높은 가치를 지녔던 시대였다. 하지만 그 후로 이어진 후속 연구들은 애시 효과가 여러 문화권에 걸쳐 실제로 존재한다는 사실을 확인시켜 줬다. 다만 개인주의적 사회일수록 애시 효과는 더욱 약하게 나타난다.[8] 실제로 집단주의적 사회상을 가진 아시아권 사람들은 서구권보다 더 순응적으로 행동하는 경향을 보인다. 그럼에도 문제는 여전히 남아 있다. 바로 그런 까닭에 소수가 다수에 맞서 자기 의지를 관철시키기는 매우 어렵다. 기존의 견해는 소수의 입장보다 사람들의 인식 속에 자리 잡기가 월등히 더 쉽기 때문이다.

소수의 힘

소수는 다수와는 다른 방식으로 사람들을 설득해야 한다. 다수는 소수에게 단지 다수의 의견이라는 이유 하나로 자신의 의견을 강하게 새길 수 있다. 집단에서 그냥 떨어져 나오길 바라는 사람은 아무도 없다. 완벽한 개인주의자가 아닌 한 우리는 집단에 속하길 원한다. 아웃사이더로 주변을 배회하면 결국 비용이 더 많이 들기 때문이다.

대형 프로젝트를 진행할 때 다수가 추구하는 계획을 실현하는 것과 소수의 계획에 동조하는 것 가운데 어느 쪽의 비용이 더 높을지 사람들에게 물어보면 대부분은 소수를 따르는 쪽이 더욱 위험하다고 평가한다.[9] 다수의 뜻에 동조하면 나 혼자만의 결정이 아니었다고 언제든 주장할 수 있다. 게다가 체면을 손상시키지 않고 빠져나올 수도 있다. 이와 달리 외톨이는 스스로 확신에 가득 차야 한다.

언뜻 모두가 소수에 반대하는 것처럼 보이지만 그럼에도 소수는 비장의 무기를 가지고 있다. 즉 소수가 자신의 입장을 강력하고 진지하게 이야기하면 결정을 아직 내리지 못한 사람들은 다수에서 나와 소수의 관점에 동조하게 된다. 루마니아 출신 프랑스 심리학자 세르주 모스코비치Serge Moscovici는 또 하나의 심리학 고전을 통해 이 같은 소수의 영향력minority influence을 밝혀냈다. 애시가 20년 전에 했던 방식과 매우 유사하게 모스코비치 또한 실험 대상을 한 집단 안에 넣고 집단의 결정을 조작하는 공범을 몰래 잠입시켰다. 애시의 실험과 다른 점이 있다면 공범이 소수에 속한다는 것이다. 즉 여섯 명으로 이뤄진 하나의 실험 집단 안에 모스코비치의 지시를 받은 사람은 두 명뿐이었다.

이번 실험에서 모든 집단 구성원들에게 주어진 과제는 슬라이드의 색상을 판단하는 것이었다. 사진으로 만든 슬라이드를 프로젝터로 벽에 비추어 구성원들에게 보여 줬고 단순함을 유지하기 위해 모든 슬라이드는 파란색으로 돼 있었다(하늘색이거나 바다색이거나 혹은 짙은 파란색이거나). 이 실험 또한 어려울 일이 전혀 없었다. 파란색 슬라이드를 파란색이라고 알아보면 그만이었다. 그러나 집단에 있는 두 명의 공범이 명백히 파란색인 슬라이드를 보고 일관되게 그리고 단호하게 초록색이라고 답하자 곧이어 실험 대상의 3분의 1이 공범의 판단에 동조했다.[10]

물론 두 가지 제약이 있었다. 일단 다수의 의견이 안정적으로 형성되고 나면 공범인 소수는 자기 임무를 결코 완수할 수 없었다. 이 부분은 애시의 실험이 떠오르는 대목이다. 또한 소수가 진지하지 않은 태도로 이야기하면, 예컨대 공범이 광대처럼 행동하면 집단 구성원들은 소수의 판단을 따르지 않았다. 그러므로 결정을 내리지 못한 다수를 설득하기 위한 결정적 기준은 소수 의견의 신뢰성과 타당성이다.

크베어뎅커들이 대중 운동을 불러일으키지 못한 첫 번째 과학적 근거가 바로 여기에 있다. 기후 위기 대책을 촉구하는 청소년들의 운동인 미래를 위한 금요일Fridays for Future은 조금 다르다. 전자가 유튜브로 바이러스 학자들과 논쟁을 벌이는 동안, 후자는 노벨상 수상자들의 지지를 얻어 냈다. 신뢰를 끌어내고 싶다면 이 또한 그리 나쁜 방법은 아닌 것 같다.

확신 있는 사람 되기

모스코비치의 실험에서 특히 흥미로운 점은 아직 확신이 없더라도 사람들은 다수의 의견을 받아들인다는 것이다. 그저 눈에 띄고 싶지 않아서 혹은 갈등을 피하고 싶어서 단순히 따를 수도 있다. 그러면서 남몰래 자기만의 견해를 유지하고 집단에 적응하기 위해 고유의 견해를 일시적으로 감추는 것이다.

구체적인 예를 들어 보자. 한밤중에 아우토반을 달리고 있는데 사방에 통행하는 차량 하나 없이 제한 속도가 시속 120킬로미터인 구간에 들어섰다면, 게다가 단속 카메라에 찍히지 않을 확률이 100퍼센트라면 당신은 시속 120킬로미터보다 빠르게 달리겠는가 아니면 제한 속도를 엄수하겠는가? 속도 제한이 정말 의미 있다는 확신이 당신에게 있다면 아마 당신은 천천히 주행할 것이다. 어쩌면 다르게 말할지도 모른다. 한밤중에 천천히 달려 봐야 무슨 소용이 있겠어? 그리고 당신은 가속 페달에 발을 올릴 것이다. 하지만 멀리서 다가오는 경찰 순찰차를 보는 순간 당신은 내면의 확신에 맞서는 행동을 하게 된다. 즉 법에 저촉되지 않기 위해 다시 브레이크를 밟으며 속도를 줄여 달릴 것이다.

후자의 경우 당신은 전자와 동일하게 속도 제한을 지키는 행동을 하지만 자신의 행동을 확신하지는 않는다. 이때 순찰차가 아우토반을 벗어나 외부 영향이 사라지면 당신은 계속해서 이전과 같이 행동할 것이다. 뒤집어서 말하면 명령만으로 지속적 행동 변화를 이끌어 낼 수 없다는 뜻이다. 경찰 순찰차나 단속 카메라 같은 통제가 더 많을수록 더욱더 많은 사람이 규칙을 준수할 것이다. 하지만 스스로 원해서가 아니라 단지 지켜야 하기 때문에 지키는 것에 불과하다. 결국 사람들 내면의 태도와 관점은 달라지지 않았다.

외부 압력과 진정한 확신 사이의 차이는 코로나 팬데믹을 지나면서 매우 뚜렷해졌다. 어떤 종류의 바이러스가 전 세계에 들이닥친 건지 아직 불투명하던 초반에 우리는 모두 인류를 한꺼번에 쓸어버릴 역병일 수도 있다는 두려움에 떨었다. 불확실성은 최고치에 달했고 거리는 텅 비어 버렸다. 상황을 반전시킬 만한 규칙도 통행 금지령도 필요하지 않았다. 모두 자발적으로 집에 머물렀고, 그 가운데 일부는 나중에 크베어덩커가 됐다. 불확실성이 차츰 수그러지면서 사람들이 지켜야 하는 규칙과 명령을 제시하며 팬데믹의 억제를 시도하자 비로소 반발이 일었다. 구체적 규칙들은 곧 저항의 표적이나 마찬가지였다. 우리는 자유의 상실을 두려워하기 때문에 반발한다. 5장을 다시 떠올려 보자. 반발 행동과 역화 현상은 인간의 근본을 따를 뿐이다.

다수가 소수에게 영향력을 행사하는 가장 간단한 방법은 직접 규칙과 법령을 도입하는 것이다. 그러면 사람들은 다수의 의견에 겉으로 동조하고 일치된 행동을 취할 수 있다. 우리는 갈등을 원하지 않는다. 많은 사람이 세금을 전혀 내고 싶지 않거나 혹은 조세 체계를 신뢰하지 않더라도 세금을 납부한다. 내가 추정하기로 아마 이들은 처벌이 두렵지 않다면 지금보다 훨씬 더 적은 세금을 내고 싶을 것이다.

소수 또한 비슷한 방식으로 다수에게 영향을 가할 수 있다. 단, 성공하기는 어렵다. 소수에게 남아 있는 유일한 기회는 다수의 의견이 복잡하고 미묘하면서 동시에 지속적 변화가 가능한 경우다. 모스코비치의 실험에서 정말 흥미로운 지점은 틀린 답을 내놓는 공범들의 영향을 받아 사실은 슬라이드가 초록색으로 보인다고 확신한 몇몇 참가자들이다.

우리는 종종 순응하기 위해 또는 갈등이 두려워서 다수의 의견에 동조한다. 다른 말로 하면 우리의 약점 때문이다. 따라서 우리가 때때로 소수에 동조하는 이유는 정말 확신이 생겼거나 자신의 한계를 뛰어넘었거나 이전보다 더 나은 반론을 가지게 됐기 때문이다. 다시 말해 우리가 지닌 강점 때문이다.

다수의 의견은 지속적으로 흔들면 무너지지만 시간이 오래 걸린다는 난점이 있다. 의견을 급격히 변화시키려고 강행할수록 변화는 무리하게 억지로 이뤄진다. 이런 식으로 변화를 이뤄 내면 소수의 압력이 차차 약해지는 즉시 다수의 의견으로 되돌아오기 쉽다. 이 같은 현상은 젠더화 시도에서 목격된다. 성 인지적 언어를 그저 충분히 자주 사용하기만 하면 달라질 수 있다는 가정은 인간의 언어 관습을 변화시키기까지 얼마나 오랜 시간이 걸리는지를 심히 과소평가한 측면이 있다. 사회적 변화를 이른바 상의하달식으로 시도하면, 가령 성 인지적 언어를 공적 공간에서 사용하도록 규정하면 피로스의 승리처럼 너무 많은 희생을 치르며 끝나게 될지 모른다. 그러면 사람들은 규칙에 일관된 행동을 취하면서도 확신을 가지지는 않는다. 그래서 성 중립 언어를 규정하면 위험해질 수 있다. 또한 사람들이 자연스럽게 받아들이는 것을 오히려 방해할지 모른다.

이와 반대로 사회적 격변은 거의 항상 '아래에서 위로' 이뤄진다. 젠더화를 당연시하는 젊은 세대가 일단 젠더 언어를 사용하기 시작하면 시간이 흐르면서 우리 사회에 자연스레 닻을 내리게 될 것이다. 하지만 시간을 충분히 들여야 한다. 그렇지 않으면 너무 급진적으로 전개되는 위험에 빠지게 된다.

반자본주의 사상을 크게 비난하지 않는다면 그 지지자들이 대중의 인기를 얻기 위해 온갖 수단을 다 쓰더라도 가만 내버려두면 된다. 나는 지금의 기후 보호 운동을 보면 2000년대 초반 아탁ATTAC의 반세계화 운동, 2011년 말의 월가 점령Occupy Wall Street 운동, 2015년 프랑크푸르트의 블로큐파이Blockupy('차단하다'와 '점령하다'의 합성어) 운동, 2020년 후반 제로 코로나 캠페인이 떠오른다. 기후 운동이 내거는 슬로건도 이들과 비슷하다. "기후 변화가 아닌, 체제의 변화System Change, not Climate Change!"

위기가 서서히 다가오면 자본주의에 대한 비판적 응답이 빠르게 등장할 준비를 한다. 하지만 사회 공동체의 인기를 얻으려 했던 반자본주의적 운동의 모든 노력은 결코 확고한 지반을 마련하지 못했다. 물론 누가 봐도 명백한 경제적 이유를 무시할 수는 없겠으나 이 책은 인간의 사고를 주로 다루기 때문에 여기에서는 무엇보다 중요한 심리적 원인을 꼽으려 한다. 즉 정치적 소수가 다수 안으로 파고들지 못하는 이유는 적대적 이미지를 형성하기 때문이다.

사회심리학적 관점에서 이 같은 상황은 언뜻 독특해 보인다. 원래 적대적 이미지의 형성은 소수가 성공하는 데 매우 결정적 심리 작용을 한다. 공동의 적대적 이미지만큼 한 집단을 단단히 밀착시키는 것도 없다.[11] 여기에 더해 소수의 이런 급진성은 오늘날 매체에서 전혀 다른 모습으로 비춰진다. 언론 역사에서 처음으로 우리는 소수 운동의 역동성을 실시간으로 경험할 수 있게 됐다. 그리고 이는 뉴스 가치가 있는 나름의 소재가 됐다. 급진적 소수에 대한 소식을 전할 수 있는 세상에서 누가 다수의 의견에 관심을 가지겠는가?

소수의 운동은 소리가 크고 다채로우며 다수와는 완전히 다른 성격을 띤다. 소수에 대한 보도는 이런 식으로 유행하는 현상처럼 다뤄진다. 소수 집단은 하나의 사건이 돼 새로운 종류의 사회적 중대성을 얻는다. 코로나 팬데믹 동안 언론 매체들이 크베어뎅커들의 시위운동을 놀라움과 혐오 그리고 매력을 뒤섞어 보도했던 것을 대부분 기억할 것이다.

그러나 이처럼 가시성과 급진성이 혼합된 소수 집단은 오히려 자기 멸망을 위해 애쓴다. 즉 급진적으로 그리고 한결같이 행동하는 것이 너무 중요한 나머지, 자신의 연결성마저 자주 희생시키곤 한다. 오늘날 소수가 관심을 받기 위해 사용하는 방법은 동시에 다수의 의견이 한층 더 흔들리지 않도록 만들고 있으니 아이러니가 아닐 수 없다.

나이 든 백인 남성들이나 베이비 붐 세대 또는 젠더화가 불편한 이들과 같은 다른 집단에 행동주의로 맞서면 소수는 스스로 교착 상태에 빠지고 만다. 하나의 집단으로서는 무척 동질적이지만 다수가 되기에는 너무 제한적이다. 존재 자체가 급진적인 까닭에 다수를 무너트리는 임계량이 되기를 바랄수록 소수는 자신의 사회적 연결성을 오히려 잃어버리게 된다. 평등권이 더욱 보장돼야 한다는 의견에 다수가 동의하더라도 과도한 젠더화를 사람들이 환영하지 않는 것은 별로 놀랍지 않다.

더 나은 기후 대책을 촉구하며 도로에 몸을 붙이는 이른바 접착 시위는 이를 실질적으로 경험할 수 있는 사례다. 독일인의 86퍼센트가 기후 운동가들의 도로 접착 시위에 거부감을 가지고 있다. 마지막 세대Letzte

Generation라는 이름의 환경 단체에 속한 기후 활동가들이 "다수를 등에 업은 활동 형태는 우리에게 필요하지 않다. 우리의 계획은 조금이라도 움직이게 만드는 것"이라고 말한다면 사람들은 물을 수밖에 없다.[12] 다수가 뒤에 없다면 민주주의 사회에서 어떻게 무언가를 움직이게 할 수 있을까? 이러한 조건 아래서 정치적 소수 의견을 붙들고 관철시키려는 사람은 민주적 의사 결정 과정의 토대를 벗어나게 된다. 그러면 소수의 폭정이 된다. 우리는 더 이상 선거를 할 필요가 없어지고 대신 전문가 위원회, 아니면 제비로 뽑은 시민 의회가 결정하게 내버려두면 된다. 평의회 공화국에 오신 것을 환영합니다, 민주주의 국가여 안녕!

오늘날 상당수의 시위 단체가 크게 오해하는 지점이 바로 여기에 있다. 당연히 가시성은 중요하다. 집단의 동질성도 물론 중요하다. 하지만 지나친 나머지 목표 지점을 벗어나 다수에게 위협적으로 보이면 사람들은 거부감을 느끼며 뒤로 물러나게 된다. 위협적 상황에서 사람들은 무리를 찾기 때문에 위험에 노출되지 않기 위해 오히려 다수의 의견에 동조하게 된다. 일견 논리적으로 들리지만 다시 생각해 보면 우리 시대의 엄청난 비극이 아닐 수 없다. 즉 의심스러운 경우 사람들은 객관적 사실에 기반을 둔 주장이 아니라 집단의 소속감을 얻는 쪽을 선택한다.

2022년에 진행된 한 연구에선 사람들에게 객관적 사실을 제공하면 유전자 변형 식품이나 백신에 대한 그들의 태도가 달라지는지 여부를 알아봤다. 연구 결과, 사람들은 내적 갈등에 처하면, 예컨대 유전 공학에 회의적 친구와 과학적 사실 사이에서 망설이는 경우 지체 없이 다수의 의견을 택했다. 설령 그것이 과학적 사실과 어긋나더라도 말이다.[13] 확실하지 않아 머뭇거리는 상황에서 소수가 다수에게 자기 의견을 관철시키려면 무엇을 어떻게 해야 할까?

트로이 목마처럼

지난 수십여 년 동안 독일에서 내려진 중대한 정치적 결정들을 평가한다면 원래 반대편에 있던 정당들에 의해 여러 급진적 정책들이 시행됐다고 할 수 있다. 사회민주당, 즉 SPD는 노동 시장 개혁 정책인 하르츠 IV Hartz IV를 도입했다. 기독민주연합, 즉 CDU는 징병제를 폐지했고 원자력 발전소의 단계적 폐쇄에 합의했다. 그리고 CDU가 이끄는 앙겔라 메르켈 정부는 원내 교섭 단체를 구성해 동성 결혼을 가능하게 만들었다.

독일의 사례에서 우리는 어떻게 소수 의견이 실질적으로 우세해지는지 살펴볼 수 있다. 천천히 하지만 끊임없이 스며들며 다수가 그 옷을 자연스럽게 입도록 만들어 마침내 관철시키는 것이다. 결정적 기준은 다수와 소수를 하나로 결합시키는 공통의 정체성이다. 이와 반대로 많은 항의 운동들이 품는 가장 큰 오해는 자신들의 항의가 투쟁처럼 보여야 한다고 생각하는 것이다. 시스템에 맞선 투쟁, 지배 계층에 맞선 투쟁, 자본에 맞선 투쟁 또는 다수 의견에 맞선 투쟁이 대표적이다. 하지만 바람직한 형태의 항의는 다수의 의견에 대항해 싸우는 것이 아니라 다수 안으로 몰래 숨어 들어가는 것이다. 소수는 외부가 아니라 내부에서 다수의 균형을 무너트려야 한다.

우리는 역사적으로 위대한 인물들의 조언을 받을 필요가 있다. 항의 운동을 성공적으로 이끌려는 사람들이 마음에 새겨야 하는 제일 중요한 비결은 바로 공통의 정체성을 내놓는 것이다. 예를 들어 마틴 루터 킹은 "나에게는 꿈이 있습니다 I have a dream"로 유명한 연설에서 흑인과 백인의 공존 및 통합으로 위대한 나라를 이루고 온 힘을 다해 모든 미국인의 자유를 위해 싸우자는 공통의 정체성을 불러냈다. 위협적인 말 한마디 없이 그리고 불평이나 비난도 없이, 대신 지금이 바로 민주주의의 약속을 실현할 때라고 호소했다.[14]

차별적 백인들에 맞선 저항이 없으면 이 바람이 잘 이뤄지지 않으리라는 것을 마틴 루터 킹은 당연히 알고 있었다. 하지만 공통의 정체성 없이, 다수를 향한 제안 없이 지속적 성공은 불가능하다는 것을 알 정도로 지나치게 현명한 사람이었다. 넬슨 만델라 또한 남아프리카의 인종차별에 맞서 싸우기 위해 동일한 방법을 사용했다. 그 역시 민족의 화합이라는 이념 아래 흑인과 백인을 한데 통합해 이전보다 더욱 강해져서 인종 분리와 차별을 극복하고자 했다.

반면 오늘날 상당수의 항의 형태는 너무 시시하고 편협하며 미숙해 보인다. 우리는 지구를 구하고 기후 위기와 싸우며 인류의 생존을 보장하길 원한다. 그리고 우리의 머릿속에선 일단 사회적 전선을 새로 형성하는 것보다 더 좋은 생각은 잘 떠오르지 않는다. "우리 할머니는 늙은 환경 돼지 Meine Oma ist 'ne alte Umweltsau"처럼 동요를 개사해 환경에 무심한 노년층을 비웃고 베이비 붐 세대를 욕하면서 체제의 변화를 요구한다.

소수는 눈에 잘 보일수록, 다시 말해 가시성이 높을수록 자기 의견을 관철시키기 어렵다. 아무리 최고의 논거를 가지고 있다 해도 강하고 단호하게 끌어당기면서 타협하지 않고 일관적으로 자신의 주장만 내세우면 역시나 다수 속으로 파고들기 어렵다. 소수는 트로이의 목마처럼 몰래 숨어 들어가 자연스럽게 스며들 때 비로소 다수의 균형을 무너트릴 수 있다. 그런 의미에서 '마지막 세대'의 기후 운동은 무언가 잘못된 계산을 하고 있으며, '미래를 위한 금요일'이 원하는 바는 좌절될지 모른다. 기후 정책적 측면에서 반드시 필요한 것들은 그들이 원하는 만큼 신속하게 실현되지 않기 때문이다.

물론 '미래를 위한 금요일'의 운동 덕분에 사회적 인식은 많이 달라졌다. 이런 과정은 상당히 느리지만 일단 달라지면 절대 되돌릴 수 없다. 이제 기후 보호는 정치와 경제 분야에서 지속적으로 다뤄야 하는 주제가 됐다. 학교 파업을 벌이며 금요일 시위를 거행하는 청소년들이 더 이상 없더라도 정치권에서는 기후 보호를 목표로 삼을 것이다. 급진적 형태의 항의가 없어도 이 목표를 성공적으로 달성해 낼지 모른다.

오늘날 도처에서 나타나는 대다수의 항의 형태는 기본적으로 시대에 뒤떨어져 있다. 루터 킹이나 만델라 때보다 더 진부해 보인다. 사회적 다수에 맞서 싸우는 대신 사회 전체가 공감할 만한 구체적인 제안을 하고 공통의 정체성을 불러내면서 변화의 모멘텀momentum을 구축하고 사회의 다수가 이를 떠받치게 만들면 소수는 원하는 바를 이룰 수 있다.

영원히 주변을 전전하고 싶지 않다면 모든 소수 집단은 다음의 질문을 스스로에게 던져야 한다. 우리가 다수에게 제공할 수 있는 공통의 정체성은 무엇일까? 변화를 위해 우리가 내놓을 수 있는 공통의 이야기는 무엇일까? 더 나은 기후 보호를 위한, 더욱 확장된 평등권을 위한, 인종차별을 더 줄이기 위한 사회 공통의 이야기를 찾아야 한다.

지금 우리는 진보하는 시대를 살아가고 있다고 스스로 자부한다. 그러면서 더 많은 사회적 전선을 곳곳에 세우고 서로의 몰이해에 대해 소스라치게 놀란다. "나는 저 사람이 마음에 들지 않네. 그러니 그에 대해 조금 더 알아봐야겠네." 에이브러햄 링컨이라면 이런 말을 했을 것이다. 적어도 그는 노예 제도를 폐지한 인물이 아니던가. 대대적 변화는 그걸 해내리라는 기대가 가장 적은 누군가에 의해 종종 실현된다는 것을 보여 주는 대표적인 사례이기도 하다.

물론 환심을 사기 위해 애쓰라는 소리가 아니다. 모든 집단을 한 배에 실으라는 뜻이다. 기후 변화의 경우 우리는 결국 수공업자, 엔지니어, 철학자, 교사, 투자 은행가, 택시 운전사 그리고 제빵사까지 모두가 필요하다. 청년층도 노년층도 그리고 베이비 붐 세대도 모두 필요하다. 항의를 오해해 급진적 방식으로 다른 집단과 경계를 긋는 대신, 항의 운동이 언제 실질적 성공을 거두는지 이해할 필요가 있다.

가능한 한 많은 사람에게 끊임없이 공통의 정체성을 제공하고 나서 차분히 기다릴 때, 비로소 소수 운동은 자기 의지를 관철시킬 수 있다. 그렇지 않으면 시위 행렬의 끄트머리에 있는 활동가 손에 들린 카우벨이 외롭게 울려 퍼지면서 언젠가 다들 집으로 돌아가게 된다. 그리고 사람들은 그저 멍하니 바라보다 몸을 돌리며 다음 항의가 등장하면 자신도 모르게 방어할지 모른다.

왜 모든 것은 점점 더 복잡해지는 걸까

더하고
또 더해야
직성이 풀려

12
GESETZE
DER
DUMMHEIT

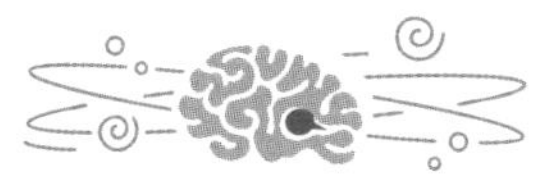

나는 생애 처음 혼자서 기차를 타고 베를린으로 떠나던 날을 아직도 생생히 기억한다. 초등학생이었던 나는 헤센Hessen주 남부에 위치한 벤스하임Bensheim의 기차역으로 들어가, 매표소 앞에 늘어선 기다란 대기 줄에 서서 차례를 기다렸다. 지금 와서 생각해 보면 휴대전화가 없던 그 시절 몇 분 동안의 기다림은 끝없는 고문과 같았을 것이다. 마침내 내 차례가 됐을 때 나는 매표소 공무원에게 가고 싶은 목적지를 말했다. 그는 컴퓨터에 몇 가지 항목을 입력하더니 기차표를 인쇄해 내게 건네줬다. 기다리는 일만 제외하면 정말로 간단한 시절이었다.

오늘날 기차표 구매는 그 자체로 하나의 학문이 됐다. 최근에 내가 베를린으로 가는 기차표를 예매했던 날을 복기해 보면 당시 나는 수많은 선택지가 있는 30가지 항목에 일일이 결정을 내려야 했다. 말하자면 나는 프랑크푸르트에서 베를린으로 가는 열차편 하나를 위해 무려 4만 1472가지에 달하는 다양한 기차표를 예매할 수도 있을 정도였다.

누군가는 철도 운행은 복잡한 사업이니까 그럴 수 있다고 말할지 모르겠다. 사실 틀린 말도 아니다. 그럼에도 나는 우리가 사는 세상의 근본적 문제가 하나 보인다. 온 세상이 계속 복잡해진다는 것이다. 단순해 보이는 것들도 점차 관료주의적으로 치닫고 있다. 예를 들어 유럽연합EU의 식품 관련 규정 No.509/2006을 보면 전통 나폴리 피자에 대한 규정만 거의 2만 4천 자에 이른다(비교하자면 이번 장 하나와 맞먹는 분량이다). 사과 마케팅에 관한 규정은 가령 빨간 사과가 A 색상군에 속하려면 얼마나 빨개야 하는지 등을 명확히 설명하기 위해 3만 자가 필요하다. 진짜 규정 괴물에 비하면 이 정도 관료주의는 귀여운 수준이다. 앞에서도 언급한 일반데이터 보호규정DSGVO, 즉 인터넷 사이트의 쿠키는 어떤 기준을 적용해야 하는지 등을 분명히 밝힌 규정은 40만 자에 달한다(그러니까 이 책보다 글자가 더 많다).

이러다 우리 일상을 이루는 최후의 모든 분야까지 관료화될지 모르겠다는 우스갯소리를 하며 넘어갈 수도 있다. 하지만 실제로 이러한 경향 뒤에는 인간적 사고의 기본 원리가 숨어 있다. 그리고 이는 삶의 모든 영역에 파고들어 일을 더 복잡하고 걷잡을 수 없게 만든다. 기차표 구매 과정은 복잡해졌어도 수많은 선택지 가운데 고를 수 있다는 장점이 있으니 웃으면서 지나갈 수 있는 수준이다. 오늘날 그 누구도 50년 전의 방식대로 극히 적은 기능을 가진 자동차를 몰려고 하지 않는다. 또한 1995년에 나온 전화기처럼 기능도 거의 없는 기계를 기꺼이 들고 다니려는 사람은 이제 하나도 없다.

우리 주변의 물건들은 언젠가 복잡성의 한계에 부딪힐 때까지 계속 해서 더 좋은 기능과 품질을 획득할 것이다. 특정 한계를 넘어서면 우리는 결국 유형의 혹은 무형의 사물을 개선시키는 대신 악화시키게 된다. 최악의 경우 과정이 심히 과열되고 변조돼 되돌릴 수도 바꿀 수도 통제할 수도 없게 될지 모른다. 그래서 인프라라고 불리는 사회 기반 시설 관련 프로젝트는 시간이 흐를수록 감당할 수 없게 되거나(독일 전역의 철도망을 개선하는 프로젝트인 도이칠란트탁트Deutschlandtakt는 2070년이나 되어야 완공될 거라고 한다) 아니면 변화에 맞서 고집스럽게 버티곤 한다. 이번 장에서는 이와 관련된 몇몇 사례들을 살펴보면서 동시에 이처럼 무한히 복잡해지는 경향을 저지할 수 있는 긴요한 해법도 알아볼까 한다.

문제 1: 우리는 계속해서 덧붙인다

2021년에 처음으로 다른 모든 사고 오류와 근본적으로 구별되는 새로운 종류의 사고 오류를 과학적으로 설명하는 논문이 하나 나왔다. 추가 오류addition fallacy 혹은 무지에의 호소argument from ignorance라고도 칭하는 사고 오류가 논문의 주제다. 지금까지 이 책을 자세히 읽은 독자라면 전형적인 사고 오류들이 항상 인간의 에너지를 절약해 준다는 사실을 알아챘을 것이다. 우리는 스포트라이트 효과를 통해 자기 자신에게만 초점을 맞추고 나머지 세상은 제대로 들여다보지 않는다. 우리는 원인을 단순화하면서 복잡한 설명은 감추며 메타 오류라고 할 수 있는 지속적인 확증 편향으로 삶을 극도로 단순화시킨다. 그러나 추가 오류의 실수를 범하는 경우 우리는 스스로 삶을 더욱 힘들게 만든다.[1] 심지어 쓸데없이 복잡해진 사물을 통제하느라 우리의 에너지와 정신노동을 끝내다 소진하고 만다.

이는 지극히 단순한 문제에서부터 시작된다. 레고 블록으로 만든 다리가 당신 눈앞에 있다고 상상해 보자. 하지만 이 다리는 하부에서 받치는 기둥 하나에 블록이 몇 개 부족해 불안하게 흔들거린다. 당신에게 주어진 과제는 다리를 안정적으로 세우는 것이다. 아마도 대부분의 사람은 다리를 안정적으로 세우는 데 필요한 블록 조각을 몇 개 더 기둥에 추가할 것이다. 실험 참가자들 가운데 열에 하나 정도만 다른 답을 내놓았다. 즉 이들은 더욱 긴 기둥에서 블록을 몇 개 떼어 냈다. 그러자 다리가 흔들리지 않고 안정을 찾았다. 더불어 보너스로 다른 어딘가에 끼울 수 있는 여분의 조각을 몇 개 더 얻었다.

무언가를 추가해 문제를 해결하려는 인간의 기본 경향은 대단히 고집스럽다. 대부분의 실험 참가자가 새롭고 비용이 많이 드는 해결책을 추가할 때마다 벌칙이 주어져도 자신의 선택을 고수했다. 이런 현상은 스트레스로 인해 더욱 악화된다. 즉 사람들에게 시간적 압력을 가하면 빼기를 통한 해결책을 머릿속에 거의 떠올리지 못한다. 이처럼 우리 안에 깊이 뿌리 내린 사고 원리는 심지어 여러 문화권에 걸쳐 나타난다. 미국뿐 아니라 일본에서도, 독일과 프랑스에서도 사람들은 비슷한 수준으로 이 같은 사고 오류에 빠지곤 한다.[2]

빼기 대신 더하기로 문제를 해결하려는 우리의 기본 경향은 단순한 레고 블록 과제에서만이 아니라 까다롭고 추상적인 과제 앞에서도 나타난다. 여행 일정이 너무 촘촘하게 차고 넘쳐 개선해야 하는 과제가 주어지면 사람들의 50퍼센트 이상은 오히려 일정을 완전히 채울 때까지 관광 명소 방문을 더욱 추가해 결국 더 이상 다 둘러볼 수 없는 지경에 이른다. 자신이 쓴 요약문을 두 번째 단계에서 최적화해야 할 때, 사람들의 80퍼센트는 기존의 글을 간결하게 정리하는 대신 새로운 문구를 덧붙인다. 말은 간결할수록 좋다는 식의 속담은 잊어버린 듯 말이다. 자기 글이 아닌 생소한 요약문을 정리해야 할 때에도 사람들의 약 3분의 2는 짧게 줄이는 대신 덧붙여 쓰려고 한다.

우리가 다른 사람에게 개선과 관련된 제안을 건넬 때, 이런 현상은 특히 두드러지게 나타난다. 구체적인 예를 들어 보자. 대학교 캠퍼스의 다양성을 높이려면 어떻게 해야 할까? 대학 총장실에 전화를 걸어 당신의 제안을 설명해야 한다면 무엇을 하고 싶은가? 실험을 통해 알아본 결과, 새로운 인재 모집 프로그램을 계획하는 대신 동문 자녀 특례 입학 제도인 레거시 입학Legacy admission의 문제를 손보자는 아이디어를 떠올린 사람은 10분의 1도 되지 않았다. 미국의 여러 대학에서 실시하는 이 제도 덕분에 졸업생의 자녀는 선발 과정에서 특혜를 받아 자리를 훨씬 더 쉽게 얻는다. 즉 다양성 향상에는 도움이 되지 않는 제도다. 이처럼 빼는 대신 더하는 현상을 우리는 과연 줄일 수 있을까?

우리가 이런 행동을 보이는 주된 이유는 무엇보다 노력과 헌신을 겉으로 드러내도록 훈련받았기 때문이다. 새로운 아이디어가 문득 떠오르는 것보다 더 확실한 것은 새로운 해법을 자신의 업적이라고 표시하는 것이다. "이것 좀 봐, 내가 생각해 냈어!" 또는 "내가 무언가 새로운 것을 만들어 냈어!" 우리 문화권에서는 수치상으로 '더 많은', '더욱 큰', '더 높은' 것을 '더 나은' 그리고 '더욱 성공적인' 것과 종종 동일시하기 때문이다(다음 장에서 다룰 주제인 '포기'가 중요해지는 대목이다). 하지만 이런 식의 문제 해결은 자기중심적일 수밖에 없다. 모두가 이렇게 생각해 버리면 피자를 위한 규정조차 성경만큼 방대해질 수 있다.

게다가 더하기는 빼기보다 항상 더 쉽다. 무언가를 덜어 낼 기회는 늘 제한적이지만 적어도 머릿속으로는 원하는 만큼 덧붙일 수 있다. 레고 블록의 경우 당신은 이미 조립된 조각만큼만 빼낼 수 있으나 새로운 조각을 붙일 기회는 거의 무한히 주어진다. 게다가 무언가를 빼려면 그 기능을 잘 이해하고 있어야 한다. 반드시 필요한 부품을 당신이 갑자기 제거해 버리면 다리는 무너지고 만다. 그럼에도 더하기는 인지적 측면에서 보면 빼기보다 훨씬 더 간단하다.

작동 방식이나 문제에 대한 이해가 없어도 단순하게 새로운 무언가를 시험 삼아 추가로 덧붙일 수 있다. 그러다 문제가 해결되기도 한다. 하지만 내가 여기서 인용한 연구 논문들은 바로 그런 까닭에 어리석은 사람들이 덧붙이는 경향을 보이는 것인지 여부를 분석하지는 않았다. 그럼에도 다음과 같이 뒤집어서 표현할 수는 있다. 즉 현명한 사람들은 문제를 인과적으로 파악하며 바로 그래서 쓸데없는 여분을 제거할 용기도 있다고 말이다. 이와 반대로 문제에 대한 이해가 부족할수록 해결책이 차고 넘칠 때까지 문제를 붙들고 늘어진다. 사고의 나태함이 깔려 있는 한 어쩔 수 없다. 그러나 이런 나태함은 오히려 문제를 더욱더 복잡하게 그리고 광범위하게 만든다. 마치 우리가 제 발에 걸려 넘어지는 것처럼 역설적이다. 또한 우리는 어리석게도 스스로 삶을 힘들게 만든다.

더하지 않는 사람은 뒤떨어진다

개인적 문제 해결 과정에서 이따금 자신이 해야 하는 수준보다 더 많이 추가하는 것은 그다지 나쁘지 않다. 그러나 사회적 문제는 우리의 해결책이 주변 환경에 작용을 하고 또 영향을 미치기 때문에 본질적으로 다르다. 시장에서 우리는 서로 감시하고 모방하며 상대방을 크게 이기려고 한다. 그런 까닭에 제품이 점점 더 복잡해진다. 새로운 상품이 시장에 나오면 경쟁자들은 뒤처지지 않기 위해 최소한 같은 수준으로 따라잡아야 한다.

마일리지 서비스의 발전이 대표적인 사례 중 하나다. 항공사의 단골 고객에게 자신들의 비행기를 탄 거리만큼 포인트를 적립해 주는 서비스는 1979년 미국의 텍사스 항공이 세계 최초로 도입했으며 1980년대 초 아메리칸 항공이 컴퓨터 기반 프로그램을 선보이면서 점차 확산됐다. 이후 2년도 되지 않아 아메리칸 항공뿐 아니라 다른 대형 경쟁사인 델타 항공, 유나이티드 항공, 트랜스월드 항공, 영국 항공 또한 고유의 마일리지 프로그램을 운영하기 시작했다. 독일은 조금 더 시간이 필요했다. 10년이 지나고 나서야 루프트한자는 마일스 앤 모어Miles & More 프로그램을 시작했다.

모든 항공사가 마일리지 서비스를 도입한 이유는 자명하다. 항공사 매출의 대부분은 몇 퍼센트에 불과한 극소수 단골 고객이 차지하므로 단골 고객을 단단히 묶어 놓으면 오래도록 더 많은 이득을 취할 수 있기 때문이다. 여기에 동참하지 않으면 그리고 유행을 놓치면 사람들의 관심에서 멀어지기 쉽다. 이처럼 보통 우리는 자기 위치를 유지하기 위해 달려야만 한다고 생각한다.

이런 현상의 근간을 비유적으로 설명해 주는 가설이 하나 있다. 이른바 레드 퀸 효과Red queen effect다. 이는《이상한 나라의 앨리스Alice in Wonderland》 속편인《거울 나라의 앨리스Through the Looking-Glass and What Alice Found There》에 등장하는 붉은 여왕에서 따온 가설로, 소설에서 붉은 여왕은 앨리스에게 이런 말을 한다. "여기서는 네가 할 수 있는 한 힘껏 달려야만 겨우 제자리에 머물 수 있어."

레드 퀸 혹은 붉은 여왕 가설은 맨 처음 진화생물학에서 인간의 면역체계가 점점 더 복잡해지는 이유를 설명하기 위해 사용됐다. 즉 우리의 면역계가 기생충, 박테리아, 바이러스 등과 지속적 군비 경쟁을 벌이며 진화해 왔다는 것이다. 공격적인 병원체가 새로운 기능을 갖추어 진화하면 인간의 면역계도 즉시 뒤따라가야 한다. 이 효과는 정치와 경제 분야에서도 나타나는데, 다양한 행위자가 서로 경쟁을 벌이자마자 일이 갈수록 더 복잡해져 카오스의 한계에 다다를 때 적용된다.

그사이 기차표 구매 과정이 지나치게 복잡해진 이유 또한 바로 이런 상호 간의 군비 경쟁 현상으로 설명이 된다. 항공사들처럼 철도청도 경쟁에서 해법을 찾은 셈이다. 사전 예약과 수요에 따라 비행기표 가격이 오르락내리락하듯이 기차표의 가격도 달라진다. 할인 요금, 보너스 포인트, 마일리지 적립 등은 복잡성을 계속해서 증가시킨다. 인간적 사고 방식에 깔린 기본 특징을 생각하면 그리 놀랍지도 않다.

문제 2: 우리는 번거로운 해결책을 찾는다

요즘 보면 간소화하기, 축소하기, 줄이기, 빼기를 전도하는 안내서가 도처에 널려 있다. 당신의 집을 성가신 쓰레기 더미로부터 해방시키려면, 그러면서 당신의 일상뿐 아니라 당신의 정신도 정리하려면 어떻게 해야 하는지 전하는 서적들 말이다. 이 책들은 단순함과 소박함이 마치 인간의 기본 욕구인 것처럼 이야기한다. 인간의 인지적 현실에 대한 엄청난 오판이 아닐 수 없다. 줄이기를 향한 갈망은 우리 삶의 주류인 더하기에 맞선 일종의 대항 운동이다.

오늘날 가장 빠르게 성장하는 시장 중 하나는 바로 개인 창고 대여 서비스다(영어로 셀프 스토리지self storage라고 부르기도 한다). 개인 창고 시장의 규모는 실로 어마어마한데, 2027년까지 합해서 850억 달러 수준으로 증가할 것이라고 한다.[3] 즉 해마다 7퍼센트 정도 성장한다는 뜻이다. 우리의 삶은 모아 놓은 물건들로 차고 넘친다. 정리를 하려면 버려도 되거나 버려서는 안 되는 것에 대한 정확한 이해가 필요하다. 그래서 우리가 찾은 해결책은 확실히 정리하는 대신 저장 공간을 늘리는 것이다. 우리는 애플 스토어와 아이폰의 단순함에 환호하지만 스마트폰 액정 밑의 세상은 전혀 다른 모습이 펼쳐져 있다. 평균적으로 우리는 40개의 앱을 스마트폰 하나에 설치하며 그 가운데 절반도 사용하지 않는다.[4]

인간적 사고에 깔린 이런 기본 설정은 너무나 강력해서 본래 단순한 과정조차 복잡하게 만들어 하나의 학문으로 탄생시킬 정도다. 차를 끓여 마시고 싶으면 원래 찻잎에 뜨거운 물을 붓고 조금만 기다리면 된다. 하지만 이 과정은 인간의 기본 설정과 달리 지나치게 간단하다. 반대로 우리 사회에서는 간단한 것에 복잡하고 정교한 규칙을 세운 다음, 사람들이 이를 따르면 문화로 정의한다. 비단 일본의 다도에서만 그치는 것이 아니다. 독일을 포함한 서구권에서도 자칭 차를 즐긴다는 사람들은 정해진 예법에 따라 차를 마신다. 이 과정의 상당 부분은 순수하게 차를 마시는 데 전혀 필요가 없다. 커피나 와인을 마시는 경우에도 우리는 이와 비슷한 광경을 목도하곤 한다. 즉 일을 복잡하게 만들어 하나의 학문으로 취급하는 것이다. 와인 전문가들조차 블라인드 시음회에서 레드와인과 화이트 와인을 잘 구별하지 못한다는 과학적 연구 결과가 다수 나왔음에도 말이다.[5]

문제를 풀기 위해 무언가를 계속 추가하려는 우리의 강렬한 기본 욕구 외에 이런 경향을 더욱 강화하는 또 하나의 인지적 현상이 있다. 바로 복잡성의 오류complexity fallacy다. 조금 덜 복잡하게 표현하자면 "일이 복잡해질 수도 있는데 왜 단순하게 가지?"처럼 생각하는 것이다. 이런 현상은 기본적인 계산 문제를 풀 때도 나타난다. 당신 앞에 2, 4, 8과 같이 세 개의 숫자가 나열돼 있다면 어떤 규칙에 따라 이어 가고 싶은가?

다음에 어떤 숫자가 올지, 적용 가능한 모든 규칙을 떠올려도 좋다.

사람들은 유독 기발한 답을 고안해 내기를 잘한다. 다음에 올 숫자는 앞의 두 수를 곱한 값인 32일 수도 있다. 아니면 이전 단계에서 늘어난 값에 2를 계속 더한 값인 14도 될 수 있다. 또는 계속 2씩 곱해도 된다. 가장 단순한 답은 바로 앞의 숫자보다 그저 크기만 한 숫자가 오는 것이다. 하지만 이 같은 답은 거의 내놓지 않는다.[6]

이런 식으로 우리가 내놓는 해법은 그럴 필요가 전혀 없는데도 복잡해진다. 이는 2장에서 다룬 원인의 단순화와 서로 모순되는 것처럼 보인다. 복잡한 세상 속에서 우리는 무엇보다 간단한 설명을 추구하는 경향이 있다. 차이가 있다면 이번에는 설명이 아니라 실질적 해법을 찾는 과정에서 사람들이 기꺼이 복잡하게 생각한다는 것이다.

우리가 적극적으로 행동해야 하는 순간을 떠올려 보면 감시나 관찰을 당하는 상황에 처한 경우가 종종 있다. 자신을 입증해야 할 때 어쩌면 우리는 압박을 받고 있을지 모른다. 그래서 우리는 새로운 해결책을 위해 무언가를 더하거나 유달리 복잡하게 만들어 우리의 정신적 능력을 증명하는 경향이 있다. 간단한 해법은 결국 누구나 내놓을 수 있으며 똑똑한 사람들만 복잡한 길을 갈 수 있다고 여기기 때문이다. 반면 현실은 완전히 반대라는 것을 우리는 좀처럼 알지 못한다. 우리 앞에 놓인 문제는 해결하는 것이 아니라 해석하고 설명해야 하며 아울러 가장 간단한 설명을 찾아야 한다. 그래야 정신적 에너지를 아낄 수 있다.

문제 3: 우리는 복잡한 것을 사랑한다

우리가 복잡한 해결책을 내놓으려고 애쓰는 이유는 통제를 보장받을 거라는 기대 때문일지도 모른다. 자동차를 구매할 때 80가지에 이르는 다양한 옵션 가운데 선택할 수 있으면 모든 것이 준비된 듯한 느낌을 받는다. 기능이 많을수록 통제 범위는 늘어난다. 그래서 수많은 광고들이 인간의 이런 사고 원리를 무자비하게 이용해 이득을 취한다.

당신은 DNA 회복 특징을 지닌 줄기 세포와 비오틴biotin이 함유된 샴푸를 구매할 수 있으며 손 관리를 위해 펩타이드peptide가 풍부한 수분크림을 살 수도 있다. 생화학을 전공한 사람은 지극히 적으며 장에 좋다고 홍보하는 프로바이오틱probiotic 성분이나 샴푸에 들어 있는 히알루론산hyaluronic acid의 정확한 효과를 아는 사람은 극히 드물다. 하지만 일반 소비자의 눈에는 어딘가 좋아 보인다. 결과적으로 판매를 촉진시킨다.

이런 원리를 매혹적 유인 효과seductive allure effect라고 부른다. 쉽게 말해 사건이나 사물을 원래보다 약간만 복잡하게 만들어도 인간의 탐욕을 깨울 수 있다는 것이다. 예컨대 치약은 하얗지 않아도 이를 닦을 때 거품이 나지 않아도 문제가 없다. 그렇지만 광고에서는 양치질에 대한 통제를 확보한 듯한 느낌을 주기 위해 불필요한 하얀색과 거품이 나는 그림을 한데 섞는다. 과연 물처럼 흘러내리는 짙은 갈색의 치약으로 이를 닦고 싶은 사람이 얼마나 되겠는가?

우리는 복잡성이라는 매혹적 유인에 빠져 간단한 설명을 크게 부풀려 마치 과학적인 것처럼 들리게 만든다. 맨 처음 이 효과는 신경과학적 현상을 잘 묘사하기 위해 사용됐다. 심리학적 조언에 완전히 불필요할지라도 몇몇 신경과학 전문 용어를 슬쩍 집어넣으면 훨씬 더 신뢰감을 준다. 과학적 언어는 이런 식으로 사이비 실체를 창조해 내며 우리의 방어 기제를 피해 간다. 우리가 스스로 불안하다고 느끼면 대뇌의 변연계에 속하는 편도체와 전전두피질에서 거의 동시에 이 같은 회피 행동을 작동시킨다. 바로 위의 문장 안에 들어 있는 모든 전문 용어들 또한 생략해도 좋다. 그러면 다음과 같은 뜻이 된다. 불안은 두뇌에서 작동되며 우리는 그 불안을 분명히 자각한다.

그사이 이 효과는 심리학뿐 아니라 다른 자연과학 및 인문학적 현상을 자세히 묘사하는 데 사용되고 있다.[7] 복잡하게 들리는, 특히 과학적 개념을 추가하면 즉시 신뢰도가 올라간다. 심지어 코로나 백신을 받아들이는 비율도 높일 수 있다. 백신에 대한 빈약한 설명을 몇 가지 면역학적 전문 용어로 은근슬쩍 속이면 충분히 가능하다.[8]

문제 4: 우리는 새로운 문제를 고안해 낸다

생각해 보면 참으로 역설적이다. 지금 우리는 상당한 시간을 절약해 주는 수많은 기술적 장치를 가지고 살아간다. 예컨대 나는 이제 더 이상 기차표를 하나 끊기 위해 매표소 앞에 서서 기다리지 않아도 된다. 모든 예약 시스템이 아무리 복잡하더라도 내가 어디에 있든 어디를 가고 싶든 요즘 나는 온라인에서 비교적 빠르게 표를 예매할 수 있다.

온라인으로 음식을 주문할 수도 있어서 이제 나는 더 이상 점심마다 마땅한 레스토랑을 찾을 때까지 돌아다니거나 혹은 무언가를 조리하기 위해 주방을 서성이지 않는다. 비행기를 타고 11시간 안에 샌프란시스코로 날아갈 수 있으며 기차로 3시간을 달리면 프랑크푸르트에서 뮌헨까지 갈 수도 있다. 혹은 화상 회의를 하기로 약속을 잡으면 장거리 여행을 아예 면할 수도 있다. 시간을 아껴 주는 기술적 가능성이 오늘날처럼 풍부했던 적도 없다. 동시에 지금처럼 사람들이 심히 쫓기는 느낌을 받은 적도 없을 것이다.[9]

그 이유는 무엇보다 인류의 역사에서 시간을 절약하기 위해 기술적 진보가 이뤄진 적이 아직 없기 때문이다. 오히려 반대로 우리는 같은 일을 더 짧은 시간에 처리할 수 있으면 주어진 시간 동안 일처리를 더욱 많이 해냈다. 시간을 절약한 만큼 업무량은 동일한 수준으로 늘어나거나 심지어 더 증가하기도 했다. 기술의 발전 덕분에 자기 시간을 채울 선택의 기회도 추가로 늘어났다.[10]

그래서 프로젝트의 작업 범위는 항상 넘어서는 안 되는 한계가 있다. 이는 마치 가득 찬 냉동고와 같다. 만약 당신이 새 냉동고의 저장 용량을 배로 늘리면 얼마 지나지 않아 냉동고의 절반이 벌써 채워졌다는 걸 깨닫지 못할 것이다. 가능성과 함께 요구도 늘어나기 때문에 당신은 냉동고가 다시 가득 찰 때까지, 하지만 더는 넘을 수 없는 많은 냉동식품을 사들일 것이다. 재미있게도 용량이나 범위를 줄이면 거의 문제가 되지 않는다. 즉 당신이 냉동고의 용량을 절반으로 줄이더라도 여전히 냉동고는 가득 찰 것이며 얼마 뒤 당신은 줄어든 양에 익숙해질 것이다.

물론 조건이 있다. 당신에게 반드시 필요한 최소한의 냉동식품만 꾸준히 사들인다면 말이다.

1955년, 영국의 행정학자 시릴 노스코트 파킨슨Cyril Northcote Parkinson은 이처럼 흥미진진한 현상을 처음으로 경제 주간지 〈이코노미스트The Economist〉에 자세히 소개했다. "우리가 업무를 마치는 데 걸리는 시간은 그 업무를 위해 할당된 시간만큼 늘어난다."[11] 다르게 표현하면 더 나은 기술은 점점 확대되는 규정이나 관료주의 또는 불필요하게 복잡해지는 진행 과정을 억제하는 데 도움이 되지 않는다는 뜻이다. 반대로 문제의 해결책을 강구하기 위해 우리가 더 많은 자원을 투입할수록 문제는 더욱 커진다. 쉽게 말해 악순환에 갇히고 마는 것이다.

흥미롭게도 파킨슨의 법칙은 다른 버전도 있다. 즉 우리가 문제 해결을 위해 들이는 시간은 여기에 소요되는 비용에 반비례한다는 것이다. 다른 말로 하면 사소한 문제일수록 해결하는 데 시간이 더 걸린다는 뜻이기도 하다. 도시 행정과 관련된 논의는 늘 시간이 오래 걸린다. 태양광 공원을 새로 조성하거나 시청 광장에 새로운 기념비를 세우는 일을 두고 공무원들은 왜 그리 오랫동안 토론을 벌이는 걸까? 파킨슨의 법칙에 의하면 사람들은 정말 중요한 문제에 몰두하는 대신 광장 미화 같은 사소한 일을 두고 격론을 벌인다. 그러면 결국 아주 단순한 문제에 수많은 사람이 매달려 각자의 의견을 내놓게 된다. 그래서 주제가 간단할수록 토론은 더욱 과해진다. 안타깝게도 요리사가 너무 많으면 국을 망치게 된다. 여럿이 달라붙으면 본래 사소한 문제도 풀기 어려워지며 그러다가 끝내 추하기 짝이 없는 기념비를 세우는 데 터무니없는 비용을 치르는 어리석은 행동을 하고 만다.[12] 혹은 EU의 피자 규정처럼 쓸데없이 책 한 장 분량에 이르게 된다.

이런 식으로 과해지는 토론을 위한 간단한 해결책이 있다. 해당 문제에 몰두하는 사람들의 수를 줄이는 것이다. 물론 소규모의 전문가 집단을 꾸리되 다양한 구성원을 확보하도록 신경을 써야 한다. 그래야 유연한 사고를 충분히 끌어낼 수 있다. 아니면 시간을 제한하는 것이다. 화상회의 플랫폼 줌Zoom은 초창기만 해도 무료 회의 시간을 40분으로 제한했다. 원래 줌은 과하게 길어지는 회의를 방지하기 위해 개발됐다. 당연히 뜻대로 되지는 않았다(왜 그런지는 당신도 경험해 봐서 알 것이다). 때마침 팬데믹 기간 동안 화상 회의나 화상 수업의 수요가 늘어나면서 추가 금액을 치르고 회의 시간을 더 길게 얻으려는 사람들을 위해 유료화로 전환한 후로는 상당한 수익을 올렸다. 하지만 부디 명심하자. 추가로 돈이 들어간다고 해서 유익한 생각이 보상으로 주어지는 것은 아니다.

관료주의 괴물 길들이기

고도로 발달된 사회는 복잡화의 과정이 이미 상당히 진행됐다는 문제를 안고 있다. 그리고 이 문제는 더 이상 문화적 현상이 아니다. 예컨대 일본 문화는 미니멀리즘minimalism과 축소 지향으로 잘 알려져 있다. 일본의 생산 현장에서 만들어진 기본 원칙 가운데 세이소seiso(청소)는 일터를 항상 깨끗하게 유지한다는 뜻이다. 이 원칙이 일상에도 파고들어 일본의 축구 팬들은 경기가 끝나고 나면 관중석을 정리하고 떠난다. 그럼에도 조직 문화와 관료주의 문화에 있어선 세계에서 가장 복잡한 시스템을 가진 나라로 꼽힌다(간발의 차이로 독일을 앞서고 있다).[13]

이런 사회는 언젠가 심하게 변조돼 새로운 문제에 거의 적응하지 못하게 된다. 풍력 발전용 터빈 하나를 인허가 받는 데만 5년 가까이 걸리는 일이 벌어질지 모른다.[14] 참고로 20세기 초반 베를린 지하철의 주요 노선을 완공하기까지 6년도 걸리지 않았다. 그리고 내가 이 책을 집필하는 동안 슈투트가르트에서는 새로운 중앙역을 아직도 짓고 있다(2024년에 완공될 예정이라고 한다). 도합 16년이 걸렸다.

물론 여기서도 비교할 필요가 있다. 이집트 기자의 피라미드는 최대 20년 동안 건축된 것으로 추정된다. 그토록 깔끔하고 질서정연한 슈바벤Schwaben 지역에서 새로운 역사 하나를 제대로 짓지 못한다니 세계의 불가사의가 아닐 수 없다(나도 그곳에서 10년 가까이 살았기 때문에 슈바벤을 잘 알 뿐만 아니라 상당히 높이 평가한다). 당연히 속도가 전부는 아니다. 또한 우리는 피라미드를 세우는 과정에서 얼마나 많은 사람이 희생됐는지 다 알지 못한다. 하지만 고도로 발달된 사회는 유난히 더디게 문제를 해결하는 경향이 있다. 독일에서 관료주의적 규정을 준수하기 위해 매년 170억 유로씩 쏟아붓는 것도 다 이유가 있다.[15]

우리는 무엇을 할 수 있을까? 관료주의적 방식으로도 우리는 가까스로 괜찮은 결과를 내놓을 수 있다. 이를 입증하는 예로 일몰 조항sunset clause이 있다. 말 그대로 일몰처럼 법률이나 규제도 일정 기간이 지나면 효력이 사라지도록 하는 제도다. 일시적 부가가치세 감면처럼 납세자가 부담하는 입증 책임을 전환하고 싶을 때 우리는 이 제도를 활용할 수 있다. 유용한 법령을 시행하되 기한을 정해 그 실효성을 확인하는 것이다. 이는 관료주의가 저절로 강화되는 것을 일차적으로 막아 주는 조항으로 영미권 국가에서 특히 자주 적용한다.

그러나 관료주의 저지보다 더 중요한 것은 문제 해결에 대한 인식의 전환이다. 더하기가 아닌 빼기 속에서도 해결책이 존재할 수 있다고 분명히 인식하는 즉시 우리는 해결책을 발견하게 된다. 여기서 우리는 대형 항공사의 마일리지 프로그램을 다시 들여다볼 필요가 있다. 루프트한자의 '마일스 앤 모어'는 그사이 세계에서 가장 복잡한 마일리지 서비스가 됐다. 보너스를 최대한으로 받기 위해 마일리지를 언제 어떻게 적립해야 하는지 연구하다 보면 당신은 거의 전문가 경지에 이를지 모른다. 한마디로 마일리지 적립은 그 자체로 하나의 학문이 됐다. 하지만 우리는 다른 식으로 할 수도 있다. 네덜란드 항공사 KLM은 복잡한 마일리지 계산법의 대부분을 버리고 단순한 포인트 적립식으로 전환했다. 가장 세련된 해결책은 쉽고 간단하며 동시에 정확하다. 루프트한자도 이 개념을 넘겨받으면 항공 업계의 호황기가 다시금 열릴지 모른다.

프로젝트를 진행할 때 자원을 한정하면 사람들은 이에 적응하며 복잡해진 행동 양식을 간소화하게 된다. 문제 해결의 본질은 기술이 아니라 정신에 있다. 2장에서 다뤘던 단순한 설명 모델을 떠올려 보자. 거기서 소개한 절약의 원칙은 해석과 설명의 영역에서는 위험하고 치명적이지만 우리가 문제를 실질적으로 해결하고자 할 경우에는 대단히 효과적이다. 다시 말해 여러 가지 선택지가 있을 때 우리는 항상 최소한의 노력과 비용으로 임무를 완수할 수 있는 쪽을 택한다.

도달하려는 목표가 분명할수록 문제 해결 방법은 더욱 직접적이다. 그런 까닭에 우리 인류는 치명적인 코로나 바이러스에 대항하는 백신을 역사상 기록적인 속도로 개발할 수 있었다. 또한 독일이 다섯 개의 새 LNG 터널을 '독일적 속도'로 건설할 수 있는 이유도 바로 여기에 있다. 속도가 과연 유의미한지 여부는 여기서 그리 중요하지 않다. 지금 우리는 도달하려는 목표가 분명하고 투입 가능한 자원이 명백히 정해지면 실행이 민첩하게 이뤄진다는 원칙하에서 이야기하고 있기 때문이다.

물론 모든 문제를 신속하고 민첩하게 해결할 수 있다는 뜻은 아니다. 일단 우리의 머릿속에서 인식의 전환이 이뤄져야만 기민한 해결이 뒤따르게 된다. 우리는 진보와 발전을 위해 불필요한 짐이나 쓸데없는 과정은 과감히 버려야 한다는 생각을 거의 하지 않는다. 그 대신 너무 많은 것을 당연하게 받아들이며 더 이상 비판적으로 묻지 않는다. 예컨대 나는 보조 바퀴를 달고 자전거를 배웠다. 정말 터무니없는 일이 아닐 수 없다! 보조 바퀴를 달고 타는 시간이 길어질수록 자전거를 배우는 속도는 더욱더 느려진다(그러면 균형 잡는 훈련을 제대로 하지 못한다). 요즘 동네 놀이터에 가 보면 보조 바퀴가 달린 자전거는 더 이상 찾아보기 어렵다. 이제 아이들은 페달 없이 두 발을 굴러 앞으로 나아가는 조그마한 밸런스 자전거로 균형 잡기를 배우며 아주 빠르게 주행 기술을 터득한다.

우리가 사용하던 보조 바퀴는 무엇이었을까? 인간의 진보와 발전에 해로움에도 불구하고 우리가 실로 오랫동안 아무 의문 없이 사용한 것들과 다름없다.

우리가 포기할 수 없는 이유

성장을 향한 매진

12
GESETZE
DER
DUMMHEIT

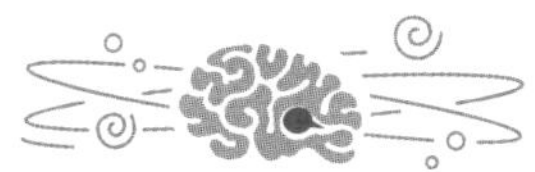

솔직히 자백하자면, 지금까지 살면서 나는 너무나 많은 것들을 사 모았다. 예컨대 나는 도합 세 개의 휴대전화를 사용한다. 나의 일상과 늘 함께하는 스마트폰 한 대, 자전거를 타러 나갈 때 챙기는 작고 오래된 휴대전화 한 대 그리고 마지막은 인터넷 사이트에 개인 전화번호를 기입해야 하는데 성가신 광고 메시지는 받고 싶지 않을 때에만 사용하는 휴대전화다.

세월은 참 빠르게 변한다. 예전에는 어머니에게 전화를 걸고 싶으면 인터넷 접속을 끊어야 했다. 지금 열다섯 살짜리 아이에게 그때의 이야기를 해준다면 아마 쉽게 믿지 못할 것이다. 이런 식의 통신 소비는 나 혼자만의 일이 아니다. 독일의 이동 통신 가입자 수는 1억 6천만이 넘는다.[1] 1인당 평균 두 개의 통신 서비스에 가입했다는 뜻이다. 물론 스마트폰 한 대로 여러 개의 번호를 사용할 수도 있지만, 평균적으로 독일인 한 사람당 거의 두 대의 휴대전화를 소유하고 있는 셈이다. 당연히 이는 엄청나게 많은 자원의 소모로 이어진다. 오늘날 전자 폐기물은 금보다 더 귀한 최고의 금광으로 여겨진다.[2]

지금 우리는 과잉의 시대를 살고 있다. 독일에 사는 성인 한 사람당 속옷을 제외하고 평균 95벌의 옷을 가지고 있으며[3] 그중 여덟 벌의 청바지도 절반만 입고 나머지는 그대로 옷장에 보관한다고 한다.[4] 영국의 여론 분석 기관 유고브에서 2022년에 실시한 표본 조사를 읽자마자 나는 내 방의 옷장으로 달려갔다. 다행스럽게도 내가 가진 청바지는 네 벌에 불과했다. 휴대전화 소비에선 평균을 넘어 버렸지만 청바지 덕분에 조금은 만회한 셈이다.

그럼에도 불구하고 우리는 대량의 소비재에서 벗어나기가 어렵다. 잘 정돈된 대형 마트에는 넉넉잡아 약 6만 가지에 달하는 제품들이 구비돼 있다.[5] 독일에서 유통되는 생수만 500종이 넘으며[6] 주민 수보다 텔레비전 보유 대수가 더 많다.[7] 우리는 겨울에 딸기를 사 먹을 수 있으며 크리스마스 과자인 렙쿠헨Lebkuchen을 여름에도 살 수 있다. 우리가 점점 더 많은 물건들을 사 모으는 것은 어쩌면 너무도 당연하다.

오스트리아 일간지 〈데어 슈탄다르트Der Standard〉가 2022년에 발표한 조사 결과에서는 평균적으로 독일인이 약 1만 가지의 물건을 소유하고 있다고 밝혔다. 이는 사실과 다르다.[8] 만 단위까지는 아니더라도 수천 가지 정도는 가지고 있을지 모른다. 나만 해도 사무실에 쌓여 있는 물건을 세어 보면 1천 개가 넘는다. 물론 그중에는 산더미 같은 책도 포함된다. 지식을 향상시켜 주는 양질의 서적은 아무리 많이 가져도 충분하지 않다. 부디 이 책도 잘 보관하길 바란다.

그럼에도 지금 우리가 너무나 많은 것을 소유하고 있다는 인상은 좀처럼 사라지지 않는다. 그래서인지 수년 전부터 소비 사회에 대한 반작용으로 새로운 역트렌드가 사회 문화 전반에 퍼지기 시작했다. 일본의 정리 전문가 곤도 마리에Marie Kondo는 자신의 정리 수납 비법을 담은 책으로 베스트셀러 작가 반열에 올랐으며 넷플릭스를 통해 집을 정리해 주는 리얼리티 프로그램을 선보이기도 했다. 미국의 기업가이자 블로거인 데이브 브루노Dave Bruno는 미니멀리즘을 극한으로 밀고 나갔다. 인간이 살아가는 데 100개 이상의 물건은 필요 없다고 말하며 《100개만으로 살아보기The 100 Thing Challenge》를 몸소 실천했다. 나는 차마 그 정도까지는 못 할 것 같다. 아마 시작하자마자 내가 절대 버릴 수 없는 150여 권의 책들이 머릿속에 떠오를 것이다(물론 내가 집필한 책들뿐 아니라 다른 여러 서적들을 포함해서 말이다).

세상이 점점 더 복잡해진다고 이야기했던 지난 장을 통해 우리는 왜 사람들이 모든 것을 계속해서 확장하는 경향을 보이는지 살펴봤다. 그러나 지금 우리는 다른 질문을 던지고 있다. 우리 인간은 왜 사물을 쉽게 포기하지 못하는 걸까? 결국 포기는 지속 가능한 삶의 열쇠일지 모른다. 일찍이 로마 클럽Club of Rome은 1972년에 《성장의 한계The Limits to Growth》라는 제목의 전설적인 보고서를 통해 통제되지 않은 성장이 불러올 파국적 결과를 경고했다. 이 보고서에 담긴 생각은 놀라울 정도로 명료하다. 즉 자원이 한정된 지구에서 무제한적인 성장은 불가능하다. 언젠가 모든 자원은 고갈될 것이며 그럼 우리 인간의 생존도 한계에 다다르게 된다.

물론 한정된 것은 당연히 무한하게 만들 수 있으므로 로마 클럽의 생각은 불완전하다. 가령 구체의 표면은 한정적이나 한계는 없다. 그래서 우리는 아무런 한계에 부딪히지 않고서 지구의 표면을 무한히 돌아다닐 수 있다. 상상을 마저 이어 가면 우리의 두뇌 또한 한정된 자원을 가지고 있다. 두뇌는 우리의 두개골에 꼭 맞아떨어지며 무게는 약 1.5킬로그램에 불과하다. 그럼에도 인간의 정신은 말 그대로 무한한 가능성을 가지고 있다. 정신적 성장의 문제는 쉽게 과소평가해선 안 된다. 물질적 성장 면에서도 마찬가지다. 우리는 동일한 자원을 여러 차례 사용할 수도 있다. 예컨대 인간이나 공룡이 마셨던 물은 그다지 다르지 않다.

이와 같은 자연철학적 사고는 이번 장에서 원래 다루려 했던 질문에서 다소 벗어나기는 한다. 다시 돌아가서 우리는 포기를 통해 세상을 구할 수 있을까? 조금 다르게 표현하면 수십 년 동안의 성장 뒤에 우리는 이제 제동의 단계 그리고 마이너스 성장의 단계로 들어서게 될까? 자연철학자이자 천체물리학자인 하랄트 레쉬는 이렇게 말한다. "공동으로 포기하는 것은 변화를 이루기 위한 올바른 길이다."[9] 또한 기후 활동가 루이자 노이바우어Luisa Neubauer는 "우리가 어디에서 포기할 것인지가 중요한 문제"라고 분명히 밝힌다.[10] 그런데 우리 인간은 과연 포기라는 것을 할 수 있는 종일까? 아니면 우리는 근본적으로, 계속해서 더 많은 것을 가지고 싶어 하도록 짜여 있는 걸까? 만약 그렇다면 삶에 대한 우리의 태도는 너무나 어리석지 않은가?

말은 간결할수록 좋다는 지난 장의 메시지를 유지하기 위해 이번 장에서 나는 거두절미하고 문자 그대로 머릿속으로 곧장 들어가려고 한다. 바로 그곳에서 포기라는 것이 결정되기 때문이다. 또한 우리가 다음 세대의 번영과 안녕을 위해 포기하지 못할 정도로 정말 그리 어리석은지도 거기에서 판가름 난다.

불행은 상대적이다

이득과 손실 그리고 행복과 불행의 상황에서 정확히 무슨 일이 일어나는지 이해하려면 두뇌를 들여다볼 필요가 있다. 모든 행복은 우리가 머릿속으로 실수를 저지르면서, 다시 말해 예측에 오차가 생기면서 시작된다. 매 순간 우리의 두뇌는 주변 환경과 관련해 일어날지도 모를 무언가에 대한 기대와 예측, 가정과 전제를 형성한다. 이를 위해 도파민dopamine이라는 신경전달물질을 사용하는 똑똑한 보상 체계가 생겨났다.

도파민은 우리를 행복하게 혹은 불행하게 만드는 데 결정적 역할을 하는 분자다. 지속적인 도파민 분비에 관여하는 두뇌의 한 영역은 우리의 행복감도 좌우하는 까닭에 라틴어로 누클레우스 아쿰벤스Nucleus accumbens라는 이름이 붙었다. 직역하면 '성적 쾌락의 핵심'이라는 뜻이다. 흔히 측좌핵으로 불리는 이 영역은 쾌락적 교감뿐 아니라 인간의 모든 활동에 관여한다.

우리의 행복 여부를 결정하는 것은 측좌핵에 전달된 도파민의 수치이기는 하나, 절대적 양이 아니라 도파민 분비량의 변화가 행복을 좌우한다. 즉 도파민 분비량이 강하게 증가하면 우리는 행복해진다. 이 순간 우리는 이른바 킥kick이나 도취, 황홀감이나 행복감을 느낀다. 다시 강조하지만 여기에서는 차이가 아주 중요하다. 이전의 도파민 수치가 이미 매우 높았다면 도파민 양이 조금만 상승할 경우 우리가 느끼는 행복은 그리 크지 않다.

우리는 일생 동안 자신의 기대를 능가하거나 혹은 능가하지 못하는 도파민 수치를 오가며 살아간다. 우리의 기대가 높을수록 행복해지려면 도파민 분비량이 더욱 많아져야 한다. 반대로도 마찬가지다. 기대가 낮으면 약간의 도파민 분비만으로 기분이 더 나아지기에 충분하다. 다른 말로 하면, 우리는 원래 가졌던 기대가 잘못된 판단일 때에만 행복해질 수 있다는 뜻이다. 기대와 다른 현실에 우리는 긍정적으로 놀란다. 그리고 이 놀라움은 더 많은 도파민으로 번역돼 실제로도 활발하게 생성된다. 이처럼 우리가 기대하는 정도에 따라 도파민 생성이 달라지는 현상을 과학에서는 보상 예측 오류reward prediction error라고 부른다.[11]

그러므로 행복은 결코 절대적이지 않으며 언제나 상대적이다. 만일 당신이 돈을 굉장히 많이 벌면서 부유한 사람들이 모여 있는 환경에 산다면 당신은 항상 주변 사람들과 자신을 비교하느라 기분이 그리 좋지 않을 것이다. 우리의 주변 환경은 언제나 우리의 기대에 영향을 미칠 수밖에 없다. 당신이 새로 자전거를 한 대 장만했다면 아무리 좋은 자전거라 하더라도 이웃 사람이 그보다 훨씬 더 비싸고 멋진 자전거를 차고에서 끌고 나오는 순간 더 이상 좋은 자전거로 보이지 않는다. 이렇듯 당신이 원하든 원하지 않든 즉각 당신은 주변 사람이 가지고 있는 것과 당신이 지금까지 소유한 것 그리고 소유할 수 있는 것을 비교하게 된다.

당신의 기대보다 당신이 더 많이 가지고 있을 때에만 당신은 생화학적으로 행복해진다. 안타깝게도 우리의 기대는 지속적으로 적응을 하며 우리가 행복감을 느끼는 즉시 위로 더 올라간다. 그런데 우리의 도파민 수치가 상승하면 다음번에 우리가 행복해지기 위해선 수치가 더 높아져야 한다. 그래서 약물 중독자는 도파민 수치가 너무 높아져서 약물이 더 이상 듣지 않을 때까지, 즉 행복감을 느끼기 위해 계속해서 투여량을 늘려야 한다. 결국 알코올 중독자는 더 이상 나쁜 감정을 느끼지 않기 위해, 즉 취하지 않은 사람처럼 평범한 감정을 느끼기 위해서 술을 마신다. 극도로 어리석은 메커니즘처럼 보이지만 우리는 이 쳇바퀴에서 벗어날 수 있다.

지금까지 이야기한 메커니즘은 포기와 무슨 관련이 있을까? 아주 간단하다. 바로 이 메커니즘으로 인해 당신은 행복해지기도 하고 불행해지기도 한다. 이전에 당신이 간절하게 원하던 것보다 지금 더 적게 가지고 있다면 당신의 행복 수준은 어떨까? 중뇌 변연계에서 분비되는 도파민은 더욱 적을 것이고 당신은 줄어든 도파민을 슬픈 감정으로 느끼게 된다.[12]

행복과 마찬가지로 슬픔도 상대적이다. 예를 들어 당신이 생일 파티를 열었다고 생각해 보자. 함께 신나는 밤을 보내기 위해 당신의 모든 친구와 친척과 이웃이 집에 모였다. 생일을 축하하며 당신은 날이 새도록 먹고 마시고 춤을 췄다. 그러다 언젠가 사람들이 하나둘 떠나고 마지막 손님까지 현관을 나섰다. 문 앞에서 작별 인사를 하고 당신은 몸을 돌려 집으로 들어왔다. 이제 당신은 혼자다. 그러면 당신은 적어도 약간은 슬퍼진다.

원래 당신 집에는 아무도 없었으므로 당신의 상태는 파티 이전과 다르지 않다. 하지만 당신의 기대와 행복 수준은 당신의 현재 상태와 비교하면 확연히 다르다. 휴가를 마치고 돌아올 때 우리는 이와 유사한 현상을 경험하곤 한다. 3주 동안 여행을 다니다 집으로 향하면 수많은 경험과 깊은 인상이 아직 가시지 않은 채 우리는 완전히 흥분한 상태로 현관문을 열게 된다. 그리고 휴가 후유증에 시달린다.

포기는 쓸데없는 일

우리는 지금 내가 가진 것이 아니라 내가 이전보다 더 많이 혹은 더 적게 가지고 있는지 여부로 자기 자신을 정의 내린다. 그 덕분에 우리는 포기를 어려워한다. 당신이 어떤 종류의 심리학적 트릭trick을 사용하든 상관없이 당신의 두뇌는 본성을 거스르지 않는다. 이전에 당신을 행복하게 만들었던 것보다 더 적게 가지고 있다면 지금의 이 포기는 당신을 불행하게 만든다.

물론 전보다 더욱 적게 가지는 것은 우리를 불행하게 만드는 하나의 이유일 뿐 전부는 아니다. 그렇지 않고서는 정리정돈이나 간소화 또는 미니멀리즘 관련 서적들의 상업적 성공을 설명하기는 어려울 것이다.

모든 것이 넘쳐 나는 과잉의 사회에서 검소한 삶은 하나의 기술이다. 아이폰이 등장한 이후 필수 기능만 남기고 다 덜어 내는 간결한 디자인은 21세기 현대 문화의 기본 원칙이 됐다. 1920년대의 바우하우스Bauhaus 양식 또한 이와 유사하게, 본질적으로 환원주의를 지향하기는 했다. 세상이 점점 더 복잡해지면 사람들은 1920년대와 2010년대에 우리가 그랬듯이 단순함을 그리워한다. 그런 까닭에 테슬라Tesla는 내부가 마치 무균실처럼 보이는 자동차를 판매하며 이른바 스칸디나비아풍의 미니멀리즘이 최근 실내 장식에서 가장 각광받는다.

그러나 세상에는 다양한 형태의 덜어 내기가 있다. 이들이 모두 포기하지는 않는다. 쓰레기를 버리는 사람은 쓰레기를 포기하는 것이 아니다. 포기란 나의 행복 수준, 정체성, 사회적 지위를 유지하기 위해 내가 간절하게 바라던 것보다 덜 가진다는 뜻이다. 어차피 내게 아무것도 가져다주지 않는 무언가를 버리는 일은 아주 쉽다. 쓰레기가 대표적이다. 집 안을 굴러다니는 불필요한 잡동사니도 마찬가지다. 자동차가 없는 사람은 속도 제한을 쉽게 요구할 수 있다.

개인적으로 나는 오로지 물만 마신다. 그래서 커피 한 잔을 만들기 위해 소모되는 물과 높은 운송비가 환경에 부담이 된다는 이유로 커피가 금지되더라도 큰 타격이 없을 것이다. 결국 나는 커피를 포기할 필요가 없다. 이처럼 사람들은 각자 자신을 행복하게 만들기 위해 필요한 무언가를 가지고 있다. 그것으로부터 벗어나는 일이 바로 포기라고 할 수 있다. 다른 모든 것은 저렴한 위선에 불과하다.

그뿐만 아니라 나중에 더 많이 가지기 위해 지금 무언가를 덜 가지는 것은 포기가 아니라 투자다. 열기구를 높이 올리기 위해 모래주머니를 바깥으로 던질 때 포기한다고 말하지 않는다. 또 우리는 이전보다 더 좋은 감정을 가져다줄 무언가보다 훨씬 더 많이 누리기 위해 투자한다. 내가 만약 1천 유로를 주식에 투자한다면 돈을 포기하는 것이 아니라 이전보다 나중에 더욱 많이 가질 거라고 소망하는 것이다.

지금 이야기하는 포기는 이전에 우리를 모종의 형태로 행복하게 만들었던 것에 대한 신경심리학적 포기에 국한된다. 그리고 이러한 포기는 사실 부질없는 일이다. 일정 기간이 지나면 우리는 다시 철회하고 되돌아올지 모른다. 또한 아무리 포기하더라도 우리의 안녕을 위해 필요한 최소한의 수준 밑으로는 절대 내려가지 않는다.

안타깝게도 안녕을 위한 최소한의 수준은 지구가 감당할 수 있는 지점을 넘어선다. 코로나 팬데믹 기간 동안 우리는 여행, 소비, 외출, 친구와의 만남 그리고 축하 파티처럼 많은 것을 포기해야 했다. 당시의 불가피한 포기를 반기며 즐거워한 사람을 나는 단 한 명도 만나 본 적이 없다. 우리 모두에게 무척이나 가혹한 선택이었다. 그럼에도 지극히 미미한 수준이었다. 2020년 코로나 팬데믹 동안 우리의 포기로 인해 감소된 이산화탄소 배출량은 9퍼센트에 불과했다.[13]

물론 우리는 계속해서 포기를 요구할 수도 있다. 하지만 단순히 사회적 각성에서 비롯된 포기가 끝까지 지속된 경우는 역사적으로도 없고 심리학적으로도 어려운 일이다. 지구를 구하기 위해 우리가 마냥 포기하면 우리의 정서가 근본적으로 흔들리기 때문에 좀처럼 포기하기가 어렵다면 우리는 무엇을 해야 할까?

상실에 대한 두려움

이전보다 더 적게 가지는 것에 대한 두려움은 우리 안에 깊이 뿌리 내리고 있다. 이런 경향은 현대 행동경제학의 고전적 용어이기도 한 손실 회피loss aversion 편향이라고도 불린다. 당신도 함께 참여할 수 있는 구체적인 예를 통해 살펴보자. 동전의 앞면이 나오면 당신이 10유로를 내놓아야 하고 숫자가 있는 뒷면이 나오면 당신에게 10유로를 주는 게임을 할 것이다. 당신은 동전을 던질 마음이 있는가? 통계적으로 보면 득도 실도 가져다주지 않지만 대부분의 사람들은 이런 거래를 받아들이려 하지 않는다.

위험을 대하는 인간의 사고방식을 다룬 장에서 이미 우리는 의사 결정을 할 때 인간이 그다지 이성적 동물이 아니라는 사실을 확인했다. 여기에서도 상실의 이미지는 우리의 눈앞에 선명히 떠오르면서, 그리고 우리를 두렵게 만들면서 다시금 승리를 거둔다.

당신의 부담을 덜기 위해 금액을 조금 높일까 한다. 이제 동전을 던져서 앞면이 나오면 당신은 10유로를 잃게 되고 뒷면이 나오면 15유로를 얻게 된다. 오히려 동전을 던지기 더 어려워졌다고 말할지도 모르겠다. 그러나 상금을 20유로 이상으로 높이면 대부분의 사람들은 적극 참여하며 기꺼이 동전을 던지려 한다. 아모스 트버스키Amos Tversky와 대니얼 카너먼Daniel Kahneman은 일찍이 1992년에 이 같은 실험을 진행하며 오늘날 손실 회피라 불리는 것과 관련이 깊은 현상을 발견했다.[14] 트버스키와 카너먼은 사람들이 동일한 금액이라도 이득보다 손실을 두 배 정도 더 크게 평가한다고 말했다. 다르게 표현하면 10유로를 얻으면서 느끼는 기쁨보다 10유로를 잃으면서 느끼는 슬픔이 두 배나 크다는 뜻이다. 그리고 포기로 인한 고통이 너무 크기에 사람들은 쉽게 포기하지 못하게 된다. 이 고통은 실제로 두뇌에서도 측정이 가능하다. 우리가 무언가를 얻을 때보다 상실할 때, 두뇌에서 기대에 관여하는 영역이 두드러지게 활성화된다.[15]

조금 더 정확하게 말하자면 상실의 두려움은 연구가 진행된 곳에 따라 크게 좌우된다. 예컨대 유럽은 세계에서 상실에 대한 두려움이 가장 큰 지역으로 꼽힌다. 이는 구체적 숫자로도 드러났다. 인간의 손실 회피 경향을 알아보기 위해 2017년 53개국 사람들을 대상으로 진행된 한 대규모 조사에 따르면 압도적 차이로 동유럽 국가의 사람들이 손실을 가장 두려워하는 것으로 밝혀졌다.[16] 가령 조지아 사람들은 뒷면이 나왔을 때 얻을 수 있는 금액이 70유로가 넘어야 동전 던지기에 기꺼이 응한다. 한편 독일인은 중간에 속하며 약속된 상금이 20유로 정도면 게임에 참여한다.

그런데 독일은 조금 특별한 행동으로 세계적인 주목을 받았다. 상실에 대한 두려움은 전형적으로 부유할수록 그리고 강할수록 줄어든다.[17] 여기에 숨겨진 원리는 다음과 같다. 상실은 스스로 감당할 수 있어야 한다. 그리고 부유한 사람들은 종종 위기를 무릅쓴 까닭에 부유해지고 강해졌다. 어쩌면 우리는 상실을 덜 두려워하는 것이 아니라 이득을 더 추구하는 것일지 모른다. 이상하게도 독일에서만 전형적 행동이 나타나지 않았는데 660명을 대상으로 한 연구 결과, 독일인은 부유할수록 상실에 대한 두려움이 더욱더 커지는 것으로 밝혀졌다.[18] 나는 이 연구를 보고 전혀 놀라지 않았다. 많은 돈을 모으고 나서 곧장 도박을 하는 독일인을 나는 단 한 번도 보지 못했다.

신경심리학적 측면에서 바라보면 상실의 두려움은 우리가 행복과 불행을 느끼는 방식과 결부돼 있으며 우리가 현재 상태를 유지하도록 돕는다. 애초에 우리 인간은 포기하도록 만들어지지 않았다. 실제로 우리는 자신의 행복을 극대화해야 한다. 삶이 만족스러울수록 우리는 지금의 상태를 한 걸음 더 뛰어넘기 위해 더욱더 노력한다(말했듯이 독일인은 여기에서 제외된다). 따라서 행복해지기 위해 우리가 무언가를 포기한다는 상상은 인간의 본성에 어긋난다.

반대로 인간이라는 동물은 근본적으로 자신이 가진 것을 극대화하도록 돼 있다. 그러므로 지속적 포기를 호소하며 우리 지구가 처한 곤란한 상황의 해결책이 포기라고 찬양하는 모든 이야기는 인간적 사고의 기본 토대에 아예 없는 낯선 것이다. 포기 옹호자들의 상상력 부족을 탓할 수밖에 없다! 이처럼 우리는 포기가 낯선 사고방식을 가지고 여전히 석기시대 동굴 속에 앉아 있는 셈이다.

포기에 대해서 이토록 상상력이 부족한 우리가 인류의 거대한 위기 앞에서 역사의 수레바퀴를 1970년대로 되돌리고 이미 획득한 풍요를 포기하는 것보다 더 나은 아이디어를 과연 떠올릴 수 있을까? 공상가, 개척자, 기술자, 발명가의 나라 독일은 지금 어떻게 됐는가? 과거에 독일은 촉매를 개발하며 산성비를 멈추게 하고 세계 최초로 컴퓨터와 자전거를 발명한 나라다. 이 모든 것들은 세상을 한층 더 나아지게 만들었다. 그런데 지금 우리의 머릿속에선 다음 세대에게 철저한 절제를 안기는 것 외에 다른 생각을 떠올리지 못한다. 고트리브 다임러Gottlieb Daimler라면 작업실에 앉아 지속 가능한 자동차를 설계할 것이다. 베르너 폰 지멘스Werner von Siemens는 대체 에너지 기술을 개발할지 모른다. 전통적 사고방식의 철학자들은 얼마든지 포기를 권할 수 있다. 그럼에도 다수는 여전히 다르게 살기를 바라는 것이 현실이다.

대안은 무엇일까?

기본적으로 우리의 행복은 실패하도록 돼 있다. 오로지 도파민 수치가 달라져야 행복감을 불러일으킬 수 있다면 우리는 언젠가 더 이상 유지할 수 없을 때까지 매 순간 기존의 행복 수준을 유지하기 위해 어마어마한 노력을 들여야 한다. 그러면 우리는 다시 불행해진다. 쓴맛을 못 느껴 봤다면 달콤한 것도 달콤한 게 아니다.

신경과학적으로 행복함은 행복해지는 것만큼 아름답게 여겨지지 않는다. 미국의 헌법에서도 '행복할 권리'가 아니라 행복을 추구할 권리Pursuit of Happiness를 명시하는 것은 그리 놀랍지 않다. 그뿐만 아니라 행복한 상태는 상당히 지루하며 비생산적이다. 행복한 사람은 세상을 바꾼 적이 없다. 이들은 더 이상 달라지기를 바라지 않는다. 지금 행복하다면 우리는 이 상태가 변함없이 유지되기를 바란다.

극단적 예를 하나 들어 보자. 헤로인Heroin에 취한 사람의 내면을 들여다보면 생화학적으로는 최고치를 찍을지 몰라도 그의 행복감은 더 이상 올라가지 않는다. 헤로인에 도취된 사람은 절대 생산적이지 않다. 그저 이미 도달한 행복감을 소모시킬 뿐이다. 대부분 우리는 자신을 더 나아지게 만드는 것에 관심이 있다. 그런 까닭에 역사 속에서 우리는 거의 항상 발전하는 이야기들을 마주하게 된다.

우리의 모든 스토리텔링은 동화든 연애 소설이든 아니면 할리우드 영화든 만족감과 행복감 같은 좋은 느낌을 우리에게 전해 주는, 즉 인간이 무언가를 도달하고 성취하고 실현한 이야기에 토대를 둔다. 사랑 이야기가 언제나 두 사람이 하나가 되고 나면 끝이 나는 것도 함께하는 것이 알아가는 것보다 긴장감이 훨씬 덜하기 때문이다.

그래서 포기가 새로운 문화 기술로 자리 잡는 일은 기본적으로 거의 불가능에 가깝다. 적어도 인류의 역사에서 포기가 제대로 이뤄진 적은 아직 없다. 포기 사회는 아직 이론에 불과하며 문서상으로는 좋아 보이지만 인간적 사고의 기반을 간과하는 생각이다. 애초에 우리는 항상 비교하도록 설정된 유기체라는 것을 떠올려야 한다.

한 가지 바로잡자면 적어도 독일 문화권에서는 세속적 발전을 약속할 수 없었던 중세 교회에서 한때 포기와 절제를 사회적 원칙으로 삼았던 적이 있다. 중세 교회가 강조한 죽음에 이르는 일곱 가지 죄악 가운데 시기, 탐식, 탐욕, 정욕, 교만의 다섯 개는 포기해야만 면할 수 있는 것이었다. 수세기 동안 중세 사회의 사람들은 포기함으로써 천국을 약속받았다는 한 가지 조건 덕분에 성직자의 권력에서 벗어나 개인적 야망으로부터 자유로울 수 있었다. 흥미롭게도 이 부분은 현재 신경심리학 연구에서 밝혀진 것과 일치한다. 즉 사람들은 대가가 주어진다는 것을 알면 포기한다. 초월적 영혼의 치유 혹은 더 나은 미래가 대가로 주어진다는 점에서 일종의 투자라고도 할 수 있다.

그럼 우리는 어떤 낙원에 대한 약속이 주어지면 기꺼이 포기할 수 있을까? 설령 우리 아이들이 지금부터 평생 동안 끊임없이 포기를 연습한다 하더라도 기후 변화는 2100년에도 여전히 맹위를 떨칠 것이고 아이들의 후손은 더 나은 세상을 결코 경험하지 못할 것이다(우리 어른들이 너무 탐욕스러운 나머지 자연을 모두 약탈해 버려서 진심으로 미안하다). 세상이 더 나아지지 않는다는 걸 우리가 모두 안다면 무엇을 위해 노력을 들이겠는가? 무엇보다 사회의 미래에 대한 내러티브가 바닥날 위기에 처한 환경에서 우리는 미래 세대에게 지속적으로 동기 부여를 할 수 있을까?

신경과학적 관점에서 내놓을 수 있는 답은 없다. 적어도 광범위한 차원에서는 불가능하다. 인간은 미래의 자기 자신을 완전히 낯선 사람으로 생각하기 때문이다.[19] 또한 우리는 먼 미래의 낯선 사람을 아주 쉽게 희생시키며 산다. 아울러 인간은 미래의 행복을 정신적으로 평가 절하하는 경향을 보인다.[20] 직접적으로 견줄 만한 행복한 상태를 누리고 있다 해도 미래에도 현재와 동일하게 즐거울 것이라는 생각을 못한다.

독일의 설문 조사 역사상 처음으로 34세 미만의 사람들이 미래 대신 과거의 삶을 더 그리워한다는 결과가 나온 적이 있다.[21] 환경 보존이라는 약속을 위해 우리가 발전과 성장 대신 분배와 복지 개선 그리고 절제와 포기를 해야 한다면 더 이상 기대할 것이 없다. 이제껏 우리를 강하게 밀어붙인 것은 포기가 가져다줄 약속의 땅이 아니라 유토피아Utopia

였다. 어쩌면 서구 사람들은 우리가 자연에 저지른 죄의 대가를 언젠가 치르기 위해 중세에 포기함으로써 얻은 약속된 르네상스를 우리가 지금 누리고 있다고 생각할지 모른다. 언젠가 세상이 멸망하면 우리는 기후 재앙을 맞이하면서도 내 잘못이 아니라고 주장할 것이다. 이는 수년 동안의 포기로 우리가 얻은 유일한 소득일지 모른다.

물론 우리는 자신의 포기를 긍정적으로 재해석할 수도 있다. 이처럼 사고방식의 틀을 바꾸는 것을 영어로 리프레이밍reframing이라고 부른다. 자신의 상황을 달리 생각하면서 조금이나마 지속 가능한 삶을 이어 가는 것이다. 하지만 리프레이밍의 효과는 미미하다. 2020년 독일인을 대상으로 진행된 에너지 절약 관련 연구에선 '5퍼센트 줄이기'처럼 구체적 목표가 주어지거나 아니면 '해당 목표에 도달하면 나무 한 그루를 심을 수 있다'는 식의 생태적 약속과 결부되면 사람들이 에너지를 절감하는 데 동기 부여가 되는지 알아봤다. 연구 결과 사람들은 생태와 관련된 약속처럼 구체적 양심의 가책이 생기면 에너지를 더 많이 절약했다. 그러나 그 효과는 5퍼센트 정도에 그쳤다.[22]

계몽이나 각성을 통해 친환경적 행동과 포기를 더욱 잘 리프레이밍할 수 있다는 생각은 행동과학적 연구 결과와 상통하지 않는다. 사람들, 특히 이탈리아인은 개인의 생태적 양심에 호소하더라도 적극적으로 에너지를 절약하지는 않는다.[23] 중국에서는 쓰레기 줄이기 캠페인에서 친환경적 리프레이밍보다 금전적 장려가 더 효과적이다.[24]

2022년에 발표된 한 리프레이밍 관련 연구 논문은 심지어 단순한 리프레이밍이 친환경적 행동을 이끌어 내는 데 도움이 되지 않는다고 밝혔다.[25] 여러 가지 리프레이밍 기술을 결합시켜야 비로소 사람들은 자기 행동을 바꾼다. 하지만 행동의 변화가 얼마나 중요한지 왜 필요한지 반복적으로 주장하는 방식으로는 절대 무언가를 이끌어 낼 수 없다. 사람들에게 단순히 "포기는 득일 수도 있다"는 리프레이밍으로 동기를 부여할 수 있다는 생각은 인간적 사고의 현실과 크게 동떨어져 있다.

다른 사람들은 무엇을 할까?

자원을 더욱 절약하는 방향으로 나아가기 위해 단기적 포기는 중요할지 모른다. 사람들은 포기함으로써 잠시나마 자신이 처한 현재 상태를 경험하게 된다. 하지만 끝내 사람들이 무언가를 포기하도록 만들기는 어렵다. 장기적으로 보면 포기는 지속 가능한 행동이 아니다. 사람들에게 생산적 전망을 제공하지 않으면 사회 공동체의 정체성은 사장되고 만다.

그런데 포기를 호소하는 목소리는 서구 중심의 오만한 신식민주의Neocolonialism로의 회귀로 들리기도 한다. 즉 이제 서구인은 자신들이 그동안 세상을 산업용으로 충분히 착취한 것에 감사하며 포기를 문명인다운 미래 지향적 생각이라고 이야기하고 있는 형편이다. 과연 독일이 포기를 성공적으로 해낸다면 세상 사람들이 본보기로 삼을 만한 옳은 방향을 제시하는 것일까? 8장에서 스포트라이트 효과를 다루며 살펴봤듯이 우리는 자기 자신을 지나치게 중요시 여기는 경향이 있다. 이처럼 자기중심적 세계관을 가지고 신흥 발전 국가들이 지속 가능한 체제로 전환하도록 유도하기는 거의 불가능하다.

우리는 문화마다 상실의 경험을 대하는 방식이, 즉 포기에 대한 부정적인 프레이밍이 각기 다르다는 점을 깨달아야 한다. 앞서 살펴봤듯이 동유럽 국가들은 세계에서 가장 상실을 두려워하며 독일은 중간 즈음에 위치한다. 그리고 가장 위험을 무릅쓰는 나라들은 주로 아프리카에 있다. 앞서 언급한 동전 던지기 실험을 탄자니아에서 진행하면 뒷면이 나올 때 지급되는 상금이 10달러만 돼도 사람들은 선뜻 게임에 참여한다. 물론 이 같은 실험 결과에 대해 탄자니아인이 손실에 대한 두려움이 더 적다기보다 이득을 더욱 추구한다는 해석이 적절하다.

집단주의적 특성을 지닌 국가들의 경우 위험을 훨씬 더 쉽게 허락한다.[26] 그곳에선 누군가 잘못된 결정을 내리더라도 독일 같은 개인주의적 나라보다 더욱 빠르게 주변 환경에 받아들여지기 때문이다. 여기서 말하는 위험은 경제적 위험뿐 아니라 사회적 위험도 해당된다. 가령 독일 땅에서 모래 위에 기업을 하나 세운다면 즉시 바보로 취급될 뿐 과감한 사업가로 여겨지는 일은 없을 것이다. 쉽게 말해 포기는 전 지구적으로 수출할 수 있는 성공 모델이 아니다. 소비 지향적 과잉 사회에 살고 있는 우리가 약간 포기할 여유가 있다고 해서 다른 이들도 곧장 우리를 따라할 거라고 생각해서는 안 된다.

사람들은 흔쾌히 포기하지 않는다. 우리는 매 순간 자신을 행복하게 만드는 것을 조금이라도 더 얻으려고 시도한다. 그리고 언젠가 다시, 좀처럼 거역할 수 없는 불행한 순간을 맞이한다. 그런데 이런 불행한 감정

속에는 인간의 가장 큰 강점이 숨어 있다. 지금보다 더 나아지려는 추동력과 창의력은 우리가 누구보다 독창적인 발명품을 만들도록 해줬다. 우리는 이처럼 근본적 사고 원리에 맞서 새로운 시도를 할 수 있다. 물론 그 시도가 성공하지 못하더라도 말이다. 우리의 이런 창의적 능력을 활용할 정도로 인간의 사고 원리는 상상 이상으로 똑똑할지 모른다.

앞에서 언급한 여러 연구 결과는 사람들에게 아주 구체적이고 실질적인 이익이 주어질 때, 이를테면 돈을 아낄 수 있거나 아니면 전제 군주 같은 석유 독재 국가들로부터 독립할 수 있을 때 훨씬 더 많은 에너지를 절약한다는 점을 시사한다. 사람들은 유기농 채소가 전통 음식보다 더 맛있고 비용이 덜 들면 기꺼이 먹는다. 지구를 구한다는 생각이 훌륭하기 때문에 따르는 사람은 거의 없다. 100년 뒤에 세상이 멸망하든 말든 결국 현재의 우리와는 아무런 관련이 없지 않은가?

쳇바퀴 활용하기

따라서 우리는 지극히 구체적이고 유용한 약속을 만들어 내든지 아니면 풍차에 맞서 싸울 수밖에 없다. 무엇보다 유용함을 즐거움과 연결시켜야 한다. 예컨대 폭스바겐은 1999년에 100킬로미터를 3리터 미만으로 주행하는, 이른바 3리터 차 루포Lupo를 처음으로 세상에 내놓았다. 루포는 포기라는 개념을 전면에 내세운 경차였다. 문은 3개밖에 없었고 트렁크 공간을 아낄 정도로 작디작았다. 그런데 미안하지만 디자인도 아낀 나머지 외관은 못난 편이었다. 하지만 굉장히 경제적이기는 했다. 이번 장을 다 읽은 독자라면 그것만으로 충분하지 않다고 생각할 것이다. 안타깝게도 혹은 당연하게도 루포는 오랫동안 사랑받는 롱셀러long seller가 되지 못했고 출시된 지 6년도 되기 전에 단종됐다.

그로부터 얼마 뒤 테슬라가 만든 첫 양산형 전기차가 시장에 나왔다. 테슬라의 첫 전기차는 100킬로미터를 달리는 데 소모되는 에너지가 루포의 절반에 불과하다. 하지만 루포와 달리 포기라는 개념 때문에 주로 팔리는 것이 아니다. 테슬라 자동차를 모는 사람들은 스스로 기술적 아방가르드Avant-garde(전위대)에 속하는 모바일 엘리트라고 느낀다. 처음으로 전기 자동차를 멋들어지게 만든 테슬라가 독일이라는 자동차 제국에 도전장을 던질 수 있었던 것도 어쩌면 당연한 결과다. 반면 중국에서 나온 전기차 중 어떤 것도 포기를 지향하는 자동차로 보이지 않는다. 그럼에도 불구하고 전기차는 현대적인 모빌리티mobility 세상으로 나아가는 데 중요한 역할을 맡고 있다.

사람들에게 구체적이고 실질적 유익을 제공하면 변화 또한 이끌어낼 수 있다. 북아프리카에서 진행된 데저텍Desertec 프로젝트가 끝내 성공하지 못한 이유가 바로 여기에 있다. 아이디어는 독창적이었다. 태양광 패널panel을 설치하면 어마어마한 국가 보조금이 나오는 잿빛 독일 대신, 햇볕이 강렬하게 내리쬐는 그곳에 아예 태양열 발전소를 세우자는 아이디어였다. 다시 말해 북아프리카에서 생산된 전기의 일부를 유럽으로 수출하자는 뜻이었다. 하지만 북아프리카에서 생산하고 남은 전기를 유럽으로 보내자는 프로젝트는, 이른바 모두를 위한 윈윈win-win 전략이 아니라 순전히 유럽 중심주의에 기반한 아이디어에 불과했다.

물론 그 무렵 '아랍의 봄'이 일어나 계획이 순조롭게 추진되지 않은 측면도 있지만 원대한 비전vision을 품은 프로젝트가 무너지게 된 근본적인 원인은 따로 있었다. 즉 현지 주민들에게 돌아갈 구체적이고 실질적 유익이 존재하지 않았다. 그럼에도 좋은 아이디어는 막을 수가 없어서 언젠가 사막의 에너지는 뒷문으로 들어올지 모른다. 사우디아라비아와 두바이 그리고 아부다비는 앞으로 자신들이 저렴한 수소 에너지를 직접 생산해 전 세계에 배로 수송해 보낼 거라는 사실을 다 알고 있다.[27] 다른 이유는 없다. 다만 그걸로 돈을 벌 수 있기 때문이다.

전기 에너지를 지속적으로 얻을 수 있다는 생각은 꿈만 같다. 그러면 사람들은 전기를 낭비하지 않을 것이다. 태양 에너지처럼 아무리 써도 줄어들지 않는 무언가를 낭비할 일은 없을 것이다. 에너지를 지속적으로 얻을 수 있는 기술을 개발하는 일은 인류의 과제일 뿐 아니라 의무이기도 하다. 또한 우리는 인간의 욕구를 계속 충족시키는 미래 지향적 약속을 만들어 내야 한다. 나뿐만 아니라 로마 클럽의 보고서에도 이와 비슷한 생각이 담겨 있었다.

로마 클럽이 처음으로 경종을 울린 지도 50년이 지났다. 그사이 역사는 상전벽해와 같은 대전환을 이뤘다. 그리고 50년 전의 보고서는 사실 포기가 아니라 성장에 대한 관점을 전면에 내세웠다.[28] 물론 독일은 지난 30년 동안 경제 성장과 탄소 배출을 서로 분리할 수 있음을 몸소 보여 줬다. 1990년 이후 독일은 두 배 이상의 경제 성장을 이뤘고 동일한 기간 동안 이산화탄소 배출은 40퍼센트 가까이 줄였다.[29] 이 같은 전개를 보고도 성장과 환경 보호는 원칙적으로 양립할 수 없다고 진지하게 주장하는 사람이 과연 얼마나 될까?

다시 포기라는 개념으로 돌아가 보자. 앞서 말했듯이 인간은 절대로 흔쾌히 포기를 하지 않는다. 좋은 이야기도 리프레이밍도 소용이 없다. 우리는 항상 자신을 행복하게 만드는 무언가를 분에 넘칠 때까지 극대화한다. 언뜻 제 무덤을 파는 것처럼 어리석어 보이기도 한다. 하지만 다른 한편으로 보면 우리의 성장을 향한 노력은 인류가 내놓은 모든 뛰어난 아이디어의 원천이었다. 그러므로 이 힘을 현명하게 사용하면 일거양득의 효과를 낼 수도 있다.

우리가 기술적으로 이처럼 멀리 왔으니 그동안 잠들어 있던 양심에 포기를 호소해도 되지 않을까? 몇몇 영역에서는 조금 물러서더라도 별다른 일이 벌어지지 않을 것이다. 겨울에 신선한 딸기를 원하는 사람이 얼마나 되겠는가? 청바지가 여덟 벌이나 필요한 사람은 또 얼마나 될까? 그러나 다음 세대에게 포기를 권하면서 그걸로 세상을 구할 수 있다는 희망이 없다면 우리의 체면이 깎일 뿐 아니라 우리의 상상력이 지나치게 부족한 것은 아닐까?

불안을 즐기는 사람들

비관주의의
즐거움

12
GESETZE
DER
DUMMHEIT

미래를 비관적으로 바라보는 사람들이 살기에 독일은 최적의 장소다. 어디를 둘러보든 상관없이 다가올 몰락의 징조가 도처에 도사리고 있기 때문이다. 망가진 공급망은 이미 지구화된 우리의 경제를 둔화시키고 인플레이션은 독일의 오랜 트라우마를 다시 흔들어 깨우며 에너지 부족은 유럽에서 벌어진 전쟁으로 더욱 심화되고 있다. 어쩌면 또 하나의 코로나 돌연변이가 근방을 서성이다 문득 나타날지도 모른다.

좀처럼 예측할 수 없는 위협들만으로는 아직 충분하지 않은지 우리는 눈을 뜨고 뻔히 보면서 실로 거대한 위험 속으로 걸어 들어가고 있다. 연금 체계의 몰락이나 기후 위기는 우리의 삶을 이루는 모든 기본 토대를 와해시킬지 모른다. 그리고 무엇보다 우리를 위협하는 대대적인 아포칼립스는 전 생태계를 붕괴시킬 수 있는 멸종이다.

어디를 둘러보든 하나같이 내리막길로 접어들고 있다. 한때 독일은 수출 부문의 세계 챔피언이었으나 오늘날 3위에 머물러 있다. 사람들은 디지털 이전 시대처럼 팩스로 업무를 보는 독일 관공서를 농담거리로 여기면서 중국의 전기 자동차 회사는 입 밖에도 꺼내지 않는다. 2045년까지, 즉 지금으로부터 20여 년 후에 독일은 기후 중립에 도달하려고 한다. 그런 가운데 베를린은 페르가몬 박물관Pergamon Museum을 보수하는 데 14년이나 필요하다며 문을 닫았다.[1] 약 2000년 전에 페르가몬 대제단을 건축할 때보다 수년이 더 걸린다는 뜻이다. 왜 이리 느려졌을까? 독일의 철도망 개선 프로젝트인 도이칠란트탁트는 심지어 2070년에 완공될 거라고 한다.[2] 그때가 되면 아마 나는 이미 죽은 지 10년이 넘었을 것이다.

예전에 독일은 전자 회사, 제약 회사, 대형 은행 등 세계 최고 수준의 기업들을 보유하고 있었다. 오늘날 JP 모건JP Morgan은 도이체방크Deutsche Bank보다 훨씬 더 많은 매출을 올린다. 독일은 최초의 컴퓨터를 발명했으나 오늘날 독일 증권 거래소에 상장된 모든 기업의 시가 총액을 다 더해도 애플의 절반에 불과하다. 축구에서도 두 번 연속으로 월드컵 예선을 통과하지 못했다. 이제 독일에는 아무런 타이틀도 남아 있지 않다.

오늘날 사람들이 너무나 쉽게 세상을 비관하는 것은 어쩌면 당연하다. 혹시 우리만 빼고 다른 모두가 세상 물정에 어두운 몽상가인 것은 아닐까? 2022년 말 즈음 나는 한 싱크탱크에서 주최하는 행사에 참여하기 위해 미국에 머물렀다. 거기서 나는 '현대 사회의 염세주의'를 주제로 한 워크숍에서 진행을 맡았다. 내가 맡은 역할에 나는 크게 놀라지 않았다. 어차피 미국 사람들은 비관주의가 실제로 어떻게 작동하는지 잘 모를 것이다.

독일인으로서 나는 어떻게 하면 세상을 나쁘게 바라보는지에 대해 미국인 동료들에게 제대로 설명하기에 전혀 문제가 없었다. 미국에서는 신발 끈만 잘 묶어도 곧바로 '놀랍다', '멋있다', '환상적이다', '대단하다', '훌륭하다' 같은 소리를 듣는다. 반면 독일에서 들을 수 있는 최고의 찬사는 부정의 부정에 그친다. '나쁘지 않다' 아니면 '더 나쁠 수도 있었는데 그만하니 다행이다' 같은 전형적인 가정법을 쓴다.

마틴 루터 킹 주니어는 미국 시민들을 향해, 더 나은 사회를 위한 자신의 대담한 비전을 "나에게는 꿈이 있습니다"라는 말에 담아 외쳤다. 독일인이라면 전 총리 헬무트 슈미트Helmut Schmidt처럼 대꾸할 것이다. "비전을 내세우는 사람은 병원에 가 봐야 한다." 그러면서 사회의 모든 비범함과 대담함은 즉각 다리미로 반듯하게 밀어 버릴 것이다. 독일의 영원한 염세주의, 이른바 독일적 불안German Angst(저먼 앙스트)은 늘 모든 걸 아는 척하는 자를 위한 정신적 보험이나 다름없다. 세상이 멸망하는 순간에도 우리는 이렇게 말할지 모른다. "이거 봐, 나는 이미 진작부터 알고 있었다니까!"

공정하게 말하자면 비단 독일인만 세상을 비관적으로 바라보는 것은 아니다. 전 세계적으로 약 3분의 2에 달하는 사람들이 자신의 국가가 현재의 그리고 미래의 문제를 제대로 처리하지 못할 거라고 생각한다.[3] 이 수치는 십여 년이 넘도록 변함없이 그대로다. 세계 인구의 70퍼센트가량이 다음 세대는 우리보다 더 열악하게 살 거라고 생각한다니 너무나

슬프지 않은가?[4] 심지어 젊은 세대는 아예 희망을 잃어버렸다. 2021년 유니세프가 진행한 설문 조사에 따르면 부유한 산업국에 사는 15세 이상 24세 이하 청소년의 약 60퍼센트는 먼 훗날 자기 자녀의 삶이 지금보다 더 나빠질 거라고 내다봤다.[5] 사회를 더 나은 미래로 끌고 가는 청춘의 열정적인 낙관주의는 어디로 간 걸까?

2016년에 나온 맥킨지McKinsey 보고서를 자세히 읽은 사람은 그다지 많지 않을 것이다. 25개국을 대상으로 조사한 보고서에는 현대사에서 처음으로 평균 가계 소득이 전 세계적으로 감소하고 있다는 아주 우려스러운 내용이 담겨 있다.[6] 전 지구적으로 달성한 GDP 성장률에 비하면 완전히 과소평가된 메가트렌드megatrend라고 할 수 있다. 오늘날의 젊은 세대는 이전 세대가 경험한 풍요와 번영을 역사책으로만 접하며 어른이 돼 버린 첫 번째 세대일지 모른다. 그러므로 비관적 시선을 가진 독일인은 결코 혼자가 아니다. 다양한 연구 결과들이 미래에 대한 우리의 예측을 지지해 주고 있다.

하지만 독일은 몇몇 지점에선 특별히 더 비관적이다. 무엇보다 미래 기술과 관련된 질문에선 비관주의가 더 두드러진다. 예컨대 새로운 과학 기술이 삶을 더 풍요롭게 만들 거라고 생각하는 독일인은 35퍼센트에 불과하다. 독일은 유럽에서도 가장 낮은 순위를 차지하고 있다.[7]

2018년 테크닉레이더TechnikRadar에서 진행한 대규모 설문 조사를 보면 과학 기술이 만들어 내는 문제보다 해결할 문제가 더 많을 거라고 응답한 독일인은 4분의 1에 그쳤다.[8] 세월이 흐르면서 대중의 의식도 크게 달라졌다. 1960년대만 해도 이른바 스페이스 에이지Space Age(우주 시대)를 표방한 미래 지향적 가구들이 기술 낙관주의를 구현했다. 하지만 오늘날 우리는 천연 소재를 선호하며 집 안에 플라스틱을 들이려 하지 않는다. 이제 우리는 자연으로 돌아가기를 원하며 새로운 기술이 내일의 문제를 해결할 거라는 생각을 의심한다. 기후를 되살리려는 이상주의자들도 종말론적 분위기를 멈춰 세우기는 어렵다. 그렇지 않다면 '마지막 세대'가 왜 길거리로 나가겠는가? 한편 우리는 주어진 문제를 붙들고 씨름하고 풍요를 역사책으로 배우며 자란 '첫 번째 세대'가 절실히 필요하다.

낙관주의 대 비관주의

실제로 여러 연구에서 보여 주듯이 낙관주의자는 비관주의자보다 더욱 성공적으로 살아간다. 물론 조건이 하나 있다. 자기 주변을 통제할 수 있어야 한다. 그럴 수 없다면 비관적 시선이 오히려 더 도움이 된다. 자신의 운명이 신의 섭리나 모종의 다른 힘에 좌우된다면 기대를 낮추는 것이 전략적으로 더 현명한 판단이기 때문이다.

지난 장에서 이야기한 내용을 다시 떠올려 보면 기대치가 낮을수록 우리는 더욱 쉽게 이를 능가할 수 있다. 바로 그런 까닭에 몇몇 심리학 실험에서도 최악의 경우를 계산한 사람들은 미래에 대해 부정적으로 놀라지 않는다.[9] 다시 말해 취업을 위한 면접을 마치고 나서 어차피 되지 않을 거라는 결론을 스스로 내린 사람은 실제로 떨어져도 화를 내거나 크게 실망하지 않는다. 그래서 비관주의자는 낙관주의자보다 만성 질환을 더욱 잘 견뎌 낸다.[10] 낙관주의자는 자신의 기대가 충족되지 않는 고통에 매번 부정적으로 놀라고 비관주의자는 늘 최악을 계산하며 의사의 치료 권고를 받는다. 가혹한 운명의 타격을 받으면 비관주의자는 확실히 더 잘 받아들인다.[11]

그러나 지금까지는 예외적인 사례였다. 일반적으로 우리는 전적으로 주변의 영향을 받는다. 그러면 낙관주의가 이길 수밖에 없다. 실제로 낙관주의자는 재정과 관련된 문제에서도 더 나은 결정을 내리며, 그리고 심지어 어려운 시기를 미리 대비하며[12] 높은 지위로 올라가는 경우도 더 많다.[13] 또한 사람들이 열광하는 새로운 것을 자연스럽고 능숙하게 다룬다.[14] 반면 비관주의는 사람을 무기력하게 만들며 이는 자기충족적 예언이 되기도 한다. 어차피 세상은 멸망할 거라고 이미 결론을 내린 사람은 열심히 살 이유가 없지 않은가? 그럼에도 한 그루의 사과나무를 심을까? 그럴 리가 없다. 이와 관련된 연구 논문에서 보여 주듯이 부정적인 비관주의는 기후 변화 문제에서도 무언가를 해 보려는 동기를 없애 버린다.[15]

여기서 우리는 비관주의의 어두운 측면을 분명히 알 수 있다. 즉 본질적으로 비관주의는 반활동적이다. 보통 미래가 좋아질 거라고 생각하는 사람이 오히려 노력을 더 적게 들인다고 생각하지만 실제로는 그렇지 않다.[16] 그럼 이런 태도는 낙관적인 걸까 아니면 단순한 걸까? 단순한 사람은 잘되지 않을 걸 알면서도 한번 시도해 본다. 이는 물론 어리석은 행동이다.

낙관주의자는 자신이 해낼 수 있다고 여기는 도전을 기꺼이 감행한다. 그러고 나서 실패하면 자기 손으로 끝까지 마무리해야 한다. 그럼에도 그는 옳은 방향을 향해 한 걸음 더 옮겼을지 모른다. 달에 가고 싶은 사람은 설령 매끄럽지 않게 착륙하더라도 실패를 통해 계속 배울 수 있다. 또한 화성으로 날아가고 싶은 사람이 달까지 도달하고 그쳤다면 적어도 지구를 떠나왔다는 데 박수를 받아야 한다.

우리가 아주 조금이라도 더 나은 세상을 만들 수 있다는 믿음이 아예 없었다면 우리는 무언가를 절대 발명해 내지 못했을 것이다. 낙관주의자는 세상을 바꾸며 비관주의자는 세상이 그리 심하게 나빠지지 않기를 기다린다.

비관적 사고를 구성하는 네 가지 성분

막강한 단점에도 불구하고 비관주의는 전 세계에 널리 퍼져 있다. 물론 예외도 있다. 거대한 신흥 발전국인 인도나 중국은 미래가 더 좋아질 거라는 낙관주의가 우위를 점하고 있다. 이들은 현재 기술의 발전에 가속도가 붙은 나라이기 때문에 그리 놀라울 것도 없다. 아프리카에서 나온 한 여론 조사 결과를 보면 비슷한 경향이 나타난다. 평균 연령 19.4세인 케냐처럼 젊은 사회는 과감하고 무언가에 굶주려 있으며 세상이 더 나아질 거라는 낙관주의가 만연하다.

반면 독일은 세계사에서 처음으로 완전히 미지의 영역에 발을 들이고 있다. 즉 발전의 역사가 끝났다고 이야기될 뿐만 아니라 현 상태를 유지하려고 시도하는 포화 사회에 들어섰다. 현 시점에서 전례가 없는 일이므로 이러한 시도가 성공할지 여부는 아무도 모른다. 서구 산업국들의 과도한 비관주의는 조만간 다가올 쇠퇴를 가리키는 지표가 아닐까? 인지적 측면에서 보면 아니라고 말하기도 어렵다. 여러 연구에 따르면 낙관주의자들은 비관주의자들보다 종종 더 창의적이고 주도적이며 선행적이기 때문이다.

창의력 테스트에서 낙관주의자들은 더 뛰어난 능력을 보이며[17] 비관주의자들보다 15퍼센트가량 더 오래 산다.[18] 또한 전자는 후자보다 스트레스를 더욱 잘 견디며 나이가 들어도 더 행복하게 살고[19] 질병에 걸려도 더욱 빠르게 회복한다.[20] 바꿔 말하면 덜 낙관적으로 생각할수록 성장 동력을 잃게 된다는 뜻이다. 그러면 우리는 점점 더 약해질 수밖에 없다.

그럼에도 사람들은 여전히 비관주의를 좋아하는 듯하다. 가장 주된 이유 중 하나는 이미 살펴본 적이 있다. 즉 사람들은 언제나 최악의 경우를 염두에 두기 때문이다. 그런데 우리가 미래를 부정적으로 바라보는 데에는 또 다른 정신적 토대가 몇 가지 있다.

첫 번째: 사람들은 성공의 확률을 낮게 평가한다

7장에서 이미 다뤘듯이 우리는 위험과 기회를 잘못 평가하는 경향이 있다. 앞서 여러 번 동전 던지기 실험을 사례로 들었던 것처럼 여기서도 다시 그 실험을 꺼내려 한다. 이번이 마지막이다. 정말 약속할 수 있다.

지금 눈앞에 있는 동전 하나를 열 번 던진다고 상상해 보자. 앞면이 나올 때마다 당신은 10유로를 받고 뒷면이 나오면 아무것도 얻지 못한다. 당신은 얼마나 많은 돈을 가질 수 있을 거라고 생각하는가? 통계적으로 보면 답은 아주 명료하다. 동전의 앞면과 뒷면이 나오는 확률은 거의 같기 때문에 50유로 정도를 기대할 수도 있다. 하지만 사람들은 그렇게 생각하지 않는다. 실제로 진행한 실험에서 사람들의 평균 기대치는 0.37이었다. 다시 말해 37유로를 기대한다는 뜻이다.[21] 물론 한 가지를 짚고 넘어가야 한다. 이 실험은 프랑스에서 진행됐으며 거의 모든 설문조사에서 프랑스 사람들은 꾸준히 세상을 가장 비관적으로 바라보는 축에 속했다는 것이다.[22]

두 번째: 사람들은 예전이 모두 더 좋았다고 생각한다

과거를 미화하는 데는 두 가지 이유가 있다. 하나는 우리가 인생의 특정 시기를 특별히 선명하게 기억하기 때문이다. 당신의 인생을 되돌아볼 때 가장 강렬하게 기억되는 시기는 언제인가? 대부분의 40세 이상 사람들은 20대의 기억이 떠올린다. 스물에서 서른 사이에는 모든 것이 정신없이 흘러간다. 대학에 들어가거나 직업 교육을 받고 평생의 반려자를 만나게 된다. 우리의 기억 속에 20대 시절이 유난히 짙게 남아 있는 것은 어쩌면 당연한 결과다. 그래서 이를 회상 효과reminiscence effect라고 부르기도 한다.[23] 다른 하나는 시간이 흐를수록 사람들은 자기 인생에 더 많은 가치를 부여하며 강렬한 기억을 특별히 더 긍정적으로 간직한다는 것이다.[24] 이들 두 가지 효과가 결합해 유난히 강렬하게 기억되는 과거는 대략 25세 무렵이다. 그리고 사람들은 당시를 인생에서 가장 아름다운 시절로, 그 이후는 내리막길로 받아들인다.

3장에서 살펴봤듯이 사람들은 경향에 따라 사고하길 좋아하며 이 경향으로 미래를 그리곤 한다. 모든 것이 더 나았던 예전의 결과를 간직한 채 계속해서 내리막길을 걷는 것이다. 이러한 사고는 당연히 잘못된 것이며 예전이 모두 더 좋았던 것도 아니다(마찬가지로 3장에서 우리는 이를 다뤘다). 하지만 사람들은 항상 과거를 미화하는 식으로 생각해 왔다. 미래는 불확실하고 우리는 언젠가 분명히 죽게 되는 반면, 과거는 확실하고 우리는 과거에서 살아남았기 때문이다. 우리는 정신적으로 과거를 통제할 수 있으며, 이는 우리에게 좋은 감정을 전해 준다. 혹은 희극 작가 카를 발렌틴Karl Valentin의 말처럼 "오늘은 내일의 좋았던 옛 시절이다".

세 번째: 사람들은 발전과 진보를 알아보지 못한다

불행은 눈에 보인다. 행복도 마찬가지다. 하지만 우리는 이를 잘 알아보지 못한다. 대개 진보와 발전은 자연스럽게 이뤄진 것이거나 더 이상 무언가가 일어나지 않는 것이기 때문이다. 만일 당신이 200년 전에 일흔 살이었다면 당신은 의학적으로 화제의 인물이었을 것이다. 오늘날 일흔이 넘은 사람들은 인생의 황금기를 보내며 코로나 팬데믹 때문에 더 이상 크루즈 여행을 떠날 수 없다고 불평한다.

미국에 머무는 동안 나는 한 동료가 사는 오클랜드를 방문했다. 환경이 그다지 나쁜 거주지가 아니었음에도 그의 집 앞에는 '무기, 마약, 매춘 금지 지역' 같은 문구가 적힌 표지판이 세워져 있었다. 한 달 뒤에는 그의 이웃집 벽에 지름 2센티미터 정도의 총알 자국이 생겼다. 그제야 나는 지금껏 내가 총에 맞아 죽을 걱정 하나 없이 프랑크푸르트 거리를 활보하고 다녔다는 사실을 깨달았다.

진보와 발전은 대부분 더 이상 무언가가 일어나지 않는 상태다. 태어난 아이가 더는 죽지 않는 것, 교통사고로 인한 사망자가 훨씬 줄어든 것, 소아마비나 천연두 또는 콜레라로 사람들이 더 이상 죽지 않는 것처럼 말이다. 안타깝게도 이런 위대한 성과는 언론계에서 별다른 반향을 일으키지 못한다. "오늘도 출산으로 사망한 산모가 하나도 없었다" 같은 제목의 머리기사를 쓰는 사람은 아무도 없다.

진보와 발전은 대체로 부정적 사건보다 훨씬 느리게 진행되는 까닭에 잘 보이지 않기도 한다. 영아 사망률이 차츰 줄어들기까지 수십 년이 걸렸다. 모든 사람이 읽고 쓸 수 있는 것도 실업률이 떨어지는 것도 오랜 시간이 걸린다. 좋은 소식은 느리며 나쁜 소식은 빠르다. 그래서 긍정적이고 장기적인 추세는 단기적이고 부정적인 소식에 전복된다. 사람들이 왜 항상 나쁜 쪽으로 치우치는지 완전히 납득이 가는 대목이다.

예를 들어 아우토반 휴게소에 차를 세우는 사람은 없으며 사고 없이 지나가는 1만여 대의 차량을 보며 아무도 놀라지 않는다. 하지만 화물차가 반대편 차선에서 넘어오면 멍하니 구경하던 차들로 인해 교통 체증이 생긴다. 이는 사람들이 부정적 소식이나 그림에 무의식적으로 더욱 강하게 주의를 기울이는 경향으로 잘 알려진 심리학 현상 중 하나다.[25] 실제로 사회 동향은 점점 더 나쁜 쪽으로 흘러간다. 2022년 말에 나온 한 대규모 연구에서 2000년부터 2019년 사이의 머리기사 제목 2300만 개를 평가하고 분석했는데, 시간이 갈수록 부정적 소식이 더욱 빈번히 등장한다는 결과가 나왔다.[26] 이런 식으로 나쁜 소식이 계속 쏟아져 나오면 사람들은 희망을 잃게 된다.

이 지점에서 나는 우리가 흔히 접하는 한 편견에 맞서 싸우려 한다. 즉 소셜 미디어가 사람들을 부정적으로 생각하게 만든다는 편견은 잘못됐다. 유고브가 2022년 말에 진행한 여론 조사를 보면 소셜 미디어를 자주 사용할수록 사람들이 세상의 미래를 더 낙관적으로 평가하는 것으로 밝혀졌다.[27] 인스타그램을 비롯한 여러 소셜 미디어에 깊이 빠져 있는 이른바 헤비 유저heavy user 중 거의 3분의 2가 세상이 더욱 나빠질 거라고 생각했다. 소셜 미디어를 가끔 이용하는 비관주의자의 72퍼센트가 부정적으로 생각하는 것에 비하면 상대적으로 낮은 편이다.

수많은 기술적 발전은 느리고, 이따금 지극히 미미한 유익만 돌아온다. 그 유익 또한 장기적으로 내다봐야 분명히 인식할 수 있다. 그러면서 무언가를 이 세상에서 사라지게 만든다. 이처럼 느리고 눈에 잘 보이지 않는 것은 매체 속에서 살아남기 어렵다. 따라서 우리 인간이 부정적인 사고에 쉽게 미혹되는 것은 그리 놀랍지 않다.

비관주의는 똑똑해 보인다

세상을 비관적으로 보는 사람은 지식인 같은 아우라aura에 둘러싸인다. 내가 이번 장을 집필하면서 미래는 경이로울 거라고, 기후 위기나 멸종 위기 같은 커다란 문제도 새로운 과학 기술로 극복할 거라고, 아울러 독일이 월드컵에서 다시 4강에 오를 거라고 말한다면 아마 당신은 말없이 고개를 가로저을지 모른다. 그럼 나는 단순 무식한 허풍쟁이에 그치고 만다. 인류의 거대한 위기를 목전에 두고 어떻게 이런 식으로 겉치레를 하며 부끄러움도 모르고 살겠는가?

반대로 오늘날에는 다가오는 위험을 생생하게 그려 내는 사람을 선견지명을 가진 선구자로 여긴다. 우리를 두려움에 떨게 만드는 충고자와 경고자를 우리는 상당히 좋아한다. 그들은 우리의 학교 체계가 얼마나 나쁜지, 오늘날 디지털화나 연금 체계 그리고 탄소 발자국이 얼마나 심각한지 지적하곤 한다. 그들은 대부분 토크쇼에서 "맞아요, 그렇지만…"이라고 운을 떼며 그럼에도 모든 문제를 해결하기는 그리 쉽지 않다고 말하는 축에 속한다.

미국의 IT 기업가 냇 프리드먼Nat Friedman은 "비관주의자는 똑똑해 보이고 낙관주의자는 돈을 번다"고 말했다. 비관주의자들은 항상 지적인 분위기를 풍기는 반면, 낙관주의자들은 즉각 단순한 바보로 치부된다(하지만 후자는 문제를 붙들고 씨름한다). 현재를 정확하게 그리고 과학적으로 분석하려면 당연히 비관주의자처럼 생각해야 한다. 또한 최선을 다해 가장 합리적으로 분석을 하고 나면 오늘날 우리가 직면한 거대한 문제들을 결코 쉽게 해결할 수 없음을 깨닫게 된다. 언젠가 우리가 가진 자원이 바닥나거나 현재의 기술이 한계에 부딪히는 순간을 맞이할 수밖에 없으므로 경제 성장은 계속해서 제동 없이 나아갈 수 없다. 언젠가 새로운 기술이 등장해 난관을 돌파할 거라고 생각하는 사람만이 낙관적 태도를 유지할 수 있다. 아마도 〈스타트렉Star Trek〉 시리즈를 광적으로 좋아하는 사람이라면 200년 뒤에도 인류가 여전히 잘 살아갈 거라고 믿을지 모른다.

문제 해결의 비대칭성으로 인해 어쩔 수 없이 현실주의자는 비관주의자가 되고 낙관주의자는 몽상주의자로 취급되곤 한다. 해결책을 찾기 전까지 우리는 오로지 문제만 안고 있다. 문제를 차차 풀면서 미래로 나아갈 때에도 실제로 문제가 해결될 가능성을 가늠할 수 없기에 우리는 항상 속수무책으로 문제에 맞서게 된다. 자신에게 주어진 문제를 어떻게 풀어야 할지 몰라 가만히 서 있을 수밖에 없는 순간은 항상 존재한다. 그런 이유로 비관적이었던 어제의 위대한 충고자와 경고자가 오늘날 종종 구태의 상징으로 보이는 것이다.

예컨대 1897년만 해도 자전거 운행이 맥주를 마시는 것만큼 두뇌에 심각한 해를 끼친다는 연구 결과로 인해 자전거를 타는 남성들은 생명보험에 가입하기 어려웠다.[28] 1915년에는 사람들이 책을 너무 많이 읽으면 눈이 망가진다고 걱정했다.[29] 1928년 2월 26일 〈뉴욕 타임스New York Times〉의 머리기사 제목은 다음과 같았다. "기계의 발달로 우리는 모두 일자리를 잃을 것이다."[30] 참고로 이 기사가 나온 다음 미국에서 새로 창출된 일자리만 1억 개가 넘는다. 이러한 추세는 계속 이어지고 있다. 1950년 미국의 인구 조사 센서스Census에서 앞으로 65년 뒤에 대체될 가능성이 높다고 전망한 270가지 직업 중 대체된 유일한 직업은 엘리베이터 운전원이다.[31] 다른 모든 직업은 조금씩 변모했으나 사라지지는 않았다.

그럼에도 오늘날 우리는 인공 지능으로 일자리를 잃을지 모른다는 걱정을 그 어느 때보다 많이 한다. 심지어 다가올 대량 실업을 경고하며 생각하는 컴퓨터를 작동시키는 사람을 전지전능한 예언자처럼 바라본다. 얼마나 터무니없는 소리인가! 지금도 새로운 일자리가 계속 만들어지고 있으며 인공 지능이 대체할 위험에 처한 직업의 수보다 훨씬 더 많이 생겨나고 있다.

인공 지능의 최대 기능이 인간의 생산성을 보조하고 우리의 사고를 가속시키는 것인 한, 그리고 인공 지능이 이 정도 수준에 머무는 한 그로 인한 생산성의 증대는 대량 실업이 아니라 오히려 일자리의 증가로 이어질 것이다. 역사를 돌아보면 항상 그랬다. 10장에서 언급한 파킨슨의 법칙이 떠오르는 대목이다.

당연히 누군가는 기계가 언젠가 인간의 업무를 완전히 떠맡아 우리의 민주적 여론 형성이 붕괴되는 날이(개인의 확장성을 다룬 4장 참고) 올지도 모른다고 상상할 수 있다. 이는 그럴듯한 주장이라기보다 순환 참조circular reference에 가깝다. 다시 말해 참조하는 대상이 서로 맞물려 있어 참조하기에 적합하지 않다. 즉 인간이 하는 모든 일이 기계보다 뛰어나지 않다는 가정하에서는 더 이상 인간의 일이 존재할 수 없다. 정말 그런 날이 올까? 우리는 알지 못한다. 만약 인간의 일이 존재하지 않는 날이 온다면 우리에게는 두 가지 가능성이 있다. 곧 다가올 아포칼립스에 두려워 떨거나, 아니면 시종일관 긍정적인 태도를 유지하며 새로운 컴퓨터 기술을 가장 의미 있게 활용하려면 무엇을 어떻게 해야 하는지 고심하는 것이다.

미래를 기약하기 위해 어떤 태도가 가장 유익한지 세 가지 사례를 들어 알아볼까 한다. 먼저 컴퓨터에 대한 두려움을 살펴보자. 1997년 5월 초 미국의 시사 주간지 〈뉴스위크Newsweek〉는 "두뇌의 마지막 대결"이라는 제목의 머리기사를 실었다. 체스 세계 챔피언 가리 카스파로프Garri Kasparov가 IBM이 만든 인공 지능 컴퓨터 딥 블루Deep Blue와 대결하기 직전의 일이었다. 기사에서는 컴퓨터가 인간보다 더 나은 수를 찾는다면 미래에는 더 이상 아무도 체스를 하지 않을 거라는 걱정을 다루고 있다. 우리가 미래를 얼마나 잘못 계산하는지를 여실히 보여 주는 사례다. 2023년 4월 15일 미국의 일간지 〈워싱턴 포스트Washington Post〉는 몇몇 소셜 미디어 '스타'로 인해 현재 미국 학생들 사이에서 불고 있는 체스 열풍을 머리기사로 다루며 "미국 전역의 교사들이 새로운 체스 열풍에 당황하고 있다"는 소식을 전했다.[32]

경향에 대해 이야기한 3장에서 사후 확신 편향을 다루며 이미 과거를 절대 오만하게 평가해서는 안 된다는 사실을 확인했다. 우리가 과거로부터 아무것도 배우지 못한다는 뜻은 물론 아니다. 바로 위에서 언급한 예시에서 드러나듯이 사람들은 미래에도 현재의 문제가 존속할 거라고 과대평가하며(경향에 매달리기) 우리가 새로운 기술로 그 문제를 해결할 것에 대해서는 과소평가한다. 5장에서 설명했듯이 석유왕 록펠러

Rockefeller는 고래를 구했다. 암모니아 합성법인 하버-보슈Haber-Bosch법은 바스프를 세계 최대 화학 기업으로 성장시킬 뿐 아니라 인공 비료를 대량 생산해 빈곤 퇴치에 가장 크게 기여한 기술로 남았다.

다들 알고 있듯이 19세기만 해도 우리는 농사를 지으려면 바닷새의 배설물 덩어리인 구아노guano를 비롯한 다른 천연 무기질을 밭에 비료로 줘야 했다. 이처럼 값비싼 천연 원료를 대체할 물질을 발견하지 못했다면 날로 증가하는 세계 인구를 앞으로 계속 부양할 수 있으리라는 생각은 당시 감히 하지도 못했을 것이다. 1879년 칠레와 페루 그리고 볼리비아는 아타카마Atacama 사막 일대에 남은 마지막 구아노 퇴적물을 차지하기 위해 '태평양 전쟁'을 벌이기도 했다.

1880년대 초반의 사람들은 가만히 앉아서 줄어드는 천연 비료, 이어지는 기근, 대량 이주 그리고 전쟁까지 아우르는 미래에 대한 지극히 비관적인 그림을 그릴 수밖에 없었을 것이다. 당시 지식인에 속하는 관찰자들은 모두 미래에 대한 무시무시한 시나리오를 그리는 일 외에 다른 선택지가 없었을지 모른다. 그리고 이런 시나리오는 아주 그럴듯해 보이는 데다 과학적인 근거도 있으므로 다들 고개를 끄덕였을 것이다.

물론 가만히 앉아서 새똥을 비료로 사용하지 않는 방법을 찾을 수도 있다. 프리츠 하버Fritz Haber와 카를 보슈Carl Bosch는 그리했고 질소와 수소로 암모니아를 합성해 내는 방법을 발견했다. 그들 덕분에 현대적인 인공 비료의 기본이 되는, 이른바 '공기로 빵Brot aus Luft'을 만드는 원료를 대량으로 생산하는 일이 별안간 가능해졌다. 당연히 비관주의자는 즉시 반론을 제기했을 것이다. 새로운 기술이 수억에서 수십억 명의 삶을 구할 뿐 아니라 우리의 지하수도 비료로 뒤덮을 거라고 말이다.

그러나 구아노 문제 또한 미래의 사람들이 의지가 있다면 비료 없이 자라는 유전자 변형 식물을 개발하는 식으로 얼마든지 해결할 수 있는 일이다. 굳이 그럴 필요가 없음에도 우리는 내일의 문제를 오늘의 기술과 사고방식으로 풀어 보려고 한다. 게다가 비관주의자들은 지금껏 세상을 구한 적이 없다. 이들은 그저 커다란 위험을 더욱 잘 대비했을 뿐이다. 그래서 비관주의자들은 멸종되지 않았다. 그런 점에서 볼 때 비관주의도 때로는 유익한 구석이 있다.

그러면 비관주의자로 살면서 세상의 멸망에 놀라지 않는 것, 아니면 낙관주의자로 살면서 세상의 멸망을 저지하려고 애쓰는 것 중 무엇이 더 나을까? 인간이 취할 태도와 관련해 훨씬 더 중요한 문제는 비관주의냐 낙관주의냐가 아니라 우리가 행동의 주도권을 쥐고 있는지 여부다. 따라서 낙관주의의 근간을 연구하려면 신경심리학으로 들어가 사람들이 능동적으로 행동하도록 만들어졌는지 아니면 수동적으로 반응하도록 설정됐는지 살펴봐야 한다.[33] 이를 통해 알아낸 사실이 하나 있다. 즉 비관주의는 통제 상실에 대한 불안과 함께 나타난다는 것이다. 자신의 운명을 통제할 수 없다고 전제하는 사람에게는 비관적인 태도가 더 유리하다.

반면 자신의 운명을 스스로 조종할 수 있다고 생각하는 사람들은 낙관적 성향을 보인다. 실제로 이들은 지나치게 낙관적이어서 거의 순진해 보일 정도다. 결혼을 하기 전에 이들은 흡연자들이 폐암에 걸릴 위험을 시종일관 낮게 평가하듯이 부부가 이혼할 통계적 가능성을 과소평가한다. 기업을 설립한 사람들은 파산 가능성을 과소평가함으로써 종종 성공이 아닌 실패를 맛보기도 한다. 크게 성공을 거둔 몇몇 기업가들이 비관주의자인 이유가 여기에 있는지도 모른다.[34]

한편 사람들은 자신에게 적극적으로 영향을 미치지 않는 전 지구적인 거대한 추세에 있어선 그 무엇보다 비관적인 태도를 취한다. 그러면서 그들은 다음 해의 개인적 전망을 자신이 살고 있는 나라의 내년 전망보다 항상 더 좋게 평가한다.[35] 다른 말로 하면 세상을 정말 바꾸길 원한다면 낙관주의자여야 한다는 것이다. 아니면 적어도 낙관적으로 불만족스런 자세를 유지해야 한다. 모든 것이 다 만족스러울 수는 없다. 하지만 세상이 더 좋아질 수 있다고 생각하지 않는 사람은 이와 관련된 행동을 적극적으로 옮길 필요가 전혀 없다.

우리 손에 달려 있다

그렇다면 우리는 왜 낙관적이어야 할까? 언젠가 우리를 구해 줄 새로운 과학 기술이 나타날 것이기 때문은 아니다. 그러면 결국 세상이 멸망한다는 아포칼립스적 믿음처럼 증명되지 않은 믿음과 다르지 않다. 우리가 낙관적 태도를 취해야 하는 이유는 다름이 아니라 주로 낙관적인 사람들이 우리 앞에 닥친 문제에 몰두하면서 해결해 내기 때문이다. 그러면서 이들은 문제적 상황을 변화시키고 그로부터 새로운 아이디어를 얻는다.

당연히 새로운 모든 기술은 부정적 결과를 낳기도 한다. 하지만 이러한 사실을 새로운 기술에 비판적으로 맞서는 논거로 사용하는 사람은 불이나 전기 없이도 다음 끼니를 잘 데워 먹을 수 있을 것이다. 모든 답은 새로운 질문과 문제를 창조해 내며, 이는 인간적 진보와 과학의 본질이다. 말하자면 무릎을 털고 일어나 다음 해결책을 찾아 나선다고 생각하면 된다. 우리는 인간으로서 늘 그리했고 앞으로도 그럴 것이다.

만약에 반대로 우리의 각오, 우리의 용기, 우리의 행동이 좌절되면서 인간의 진보에 박차가 가해지는 것이 아니라 단순한 우연이나 운 좋은 환경을 통해 우리가 앞으로 나아간다면 모든 비관주의는 당연한 이치일 것이다. 그러면 우리가 미래를 선행적으로 그리고 주도적으로 형성할 수 있는 가능성은 없기 때문이다.

운이 나쁘면 우리의 아이디어는 끝나고 만다. 거기서 우리의 진보도 멈춰 버린다. 그러나 인간의 진보와 발전이 우리가 무엇을 만들어 가느냐에 따라 달라진다고 가정하면 우리가 낙관적이어야 할 이유가 생긴다. 물론 우리는 인간이 잔인하며 탐욕스럽다고, 전쟁을 일으키며 다른 사람을 정복한다고, 이 모든 상황에서 어리석게 행동한다고 인간을 비난할 수 있다. 하지만 낙관주의를 잃어버린다면 우리가 결코 감당할 수 없는 어리석음의 정점을 찍을지 모른다.

그동안 인간은 자신의 어두운 측면을 드러낼 기회를 매번 거의 놓치지 않았다. 그럼에도 우리가 인간을 함부로 비난할 수 없는 지점이 있다. 막다른 골목에 이르면 우리는 끝내 백신을 기록적인 속도로 개발하거나 인공 비료를 발명해 낸다. 사람들의 발명력과 창의력이 가장 풍부해지는 시기는 다름 아닌, 전쟁이 최대 규모로 일어날 때다.

1815년 4월, 오늘날 인도네시아에 속하는 탐보라Tambora 화산이 폭발했다. 이는 지난 2만 년 동안 폭발한 화산 중 가장 큰 규모의 분출로 꼽힌다. 재앙의 후폭풍은 어마어마했고 전 지구적이었다. 방출된 화산재와 유황 입자가 햇빛을 차단하는 바람에 다음 해의 평균 기온은 0.8도나 떨어졌다. 그래서 '여름이 없는 해'로 불리기도 했다. 특히 미국에선 7월에도 눈이 심하게 내렸으며 흉작과 기근, 콜레라 유행과 대량 이주 등이 연달아 일어났다.

인간의 창의력은 대재앙을 겪으면서 그 어느 때보다 풍부해졌다. 화산 폭발이 일어난 무렵 독일의 화학자 유스투스 폰 리비히Justus von Liebig는 식물에 인공 비료를 줄 생각을 떠올렸다. 독일 남부 뷔르템베르크Württemberg에선 오늘날 호엔하임대학교Universität Hohenheim의 전신인 농업 교육 기관을 설립했으며 1818년부터 농민들을 장려하는 칸슈타트 축제Cannstatter Volksfest를 개최했다.

영국의 화가 윌리엄 터너William Turner의 일몰 그림 속 햇빛은 유난히 강렬해 보인다. 터너의 그림 속 햇빛이 그토록 눈부시게 붉은 빛을 발하는 것은 당시 화산 분출로 인해 너무나 많은 먼지 입자가 대기 중에 떠돌아다녔던 상황과 깊은 관련이 있다.

개인적으로 나는 카를 폰 드라이스Karl von Drais가 1817년에 처음으로 고안한 자전거의 원형인 드라이지네Draisine 이야기도 좋아한다. 정확하지는 않지만 소문에 의하면 기근으로 가축이 도살돼 말이 부족해지자 다른 방식으로 빠르게 이동할 수단이 필요해졌다고 한다. 인도네시아에서 일어난 화산 폭발이 오늘날 우리가 자전거를 타고 전 세계를 누빌 수 있도록 이끌었다고 말해도 과언은 아니다.

이 책을 처음 시작할 때와 같이 자전거 이야기로 책을 맺을까 한다. 자전거가 어떻게 작동하는지 우리는 정확히 이해할 수 없으나(2장 참고) 그럼에도 자전거는 세상에서 가장 아름다운 곳으로 우리를 데려다주기도 한다. 비록 고난 속에서 태어났지만 우리가 절대 나쁜 일을 위해 사용할 가능성이 전혀 없는 거의 유일한 기술이 아닐까 싶다. 자전거를 타면서 우리는 언제 무엇을 덜어 내야 하는지를(10장 참고) 가장 쉽게 배우며 가볍게 탈수록 더욱더 빨라진다는 것을 그리고 발이 멈추면 즉시 넘어진다는 것을 알게 된다.

풍부한 창의력이, 문제를 붙들고 씨름하면 언젠가 풀어낼 수 있다는 자기 확신이 우리가 더 좋은 세상을 만들도록 도와준다는 사실을 잊어서는 안 된다. 우리가 항상 현명하게 행동하는 것은 분명 아니다. 이 책에서 소개한 수많은 사례를 통해 이제 우리는 인간의 사고가 어디에서 무슨 장난을 치는지 알고 있다. 자전거를 탈 때에도 처음에는 넘어지기 마련이다. 시작부터 생체 역학 마스터플랜master plan을 가지고 어떻게 하면 자전거를 완벽하게 탈지 철저하게 계획하는 사람은 없다.

우리는 자전거에 올라타고 또 굴러 떨어지기를 반복한다. 경주용 자전거를 즐겨 타다 보면 자전거에 올라 달리는 모습이 그리 아름답지 않다는 것도 잘 안다. 하지만 사람들은 넘어지고 다시 일어나면서 자신들의 실수와 잘못 속에서 끊임없이 배운다. 우리가 완벽한 계획을 가지고 있어서가 아니라 계속해서 나아갈 용기를 가지고 있기 때문이다. 이 용기는 낙관주의다. 낙관적 태도를 유지하는 것은 우리의 과제이자 임무다. 낙관주의는 우리를 성공적인 삶으로 인도할 것이다.

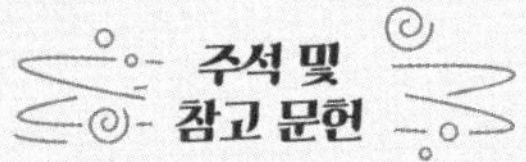

주석 및 참고 문헌

1장

1 https://www.bpb.de/kurz-knapp/zahlen-und-fakten/soziale-situation-in-deutschland/61547/lebenserwartung/

2 https://www.youtube.com/watch?v=Z8t4k0Q8e8Y

3 Veenhoven R & Hagerty M (2006) Rising Happiness in Nations, 1946–2004: A Reply to Easterlin, Social Indicators Research, 79(3), 421–436.

4 Easterlin RA et al. (2010) The Happiness-Income Paradox Revisited, Economic Sciences, 107(52), 22463–22468.

5 Rudolf R & Bethman D (2023) The Paradox of Wealthy Nations' Low Adolescent Life Satisfaction, Journal of Happiness Studies, 24, 79–105.

6 https://www.thelocal.de/20211111/the-eastern-statebucking-the-unhappy-german-trend

7 https://worldhappiness.report/ed/2019/the-sad-state-of-happiness-in-the-united-states-and-the-role-of-digital-media/

8 https://www.dak.de/dak/bundesthemen/erneuter-hoechststand-bei-psychisch-bedingten-fehltagen-2609614.html#/

9 https://ec.europa.eu/eurostat/web/products-eurostat-news/-/edn-20210910-1

10 https://www.astronomie.de/bibliothek/interviews/professor-harald-lesch-2001

11 Karst J et al. (2023) Positive citation bias and overinterpreted results lead to misinformation on common mycorrhizal networks in forests, Nature Ecology & Evolution, 7(4), 1-11.

12 Kavanagh J et al. (2019) News in a Digital Age, Rand Corporation, https://www.rand.org/pubs/research_reports/RR2960.html

13 https://fowid.de/meldung/religionszugehoerigkeiten-2021

14 https://www.ifd-allensbach.de/fileadmin/kurzberichte_dokumentationen/FAZ_Dezember2021_Christen.pdf

15 https://de.statista.com/infografik/26016/glaube--an-vorhersagen-aus-horoskopen/

16 https://www.faz.net/aktuell/wirtschaft/unternehmen/wiemit-spiritualitaet-und-esoterik-milliarden-verdientwerden-17683951.html

17 https://de.tinderpressroom.com/jahresrueckblick-2022

18 Whitson JA & Galinsky AD (2008) Lacking control increases illusory pattern perception, Science, 322(5898), 115-117.

19 Kramer RM (1994) The sinister attribution error: Paranoid cognition and collective distrust in organizations, Motivation and Emotion, 18, 199-230.

20 Gmelch G (1971) Baseball magic, Trans-Action, 8(8), 39-41.

21 Sales SM (1973) Threat as a factor in authoritarianism: an analysis of archival data, Journal of Personality and Social Psychology, 28(1), 44-57.

22 Namdiero-Walsh A et al. (2022) Does Magical Thinking Bind or Separate Us? A Re-analysis of Data from Germany, India, South Korea, and Turkey, Human Arenas, 1-27.

23 Kahan DM et al. (2012) The polarizing impact of science literacy and numeracy on perceived climate change risks, Nature Climate Change, 2(10), 732-735.

24 Rosenberger M (2014) Die Ratio der 'Klima-Religion': Eine theologisch-ethische Auseinandersetzung mit klimaskeptischen Argumenten, GAIA, 23(2), 93-99.

25 https://www.theatlantic.com/politics/archive/2019/03/us-counties-vary-their-degree-partisan-prejudice/583072/

26 West RF et al. (2012) Cognitive sophistication does not attenuate the bias blind spot, Journal of Personality and Social Psychology, 103(3), 506-519.

27 Hatemi PK & McDermott R (2016) Give Me Attitudes, Annual Review of Political Science, 19, 331-350.

28 Kahan DM (2013) Ideology, Motivated Reasoning, and Cognitive Reflection: An Experimental Study, Judgment and Decision Making, 8(4), 407-724.

29 Joslyn MR & Haider-Markel DP (2014) Who knows best? Education, partisanship, and contested facts, Politics & Policy, 42(6), 919-947.

30 Jones PE (2020) Partisanship, political awareness, and retrospective evaluations, 1956-2016, Political Behavior, 42(2), 1-23.

31 Phillips DL & Clancy KJ (1972) Some effects of social desirability in survey studies, American Journal of Sociology, 77(5), 921-940.

32 Bishop GF et al. (1980) Pseudo-opinions on public affairs, Public Opinion Quarterly, 44(2), 198-220.

33 Atir S et al. (2015) When Knowledge Knows No Bounds: Self-Perceived Expertise Predicts Claims of Impossible Knowledge, Psychological Science, 1-9.

34 Marsh JK et al. (2022) The Compelling Complexity of Conspiracy Theories, Proceedings of the Annual Meeting of the Cognitive Science Society, 44.

35 https://www.duh.de/presse/pressemitteilungen/pressemitteilung/deutsche-umwelthilfe-zu-ergebnissen-des-koalitionsausschusses-verheerende-attacke-auf-den-klimasch/

36 https://www.deutschlandfunk.de/antidemokratische-dynamiken-in-der-klimabewegung-politologe-100.html

37 https://www.quarks.de/umwelt/klimawandel/wie-klimaschaedlich-sind-kinder-wirklich/

38 Roberts AJ et al. (2022) Does Speeded Decision-Making Reveal Tacit Teleological Tendencies?, Collabra Psychology, 8(1), 38108.

39 Jenkins W et al. (2018) Religion and Climate Change, Annual Review of Environment and Resources, 43, 85-108.

40 토크쇼 〈안네 빌(Anne Will)〉, 다스 에어스테(Das Erste), 2023년 4월 15일 방송, https://daserste.ndr.de/annewill/videos/Deutschland-schaltet-ab-Ist-der-Atom-Ausstieg-die-richtige-Entscheidung,annewill7908.html

41 https://www.rand.org/pubs/monograph_reports/MR1546.html

42 https://www.wsj.com/articles/a-red-team-exercise-would-strengthen-climate-science-1492728579

2장

1 Lawson R (2006) The science of cycology: Failures to understand how everyday objects work, Memory and Cognition, 34(8), 1667 – 1675.

2 https://www.gianlucagimini.it/portfolio-item/velocipedia/

3 Rozenblit L & Keil F (2002) The misunderstood limits of folk science: An illusion of explanatory depth, Cognitive Science, 26(5), 521 – 562.

4 Fernbach PM et al. (2013) Political extremism is supported by an illusion of understanding, Psychological Science, 24(6), 939 – 946.

5 Porter T et al. (2022) Predictors and consequences of intellectual humility, Nature Reviews Psychology, 1(9), 524-536.

6 Meyers E et al. (2020) Inducing feelings of ignorance makes people more receptive to expert (economist) opinion, Judgment and Decision Making, 15(6), 909 – 925.

7 Rizzolatti G & Sinigaglia C (2016) The mirror mechanism: a basic principle of brain function, Nature Reviews Neuroscience, 17(12), 757 – 765.

8 Preston JL & Shin F (2021) Anthropocentric biases in teleological thinking: How nature seems designed for humans, Journal of Experimental Psychology General, 150(5), 943 – 955.

9 https://www.n-tv.de/leute/Hannes-Jaenicke-ueber-Mensch-und-Misere-article22024763.html

10 https://www.sueddeutsche.de/wissen/corona-tierschutz-massentierhaltung-goodall-1.5136714

11 https://www.youtube.com/watch?v=CyJ3swz1_W0

12 Trommler F et al. (2018) Students' reasons for preferring teleological explanations, International Journal of Science Education, 40(2), 159-187.

13 Lombrozo T et al. (2007) Inferring design: evidence of a preference for teleological explanations in patients with Alzheimer's disease, Psychological Science, 18(11), 999-1006.

14 https://www.edge.org/annual-question/what-is-your-favorite-deep-elegant-or-beautiful-explanation

15 https://news.gallup.com/poll/261680/americans-believe-creationism.aspx

16 Zemla JC et al. (2017) Evaluating everyday explanations, Psychonomic Bulletin & Review, 24(5), 1488-1500.

17 https://blogs.lse.ac.uk/impactofsocialsciences/2014/04/23/academic-papers-citation-rates-remler/

18 Van de Calseyde P & EfendićE (2022) Taking a disagreeing perspective improves the accuracy of people's quantitative estimates, Psychological Science, 33(6), 971 – 983.

3장

1 Wason PC (1960) On the failure to eliminate hypotheses in a conceptual task, Quarterly Journal of Experimental Psychology, 12(3), 129-140.

2 https://www.beatlesbible.com/1962/01/01/recording-decca-audition/

3 https://www.snopes.com/fact-check/ken-olsen/

4 https://www.wallstreet-online.de/nachricht/10423085-stevejobs-musik-streaming-falsch

5 Chew SH et al. (2020) Motivated false memory, Journal of Political Economy, 128(10), 3913-3939.

6 Howes SS et al. (2020) When and why narcissists exhibit greater hindsight bias and less perceived learning, Journal of Management, 46(8), 1498-1528.

7 Groß J & Pachur T (2019) Age differences in hindsight bias: A meta-analysis, Psychology and Aging, 34(2), 294 - 310.

8 Meuer M et al. (2022) What determines hindsight bias in written work? One field and three experimental studies in the context of Wikipedia, Journal of Experimental Psychology: Applied, 29(2), 239 - 258.

9 https://de.statista.com/statistik/daten/studie/303339/umfrage/umsatzanteil-von-e-books-im-buchmarkt/

10 Clinton V (2019) Reading from paper compared to screens: A systematic review and meta-analysis, Journal of Research in Reading, 42(2), 288-325.

11 Liu P et al. (2020) Ready to bully automated vehicles on public roads?, Accident Analysis and Prevention, 137(6), 105457.

12 Quoidbach J et al. (2013) The end of history illusion, Science, 339(6115), 96-98.

13 Van Ryzin GG (2016) Evidence of an 'end of history illusion' in the work motivations of public service professionals, Public Administration, 94(1), 263-275.

14 https://www.mackinac.org/OvertonWindow

15 https://www.dw.com/de/denkmal-der-schande-f%C3%BCr-bj%C3%B6rn-h%C3%B6cke/a-41487274

16 https://www.wsj.com/articles/SB10001424052702304388004577531002591315494

17 https://group.mercedes-benz.com/unternehmen/tradition/gruender-wegbereiter/bertha-benz.html

4장

1 https://www.youtube.com/watch?v=Gh2YU1mS5tY

2 https://www.welt.de/print-welt/article499801/Beschleunigt-das-Internet-die-Demokratisierung.html

3 https://ourworldindata.org/democracy?insight=the-world-has-recently-become-less-democratic#key-insights

4 https://www.youtube.com/watch?v=Gh2YU1mS5tY

5 https://www.dispatch.com/story/lifestyle/2011/05/14/facebook-class-at-stanford/23347973007/

6 https://www.nytimes.com/2011/05/08/technology/08class.html

7 Rollwage M et al. (2020) Confidence drives a neural confirmation bias, Nature Communications, 11, 2634.

8 Zollo F et al. (2017) Debunking in a world of tribes, PloS ONE, 12(7), e0181821.

9 Brugnoli E et al. (2019) Recursive patterns in online echo chambers, Scientific Reports, 9(1), 20118.

10 https://www.statista.com/outlook/dmo/digital-media/video-games/worldwide

11 https://www.statista.com/statistics/271856/global-box-office-revenue/

12 Mayer G et al. (2020) Expressions of individualization on the internet and social media: Multigenerational focus group study, Journal of Medical Internet Research, 22(11), e20528.

13 Lorenz-Spreen P et al. (2023) A systematic review of worldwide causal and correlational evidence on digital media and democracy, Nature Human Behaviour, 7(1), 74 - 101.

14 Müller K & Schwarz C (2021) Fanning the flames of hate: Social media and hate crime, Journal of the European Economic Association, 19(4), 2131-2167.

15 Pearson GDH & Knobloch-Westerwick S (2019) Is the confirmation bias bubble larger online? Pre-election confirmation bias in selective exposure to online versus print political information, Mass Communication and Society, 22(4), 466-486.

16 https://www.pewresearch.org/journalism/2021/09/20/news-consumption-across-social-media-in-2021/

17 https://www.virtualhumans.org/article/the-top-virtual-influencers-trending-on-chinas-social-media-platforms

18 https://gizmodo.com/almost-none--of-the-women--in-the-ashley-madison-database-1725558944

19 Aroyo AM et al. (2021) Overtrusting robots: Setting a research agenda to mitigate overtrust in automation, Paladyn, Journal of Behavioral Robotics, 12(1), 423-436.

20 Burt S & Ronchi D (2007) Teaching executives to see social capital: Results from a field experiment, Social Science Research, 36(3), 1156-1183.

21 Pan W, Altshuler Y, Pentland A (2012) Decoding Social Influence and the Wisdom of the Crowd in Financial Trading Network, Privacy, Security, Risk and Trust (PASSAT), 2012 International Conference on Social Computing, 203-209.

22 Roozenbeek J et al. (2022) Psychological inoculation improves resilience against misinformation on social media, Science advances, 8(34), eabo6254.

5장

1 https://www.latimes.com/archives/la-xpm-2004-may-28-me-barbra28-story.html

2 https://www.californiacoastline.org/streisand/motion-anti-slapp-adelman.pdf

3 https://www.californiacoastline.org/news/sjmerc5.html

4 Pham N et al. (2016) Messages from the food police: how food-related warnings backfire among dieters, Journal of the Association for Consumer Research, 1(1), 175-190.

5 Berman ER & Johnson RK (2015) The unintended consequences of changes in beverage options and the removal of bottled water on a university campus, American Journal of Public Health, 105(7), 1404-1408.

6 https://www.oekotest.de/freizeit-technik/Nabu-Studie-zeigt-Papiertueten-nicht-besser-als-Plastiktueten-_12361_1.html

7 Kaplan JT et al. (2016) Neural correlates of maintaining one's political beliefs in the face of counterevidence, Scientific Reports, 6, 39589.

8 https://projekte.uni-erfurt.de/cosmo2020/web/topic/impfung/10-impfungen/#unterschiede-zwischen-geimpften-und-ungeimpften

9 Tschötschel R et al. (2021) Climate change policy support, intended behaviour change, and their drivers largely unaffected by consensus messages in Germany, Journal of Environmental Psychology, 76(2), 101655.

10 Chinn S & Hart PS (2021) Climate change consensus messages cause reactance, Environmental Communication, 17(4), 1-9.

11 https://www.rnd.de/gesundheit/portugal-was-machte-die-impfkampagne-so-erfolgreich-CMLJOGQ5MBBNLPAEWUTKUKQDFE.html

12 https://www.umweltbundesamt.de/daten/verkehr/emissionen-des-verkehrs#-das-mehr--an-pkw-verkehr-hebt-den-fortschrittauf

13 Barr S et al. (2010) A holiday is a holiday: practicing sustainability, home and away, Journal of Transport Geography, 18(3), 474-481.

14 Hirst E et al. (1985) Indoor temperature changes in retrofit homes, Energy, 10(7), 861-870.

15 Klöckner CA et al. (2013) Positive and negative spillover effects from electric car purchase to car use, Transportation Research Part D: Transport and Environment, 21, 32-38.

16 Mazar N & Zhong CB (2010) Do Green Products Make Us Better People? Psychological Science, 21(4), 494-498.

17 "결박에 대한 공포(Furcht vor der Fessel)", 〈슈피겔(Der Spiegel)〉, 1975년 12월 7일, No.50, 40-52.
18 〈슈피겔〉, 1970년, No.43.
19 〈슈피겔〉, 1975년, No.50.
20 연방 헌법재판소, 1986년 7월 24일 판결, 1 BvR 331/85.
21 https://www.umweltbundesamt.de/daten/verkehr/emissionen-des-verkehrs
22 https://www.nationalgeographic.de/umwelt/2021/09/klimaschutz-wie-steht-es-um-das-ozonloch
23 https://www.coffeecircle.com/de/b/kaffee-prohibition-deutschland
24 https://www.bundesgesundheitsministerium.de/service/begriffe-von-a-z/a/alkohol
25 https://www.destatis.de/DE/Themen/Gesellschaft-Umwelt/Verkehrsunfaelle/Publikationen/Downloads-Verkehrsunfaelle/unfaelle-alkohol-5462404217004-1_2021449.pdf?__blob=publicationFile
26 https://www.bzga.de/presse/pressemitteilungen/2019-09-03-bzga-zum-tag-des-alkoholgeschaedigten-kindes/
27 Tiefenbeck V et al. (2013) For better or for worse? Empirical evidence of moral licensing in a behavioral energy conservation campaign, Energy Policy, 57, 160-171.
28 Wisdom J et al. (2010) Promoting healthy choices: Information versus convenience, American Economic Journal: Applied Economics, 2(2), 164-178.
29 Tricomi E & Fiez JA (2008) Feedback signals in the caudate reflect goal achievement on a declarative memory task, Neuroimage, 41(3), 1154-1167.
30 https://www.youtube.com/watch?v=5sMBhDv4sik
31 Griskevicius V et al. (2010) Going green to be seen: status, reputation, and conspicuous conservation, Journal of Personality and Social Psychology, 98(3), 392-404.
32 White K et al. (2019) How to SHIFT consumer behaviors to be more sustainable: A literature review and guiding framework, Journal of Marketing, 83(3), 22-49.

6장

1 https://www.heise.de/news/Intel-Chef-kritisiert-Internet-Nutzung-durch-die-Wirtschaft-25491.html
2 https://digital-strategy.ec.europa.eu/en/library/egovernment-benchmark-2022.
3 https://digital-strategy.ec.europa.eu/en/policies/desi
4 https://www.destatis.de/DE/Themen/Arbeit/Arbeitsmarkt/Erwerbstaetigkeit/Publikationen/Downloads-Erwerbstaetigkeit/erwerbspersonenvorausberechnung5124208209004.pdf?__blob=publicationFile
5 https://www.economist.com/business/2023/01/12/go-to-texas-to-see-the-anti-green-future-of-clean-energy
6 https://www.csis.org/analysis/saudi-arabias-hydrogen-industrial-strategy
7 Qin P & Northoff G (2011) How is our self related to midline regions and the default-mode network?, NeuroImage, 57(3), 1221-1233.
8 Hershfield HE (2011) Future self-continuity: how conceptions of the future self transform intertemporal choice, Annals of the New York Academy of Sciences, 1235(1), 30-43.
9 Hershfield HE et al. (2009) Saving for the future self: Neural measures of future self-continuity predict temporal discounting, Social Cognitive and Affective Neuroscience, 4(1), 45-92.
10 Wakslak CJ (2008) Representations of the self in the near and distant future, Journal of Personality and Social Psychology, 95(4), 757-773.
11 Bartels DM & Urminsky O (2011) On intertemporal selfishness: How the perceived instability of identity

underlies impatient consumption, Journal of Consumer Research, 38(1), 182 – 198.

12 Van Gelder JL et al. (2013) Vividness of the future self predicts delinquency, Psychological Science, 24(6), 974 – 980.

13 https://legacy.iftf.org/americanfuturegap/

14 Rendell PG et al. (2012) Older adults have greater difficulty imagining future rather than atemporal experiences, Psychology and Aging, 27(4), 1089 – 1098.

15 Hershfield HE et al. (2009) Don't stop thinking about tomorrow: Individual differences in future self-continuity account for saving, Judgment and Decision Making, 4(4), 280 – 286.

16 Rodzon K et al. (2014) Within-Subject Comparison of Degree of Delay Discounting Using Titrating and Fixed Sequence Procedures, Behavioural Processes, 86(1), 164-167.

17 Kassam KS et al. (2008) Future anhedonia and time discounting, Journal of Experimental Social Psychology, 44(6), 1533 – 1537.

18 Pronin E et al. (2008) Doing unto future selves as you would do unto others: psychological distance and decision making, Personality and Social Psychology Bulletin, 34(2), 224-236.

19 Wilson M & Daly M (2004) Do pretty women inspire men to discount the future?, Proceedings: Biological Sciences, 271(4), 177 – 179.

20 Shoda Y et al. (1990) Predicting adolescent cognitive and self-regulatory competencies from preschool delay of gratification: Identifying diagnostic conditions, Developmental Psychology, 26, 978-986.

21 Casey BJ et al. (2011) Behavioral and neural correlates of delay of gratification 40 years later, Proceedings of the National Academy of Sciences, 108(36), 14998 – 15003.

22 Richmond-Rackerd LS et al. (2021) Childhood self-control forecasts the pace of midlife aging and preparedness for old age, Proceedings of the National Academy of Sciences, 118(3), e2010211118.

23 Watts TW et al. (2018) Revisiting the Marshmallow Test: A Conceptual Replication Investigating Links Between Early Delay of Gratification and Later Outcomes, Psychological Science, 29(7), 1159 – 1177.

24 Smiley A & Fisher M (2022) The Golden Age Is Behind Us: How the Status Quo Impacts the Evaluation of Technology, Psychological Science, 33(9), 1605 – 1614.

25 Samuelson W & Zeckhauser R (1988) Status Quo Bias in Decision Making, Journal of Risk and Uncertainty, 1(1), 7 – 59.

26 Shiffman S (2006) Natural history of nicotine withdrawal, Addiction, 101(12), 1822-1832.

27 Smith KS & Graybiel AM (2022) Habit formation, Dialogues in Clinical Neuroscience, 18(1), 33 – 43.

28 Hershfield HE et al. (2012) Short horizons and tempting situations: Lack of continuity to our future selves leads to unethical decision making and behavior, Organizational Behavior and Human Decision Processes, 117(2), 298 – 310.

29 O'Donnell S et al. (2017) Does Goal Relevant Episodic Future Thinking Amplify the Effect on Delay Discounting?, Consciousness and Cognition, 51, 10-16.

30 Konovalov A & Krajbich I (2020) Mouse tracking reveals structure knowledge in the absence of model-based choice, Nature Communications, 11(1), 1893.

7장

1 Rottenstreich Y & Hsee CK (2001) Money, kisses, and electric shocks: On the affective psychology of risk, Psychological Science, 12(3), 185 – 190.

2 Monat A et al. (1972) Anticipatory stress and coping reactions under various conditions of uncertainty,

Journal of Personality and Social Psychology, 24(2), 237 – 253.

3 Kunreuther H et al. (2001) Making low probabilities useful, Journal of Risk and Uncertainty, 23(2), 103 – 120.

4 Howard RA (1980) On making life and death decisions, Societal risk assessment: how safe is safe enough?, New York, Plenum Press, 89 – 113.

5 https://de.statista.com/statistik/daten/studie/554932/umfrage/sterberisiko-ausgewaehlter-aktivitaeten/

6 https://www.visualcapitalist.com/wp-content/uploads/2018/08/crunching-numbers-on-mortality.html

7 Howard RA (1989) Microrisks for medical decision analysis, International Journal of Technology Assessment in Health Care, 5(3), 357 – 370.

8 Spiegelhalter D (2012) Using speed of ageing and 'microlives' to communicate the effects of lifetime habits and environment, British Medical Journal, 345, e8223.

9 Sandman PM (1998) Communications to reduce risk underestimation and overestimation, Risk Decision and Policy, 3(2), 93 – 108.

10 https://www.bfs.de/DE/bfs/wissenschaft-forschung/natuerlich-ion/stellungnahmen/radon-wohnungen.html

11 https://www.destatis.de/DE/Themen/Gesellschaft-Umwelt/Verkehrsunfaelle/Tabellen/getoetete-fahrzeugart.html

12 Johnson EJ (1993) Framing, Probability Distortions, and Insurance Decisions, Journal of Risk and Uncertainty, 7(1), 35 – 51.

13 Viscusi WK et al. (1987) An investigation of the rationality of consumer valuations of multiple health risks, The RAND Journal of Economics, 18(4), 465 – 479.

14 안스바흐 행정법원(VG Ansbach), 2022년 11월 2일 판결, AN 14 K 22.00468, AN 14 K 21.01431.

15 https://www.tmf-ev.de/news/forsa-umfrage-2019-datenspende-fuer-die-forschung

16 https://www.ohnegentechnik.org/artikel/bundestagswahl-fast-zwei-drittel-gegen-lockerungen-der-gentechnik-regeln

17 https://www.bund.net/fileadmin/user_upload_bund/publikationen/landwirtschaft/landwirtschaft_gentechnik_gene_drive_umfrage.pdf

18 https://www.destatis.de/DE/Presse/Pressemitteilungen/2022/07/PD22_286_46241.html

19 Lewis J et al. (2023) The Worst-First Heuristic: How Decision Makers Manage Conjunctive Risk, Management Science, 69(3), 1575 – 1596.

20 Viscusi WK (1997) Alarmist decisions with divergent risk information, The Economic Journal, 107(445), 1657 – 1670.

21 https://www.spiegel.de/wirtschaft/corona-impfstoffe-bund-hat-offenbar-fuer-13-1-milliarden-euro-bestellt-a-3b777502-bb21-4699-948d-30cf43e9c618

22 https://www.n-tv.de/wirtschaft/Zu-viele-LNG-Terminals-loesen-auch-keine-Probleme-article23957035.html

23 https://ariadneprojekt.de/publikation/deutschland-auf-dem-weg-aus-der-gaskrise/

24 https://wildliferangerchallenge.org/wp-content/uploads/2021/08/WRC-2021-Launch-Press-Release.pdf

25 https://www.helmholtz-klima.de/aktuelles/die-nordsee-im-klimawandel-hier-steigt-das-wasser

26 https://www.swp-berlin.org/publications/products/projekt_papiere/Transatlantic_Risk_Governance_Survey_July_2013.pdf

27 Blanchett D et al. (2018) The effect of advanced age and equity values on risk preferences, Journal of Behavioral Finance, 19(4), 434 – 441.

28 Grubb MA et al. (2016) Neuroanatomy accounts for age-related changes in risk preferences, Nature Communications, 7(1), 13822.

29 Sproten AN et al. (2018) Decision making and age: Factors influencing decision making under uncertainty, Journal of Behavioral and Experimental Economics, 76, 43-54.

30 https://investment-international.com/internationalinvestment/news/3722990/german-investors-risk-averse

31 Futagami K & Sunaga M (2022) Risk aversion and longevity in an overlapping generations model, Journal of Macroeconomics, 72, 103415.

32 https://aiindex.stanford.edu/report/

33 Hsee CK & Ruan B (2016) The Pandora Effect: The Power and Peril of Curiosity, Psychological Science, 27(5), 659-666.

8장

1 https://www.lemonde.fr/idees/article/2020/05/29/jens-spahn-pourquoi-l-allemagne-surmonte-relativement-bien-cette-crise_6041110_3232.html

2 https://www.dkv.global/covid-safety-assessment-200-regions

3 https://www.faz.net/aktuell/politik/inland/hohe-uebersterblichkeit-in-deutschland-in-der-corona-pandemie-18020243.html

4 https://www.politico.com/story/2016/07/michelle-obama-hillary-clinton-226182

5 https://www.bloomberg.com/opinion/articles/2022-10-24/california-poised-to-overtake-germany-as-world-s-no-4-economy

6 https://www.scribd.com/document/644562289/The-BRICS-Has-Overtaken-The-G7-In-Global-GDP-Silk-Road-Briefing

7 Gilovich T et al. (2000) The spotlight effect in social judgment: An egocentric bias in estimates of the salience of one's own actions and appearance, Journal of Personality and Social Psychology, 78(2), 211-222.

8 Crosby JR et al. (2014) The minority spotlight effect, Social Psychological and Personality Science 5(7), 743-750.

9 Beasley MA & Fischer MJ (2012) Why they leave: The impact of stereotype threat on the attrition of women and minorities from science, math and engineering majors, Social Psychology of Education, 15(4), 427-448.

10 Bursztyn L et al. (2018) Misperceived social norms: Female labor force participation in Saudi Arabia, National Bureau of Economic Research, No.24736.

11 https://www.destatis.de/Europa/DE/Thema/Bevoelkerung-Arbeit-Soziales/Arbeitsmarkt/ArbeitsmarktFrauen.html

12 Newton L (1990) Overconfidence in the Communication of Intent: Heard and Unheard Melodies, Unpublished doctoral dissertation, Stanford, CA: Stanford University.

13 Ross L et al. (1977), The 'false consensus effect': an egocentric bias in social perception and attribution processes, Journal of Experimental Social Psychology, 13(3), 279-301.

14 Choi I & Cha O (2019) Cross-cultural examination of the false consensus effect, Frontiers in Psychology, 10, 2747.

15 Gilovich T et al. (1998), The illusion of transparency: biased assessments of others' ability to read one's emotional states, Journal of Personality and Social Psychology, 75(2), 332-346.

16 https://www.wiwo.de/politik/deutschland/hauptthema-energiesicherheit-lng-und-wasserstoff-kanada-und-deutschland-wollen-zusammenarbeit-verstaerken/28618466.html

17 https://exxpress.at/gaskrise-kanada-laesst-europa-im-stich-aus-ruecksicht-auf-den-klimaschutz/

18 https://www.weltenergierat.de/wp-content/uploads/2021/10/2021-Blueprint-Survey_complete.pdf

19 https://www.bmz.de/de/laender/kenia/kernthema-klima-und-energie-just-transition-58008

20 Sparkman G et al. (2022) Americans experience a false social reality by underestimating popular climate policy support by nearly half, Nature Communications, 13(1), 4779.

21 https://www.meintrendyhandy.de/shop/iphone-xs-max-gefalschte-kamera-aufkleber-250955p.html

22 https://newsroom.mobile.de/autobesitz-vor-klimaschutz-so-steht-die-jugend-zum-thema-fuehrerschein-und-co/

23 Tschötschel R et al. (2021) Climate change policy support, intended behaviour change, and their drivers largely unaffected by consensus messages in Germany, Journal of Environmental Psychology, 76(2), 101655.

24 Richter I et al. (2018) A social norms intervention going wrong: Boomerang effects from descriptive norms information, Sustainability, 10(8), 2848.

25 Helm SV et al. (2018) Differentiating environmental concern in the context of psychological adaption to climate change, Global Environmental Change, 48(2), 158 - 167.

26 Tehan R et al. (2017) Beacons of litter: A social experiment to understand how the presence of certain littered items influences rates of littering, Journal of Litter and Environmental Quality, 1(1), 5-15.

27 Keizer K et al. (2018) Social norms and pro-environmental behaviour, Environmental Psychology: An Introduction, John Wiley & Sons, 179 - 188.

28 Schultz PW et al. (2007) The constructive, destructive, and reconstructive power of social norms, Psychological Science, 18(5), 429-434.

29 Mani A et al. (2013) Fostering Peer Interaction to Save Energy, 2013 Behavior, Energy, and Climate Change Conference, Sacramento.

9장

1 https://www.presseportal.de/pm/118695/5069979

2 https://yougov.de/international/articles/37990-homo-bisexuell-transgender-oder-non-binar-die-span

3 위와 동일.

4 Centola D et al. (2018) Experimental evidence for tipping points in social convention, Science, 360(6393), 1116 - 1119.

5 Grey S (2006) Numbers and Beyond: The Relevance of Critical Mass in Gender Research, Politics & Gender, 2(4), 492 - 502.

6 https://de.statista.com/statistik/daten/studie/1250556/umfrage/umfrage-in-deutschland-zur-nutzung-von-gendersprache-in-den-medien/.

7 Asch SE (1956) Studies of independence and conformity: I. A minority of one against a unanimous majority, Psychological Monographs: General and Applied, 70(9), 1-70.

8 Bond R & Smith PB (1996) Culture and conformity: A meta-analysis of studies using Asch's (1952b, 1956) line judgment task, Psychological Bulletin, 119(1), 111-137.

9 Erb HP et al. (2015) The minority decision - A risky choice, Journal of Experimental Social Psychology, 57, 43 - 50.

10 Moscovici S et al. (1969) Influence of a consistent minority on the responses of a majority in a color perception task, Sociometry, 32(4), 365-380.

11 Iacopini I et al. (2022) Group interactions modulate critical mass dynamics in social convention,

Communications Physics, 5(64).
12 https://diewochentester.podigee.io/263-folge262-dasinterview22112022
13 Dalege J et al. (2022) Using a cognitive network model of moral and social beliefs to explain belief change, Science Advances, 8(33), eabm0137.
14 https://www.americanrhetoric.com/speeches/mlkihaveadream.htm

10장

1 Adams GS et al. (2021) People systematically overlook subtractive changes, Nature, 592(7853), 258 – 261.
2 Fillon AA et al. (2022) People systematically overlook subtractive changes (2021): Replication and extension, PsyArXiv, https://osf.io/preprints/psyarxiv/4jkvn.
3 https://www.researchandmarkets.com/reports/5642349/self-storage-market-global-industry-trends
4 https://financesonline.com/app-usage-statistics/
5 Morrot G et al. (2001) The color of odors, Brain and Language, 79(2), 309 – 20.
6 Farris HH & Revlin R (1989) Sensible reasoning in two tasks: Rule discovery and hypothesis evaluation, Memory and Cognition, 17(2), 221-232.
7 Hopkins EJ et al. (2016) The seductive allure is a reductive allure: People prefer scientific explanations that contain logically irrelevant reductive information, Cognition, 155(2), 67-76.
8 Silas J et al. (2021) The seductive allure of technical language and its effect on covid-19 vaccine beliefs and intentions, Vaccine, 39(52), 7590-7597.
9 Giurge LM et al. (2020) Why time poverty matters for individuals, organisations and nations, Nature Human Behaviour, 4(10), 993-1003.
10 Perlow LA (1999) The time famine: Toward a sociology of work time, Administrative Science Quarterly, 44(1), 57 – 81.
11 Parkinson CN (1955) "파킨슨의 법칙(Parkinson's Law)", 〈이코노미스트(The Economist)〉, 1955년 11월 19일, 177(5856), 635 – 637.
12 https://www.youtube.com/watch?v=Ibkg5E-0Pz4
13 Hidalgo C (2021) Economic complexity theory and applications, Nature Reviews Physics, 3(2), 92 – 113.
14 https://www.wind-energie.de/themen/mensch-und-umwelt/planung/
15 https://www.handelsblatt.com/politik/deutschland/jahresbericht-nkr-erhoehung-des-mindestlohns-liessbuerokratie-stark-steigen/28864224.html

11장

1 https://de.statista.com/statistik/daten/studie/3907/umfrage/mobilfunkanschluesse-in-deutschland/
2 https://www.factory-magazin.de/themen/trennen/mehr-gold-im-muell-als-in-der-mine
3 https://www.greenpeace.de/publikationen/20151123_greenpeace_modekonsum_flyer.pdf
4 https://themen.kleinanzeigen.de/medien/pressemitteilungen/tag-der-gebrauchten-kleidung-fast-die-halfte-der-klamotten-liegt-ungetragen-in-kleiderschranken/
5 https://verbund.edeka/unternehmen/was-ist-der-edeka-verbund/m%C3%A4rkte-vertrieb/edeka/
6 https://www.vdm-bonn.de/mineralwasser-fakten/marktdaten-mineralwasser/
7 https://www.destatis.de/DE/Themen/Gesellschaft-Umwelt/Einkommen-Konsum-Lebensbedingungen/

Ausstattung-Gebrauchsgueter/Tabellen/a-evs-unterhaltungsElektr-d.html
8 https://www.derstandard.de/story/2000132723089/besitzen-wir-wirklich-10-000-dinge
9 https://www.zdf.de/gesellschaft/lesch-sieht-schwartz/weniger-ist-das-neue-mehr-100.html
10 https://www.merkur.de/politik/mbarek-energie-markus-lanz-zdf-luisa-neubauer-ukraine-g7-spd-gruene-scholz-stegner-zr-91637487.html
11 Colombo M (2014) Deep and beautiful: The reward prediction error hypothesis of dopamine, Studies in History and Philosophy of Biological and Biomedical Sciences, 45, 57-67.
12 Canessa N et al. (2017) Neural markers of loss aversion in resting-state brain activity, NeuroImage, 146, 257-265.
13 https://www.bmwk.de/Redaktion/DE/Pressemitteilungen/2022/01/20220120-finale-klimabilanz-2020-emissionen-sanken-um-41-prozent-gegenuber-1990.html
14 Tversky A & Kahneman D (1992) Advances in prospect theory: Cumulative representation of uncertainty, Journal of Risk and Uncertainty, 5(4), 297-323.
15 Canessa N et al. (2017) Neural markers of loss aversion in resting-state brain activity, NeuroImage, 146, 257-265.
16 Wang M et al. (2017) The impact of culture on loss aversion, Journal of Behavioral Decision Making, 30(2), 270-281.
17 Inesi M (2010) Power and Loss Aversion, Organizational Behavior and Human Decision Processes, 112(1), 58-69.
18 Gächter S et al. (2007) Individual-level loss aversion in riskless and risky choices, Theory and Decision, 92(3), 599-624.
19 Hershfield HE (2011) Future self-continuity: how conceptions of the future self transform intertemporal choice, Annals of the New York Academy of Sciences, 1235(1), 30-43.
20 Kassam KS et al. (2008) Future anhedonia and time discounting, Journal of Experimental Social Psychology, 44(6), 1533-1537.
21 https://www.zdf.de/nachrichten/panorama/jugend-studie-tui-ausblick-zukunft-100.html
22 Ghesla C et al. (2020) Pro-environmental incentives and loss aversion: A field experiment on electricity saving behavior, Energy Policy, 137(2), 111131.
23 Bonan J et al. (2021) Can social information programs be more effective? The role of environmental identity for energy conservation, Journal of Environmental Economics and Management, 108(3), 102467.
24 Lu B & Wang J (2022) How can residents be motivated to participate in waste recycling? An analysis based on two survey experiments in China, Waste Management, 143(24), 206-214.
25 Florence ES et al. (2022) Message framing effects on sustainable consumer behaviour: a systematic review and future research directions for social marketing, Journal of Social Marketing, 12(6).
26 Bontempo RN et al. (1997) Cross-cultural differences in risk perception: A model-based approach, Risk Analysis, 17(4), 479-488.
27 https://www.tagesschau.de/wissen/klima/marokko-energiewende-101.html
28 https://www.oekom.de/buch/earth-for-all-9783962383879
29 https://www.bmuv.de/fileadmin/Daten_BMU/Download_PDF/Klimaschutz/klimaschutzbericht_2016_bf.pdf

12장

1 https://www.zeit.de/kultur/2023-03/museumsinsel-pergamonmuseum-berlin-renovierung

2 https://www.tagesschau.de/wirtschaft/unternehmen/bahn-deutschlandtakt-101.html

3 https://www.ipsos.com/sites/default/files/ct/news/documents/2022-09/Global-report-what-worries-the-world.pdf

4 https://www.pewresearch.org/short-reads/2022/08/11/large-shares-in-many-countries-are-pessimistic-about-the-next-generations-financial-future/

5 https://changingchildhood.unicef.org/stories/future-fortunes

6 https://www.mckinsey.com/featured-insights/employment-and-growth/poorer-than-their-parents-a-new-perspective-on-income-inequality

7 https://www.vodafone-institut.de/wp-content/uploads/2018/02/Ipsos_VFI_Technologieakzeptanz.pdf

8 https://www.acatech.de/publikation/technikradar-2018-was-die-deutschen-ueber-technik-denken/

9 Norem JK & Chang EC (2002) The positive psychology of negative thinking, Journal of Clinical Psychology, 58(9), 993 – 1001.

10 Sirois FM (2015) Who Looks Forward to Better Health? Personality Factors and Future Self-Rated Health in the Context of Chronic Illness, International Journal of Behavioral Medicine, 22(5), 569-579.

11 Price MH & Jones JH (2020) Fitness-maximizers employ pessimistic probability weighting for decisions under risk, Evolutionary Human Sciences, 2, 1-32.

12 https://investor.frostbank.com/news-market-data/News-Details/2019/Improving-Financial-Health-Can-Be-A-Matter-Of-Mind-Over-Money/default.aspx

13 Kaniel R et al. (2010) The importance of being an optimist: Evidence from labor markets, National Bureau of Economic Research, No.w16328.

14 Seligman ME & Schulman P (1986) Explanatory style as a predictor of productivity and quitting among life insurance sales agents, Journal of Personality and Social Psychology, 50(4), 832 – 838.

15 Neimanis A et al. (2015) Four problems, four directions for environmental humanities: Toward critical posthumanities for the Anthropocene, Ethics and the Environment, 20(2), 67-97.

16 Rogers T et al. (2017) The belief in a favorable future, Psychological Science, 28(9), 1290 – 1301.

17 Icekson T et al. (2014) Effects of optimism on creativity under approach and avoidance motivation, Frontiers in Human Neuroscience, 8, 105.

18 Lee LO et al. (2019) Optimism is associated with exceptional longevity in 2 epidemiologic cohorts of men and women, Proceedings of the National Academy of Sciences, 116(37), 18357 – 18362.

19 Lee LO et al. (2022) Optimism, Daily Stressors, and Emotional Well-Being Over Two Decades in a Cohort of Aging Men, The Journals of Gerontology, 77(8), 1373 – 1383.

20 Fanaroff AC et al. (2019) Relationship between optimism and outcomes in patients with chronic angina pectoris, The American Journal of Cardiology, 123(9), 1399 – 1405.

21 Mansour SB (2006) Is there a pessimistic bias in individual beliefs? Evidence from a simple survey, Theory and Decision, 61(4), 345 – 362.

22 https://www.eurofound.europa.eu/en/publications/2021/towards-future-europe-social-factors-shaping-optimism-and-pessimism-among

23 Koppel J & Rubin DC (2016) Recent Advances in Understanding the Reminiscence Bump: The Importance of Cues in Guiding Recall from Autobiographical Memory, Current Directions in Psychological Science, 25(2), 135 – 140.

24 Mather M & Carstensen LL (2005) Aging and motivated cognition: The positivity effect in attention and

memory, Trends in Cognitive Sciences, 9(10), 496 – 502.

25 Oosterwijk S (2017) Choosing the negative: A behavioral demonstration of morbid curiosity, PLoS ONE, 12(7), e0178399.

26 Rozado D et al. (2022) Longitudinal analysis of sentiment and emotion in news media headlines using automated labelling with Transformer language models, PLoS ONE, 17(10), e0276367.

27 https://business.yougov.com/content/44584-american-pessimism-and-social-media

28 https://www.newspapers.com/clip/38987812/democrat-andchronicle/

29 https://www.newspapers.com/article/harper-advocate/49089773/

30 https://www.nytimes.com/1928/02/26/archives/march-of-the-machine-makes-idle-hands-farm-employment-less-with.html

31 https://cepr.org/voxeu/columns/how-computer-automation-affects-occupations-technology-jobs-and-skills

32 https://www.washingtonpost.com/education/2023/04/15/school-chess-class-clubs/

33 Hecht D (2013) The Neural Basis of Optimism and Pessimism, Experimental Neurobiology, 22(3), 173–199.

34 de Meza et al. (2019) Curb your enthusiasm: Optimistic entrepreneurs earn less, European Economic Review, 111, 53–69.

35 Nancy J (2016) Major changes in European public opinion regarding the European Union, European Parliament Research Service 2016, 50.

옮긴이 장윤경

숙명여자대학교에서 정치외교학과 독어독문학을 전공한 뒤, 독일 프랑크푸르트 대학교와 다름슈타트 대학교에서 공동으로 국제관계학 석사 학위를 취득했다. 귀국 후 다양한 분야에서 통번역 활동을 해왔으며, 현재 출판 번역 에이전시 베네트랜스에서 전문 번역가로 활동하고 있다.
옮긴 책으로는 〈가뿐하게 아니라고 말하는 법〉 〈모멸감, 끝낸다고 끝이 아닌 관계에 대하여〉 〈공감하는 유전자〉 〈충성이라는 함정〉 〈바람난 의사와 미친 이웃들〉 〈정신과 의사의 소설 읽기〉 〈방구석 시간 여행자를 위한 종횡무진 역사 가이드〉 〈아이가 내 맘 같지 않아도 꾸짖지 않는 육아〉 〈하버드 수학박사의 슬기로운 수학 생활〉 〈무례한 시대를 품위 있게 건너는 법〉 〈뉴스 다이어트〉 〈동물 안의 인간〉 〈No! 백번 말해도 No!〉 〈거대한 후퇴〉 〈세상에서 가장 기발한 우연학 입문〉이 있다.

생각 끊기의 기술

초판 1쇄 인쇄 2024년 5월 30일 | 초판 1쇄 발행 2024년 6월 10일

지은이 헤닝 벡 | 옮긴이 장윤경

펴낸이 신광수
CS본부장 강윤구 | 출판개발실장 위귀영 | 디자인실장 손현지
단행본개발팀 김혜연, 권병규, 조문채, 정혜리
출판디자인팀 최진아, 당승근 | 저작권 김마이, 이아람
출판사업팀 이용복, 민현기, 우광일, 김선영, 신지애, 허성배, 이강원, 정유, 설유상, 정슬기, 정재욱, 박세화, 김종민, 전지현
영업관리파트 홍주희, 이은비, 정은정
CS지원팀 강승훈, 봉대중, 이주연, 이형배, 전효정, 이우성, 신재윤, 장현우, 정보길

펴낸곳 (주)미래엔 | 등록 1950년 11월 1일(제16-67호)
주소 06532 서울시 서초구 신반포로 321
미래엔 고객센터 1800-8890
팩스 (02)541-8249 | 이메일 bookfolio@mirae-n.com
홈페이지 www.mirae-n.com

ISBN 979-11-6841-832-5 (03320)

* 와이즈베리는 ㈜미래엔의 성인단행본 브랜드입니다.
* 책값은 뒤표지에 있습니다.
* 파본은 구입처에서 교환해 드리며, 관련 법령에 따라 환불해 드립니다.
  단, 제품 훼손시 환불이 불가능합니다.

와이즈베리는 참신한 시각, 독창적인 아이디어를 환영합니다.
기획 취지와 개요, 연락처를 bookfolio@mirae-n.com으로 보내주십시오.
와이즈베리와 함께 새로운 문화를 창조할 여러분의 많은 투고를 기다립니다.

12
GESETZE
DER
DUMMHEIT